吴地文化丛书

苏州城门城墙那些事

施晓平 著

古吴轩出版社

中国·苏州

图书在版编目（CIP）数据

苏州城门城墙那些事 / 施晓平著. — 苏州 : 古吴轩出版社，2015.3（2018.3重印）
（吴地文化丛书 / 沈庆年主编）
ISBN 978-7-5546-0423-6

Ⅰ. ①苏… Ⅱ. ①施… Ⅲ. ①城墙—介绍—苏州市 Ⅳ. ①K928. 77

中国版本图书馆CIP数据核字（2015）第040248号

责任编辑：洪　芳
装帧设计：邢　琦
责任校对：顾　熙
特邀校对：潘家荣
责任照排：戴玉婷

书　　名：苏州城门城墙那些事
著　　者：施晓平
出版发行：古吴轩出版社
地址：苏州市十梓街458号　　邮编：215006
Http：//www.guwuxuancbs.com　E-mail：gwxcbs@126.com
电话：0512-65233679　　传真：0512-65220750
出 版 人：钱经纬
印　　刷：苏州市越洋印刷有限公司
开　　本：905 × 1270　1 / 32
印　　张：10
版　　次：2015年3月第1版
印　　次：2018年3月第2次印刷
书　　号：ISBN 978-7-5546-0423-6
定　　价：48.00元

如有印装质量问题，请与印刷厂联系。0512—68180628

序

简　雄

余生也晚，对苏州的城门城墙只有一点儿时的记忆。

阊门城边有一条叫南新路的巷子，20世纪60年代巷里有一所南新路小学，我母亲曾是这所小学的校长。每逢节假日值班，母亲便将我带去学校。学校操场的一边紧靠着一座“高墩墩”（孩子们都这么喊的），下半截是残缺不全但很坚硬的灰黑砖，上半截是夯实的土墩。大孩子们常常从东侧的专诸巷一处爬上“高墩墩”玩耍，顽皮的还朝学校操场扔土块。许多年后我才知道，这便是苏州城的老城墙。

至于有“圆门洞”的城门，只有冷水盘门以及并不属于阖闾大城布局的金门还有零碎的印象。

后来，读了阮仪三先生回忆幼时苏州的文章，才知道，苏州城完整的城门城墙格局一直保存到1958年被拆除。2012年，吴恩培教授主编的《苏州城墙》出版，比较完整地呈现了苏州城墙2500年的历史沿革和沧桑变迁。

自公元前514年，伍子胥“相土尝水，象天法地”筑阖闾大城，位居华夏大地东南部的这座城市，从此在世间占据了重要的一席之地，直到被称为“人间天堂”。甚至今天，许多街巷弄名还能在南宋绍定二年（1229）刻勒的《平江图》上找到。按明清城垣礼制，县城允许“城方三里”，即城墙周长约十二里；一般府城“城方五里”；但像苏州这样的中心城市则允许“城方七里”，即面积可有七七四十九里平方。再往上就是“九”，这是中国文化中最大的数字，当然只有皇城能用了。据《吴郡志》载，伍子胥筑的城池还分为大城、小城，具体情况是这样的：

> **筑大城，周回四十七里。陆门八，以象天之八风；水门八，以法地之八卦。筑小城，周十里。门之名，皆伍子胥所制：东面娄、匠二门；西面阊、胥二门；南面盘、蛇二门；北面齐、平二门。唐时，八门悉启。（卷三·城郭）**

《吴郡志》的作者范成大（1126—1193）生活在宋朝，他只说"唐时，八门悉启"，可见考订相当小心，因而也就比较可信。另从城池本身的面积看，也基本符合历朝礼制，这就避免了因"抗礼"而大拆大建。这或许也是苏州城一直安静地看着历史潮起潮落，却始终站在原地的一个原因吧。

我的同事施晓平，是位活跃在文化条线上的记者，也是位十分关注苏州文化保护与传承的有心人。因为他做过中学教师，又常常喜欢博学式的"布道"，所以同事们都叫他"施老师"。

前一阵，施老师应苏州图书馆之邀，在"苏州大讲坛"为广大市民讲述苏州城门城墙的历史。忽有一天，他捧着这本书稿来，说要请我写序。但我对苏州城门城墙素无研究，方志也没有系统读过，更没有像施老师那样参与过修志。"无知者无畏"吧，我且把写这篇序当作一个学习的过程。

读完施老师的书稿，我第一个感受是他确实花功夫收集、爬梳了大量史料和民间传说，因此，能够将围绕苏州城门城墙展开的风物与人文讲得头头是道。譬如，苏州不仅有大城、小城（子城），还有外城；不仅有范成大所说的"八门"，还有其他著名的"门"，如葑门。这在唐宋以来的一些地方史料里也有记载，如《吴地记》《吴郡图经续记》《吴趋访古录》《吴门表隐》《百城烟水》等，而且名称也有不同，施老师一一做了考订和讨论。这对挖掘文化遗存是相当有意义的。第二个感受是，围绕城门城墙叙述的众多人文故事，确实让我这样的普通读者"长姿势"。在施老师娓娓道来的过程中，苏州"人文荟萃"的理由已经跃然纸上。这部分文字完全可以演绎成一个个"讲故事"的专题，如苏州名人故居、名人墓、街巷背后承载的文化品质等等。

“讲故事”无疑对传播历史文化知识极有好处，甚至有学者公开宣称“故事永远比道理容易传播”。但我以为，讲历史故事毕竟不是编小说，即令是运用文学叙述的方式，也须首先基于历史的真实。在汗牛充栋的史料留存中爬梳，那是需要相当专业的学养和比对互证的判断力的。因为这个“大讲坛”主要面向广大市民，所以书稿必须通俗易懂、生动有趣，我读到了施晓平为此付出的极大努力。

以上是我阅读这本书稿的一点感受，权充为序，求教于各位方家和广大读者。

目　录

第三篇　胥门春秋

第四篇　盘门风云

第五篇　蛇门迷踪（含赤门）

第六篇　葑门漫步

第七篇　话说相门

第八篇　娄门旧影

第九篇　齐门北望

第十篇　平门变迁

第十一篇　子城岁月

第十二篇　外城烟雨

引　子

施晓平

一围时断时续的城墙，十二座或存或废的城门。2500多年的风风雨雨，镌下苏州古城难以磨灭的历史脚印。

城门城墙是苏州古城的素雅外衣，千百年来不知为古城阻了多少风，挡了多少雨，拒了多少来犯之敌。呵护苏州古城，理应从保护这层"外衣"入手。

我出生于葑门外小镇郭巷，家里的清代圆堂（勤恪堂）、铺着小青砖的天井、长满花草树木的园子、紧挨老宅的弄堂和清代石拱桥（市级文保单位泰安桥）、家人和左邻右舍……差不多就是我幼时生活的全部。记忆中最早接触苏州城门城墙，还是六七岁时的事。当时坐着小船随长辈到苏城走亲戚，一路上，一座残存的水城门映入眼帘，一种惊鸿一瞥的感觉就此深深烙在脑海。直到后来才知道，那是葑门水城门，就在我与她初见之后不久的1978年，她就因建造水闸而被彻底拆毁了。

小学直至高中阶段，我基本就是两耳不闻窗外事的节奏，自然不会关注苏州城门城墙。大学时代，开始留意乡土文化，家乡名字里带着"郭"却没有郭姓聚居的现象，吊足了我的好奇心。在寻找答案的过程中，有人提出了"郭"是外城的意思。从此，我对苏州城墙的关注才渐渐多了起来，不过一开始还只能算停留在浮光掠影阶段。

工作后，曾自个儿或带学生去看盘门。真正跟苏州城墙"相知"、"相恋"，要从1998年参编《娄葑镇志》开始算起。2001年9月进入报社工作后，我更是结合古城墙、古城门的修复，多次披荆斩棘、爬上爬下、踏看现场，报道她们的历史、数据、兴废……也采访过不少专家学者，尤以苏大历史系原副教授周国荣、苏州市地方志办原主任徐刚毅为多，积累了大量素材，又从现场了解到许多鲜为人知的内容。此外，我的业余时间也经常打发在众多古籍、文章上，神游于书本上的苏州城门城墙中。

不敢说，我已经完全打开了历史的“阿里巴巴之门”，看清了苏州城门城墙的全真面目。但就是凭着这样的积累和神游，2012年9月—2013年5月我有幸受苏州图书馆之邀，登上了该馆主办的“苏州大讲坛”，每月一次，连续九次。

讲座中我坚持两个原则：一、内容尽量全面，多讲故事；二、外界已经“炒烂”的部分从简处理，而鲜为人知的内容、纠正错误说法的地方、自己独立思考的部分从详放大。因为我知道，“炒烂”的部分不讲不行，但多讲也没什么意思。

通过这九次讲解，我不知不觉积累起了近十万字的讲稿。在苏州海通传媒出版机构和中国农工民主党苏州市委员会等的支持下，我决定将这些文字连缀成文，编印成书，于是有了这本读物。

古往今来，提及苏州城门城墙的典籍浩如烟海，近年更有苏州市职业大学吴恩培教授主编的专业书《苏州城墙》横空出世，内容全面而权威。我知道，对于苏州城门城墙这座富矿而言，我捡到的只是众多“珍珠”中的很少几颗，之所以班门弄斧，目的只有一个：在城乡面貌快速变化的背景下，告诉人们我所知道的苏州城门城墙，抛砖引玉，让大家多多批评指正或提供线索，进一步撩开苏州城门城墙的神秘面纱，唤醒更多人士保护这一珍贵历史遗存的意识，让她们得到妥善保护，永续利用。

顺便说一下，书中提到的部分地名时而称乡、村、组，时而称公社、大队、小队，时而称镇、社区等，这都是根据当时的行政区划称谓而定的，文中恕不再一一说明。

第一篇 苏州城墙已经站了2500年

作为苏州古城的重要标志，古老的城墙承载着白发苏州的千年印迹。2011年9月20日，总长超过1400米的阊门北码头段、平门段、相门段古城墙保护修缮工程开工，经过近一年时间的修缮，这三段古城墙于2012年9月再现昔日的古典宏伟风貌；2013年12月，包括娄门段、姑胥桥以北段和齐门桥以东段城墙的古城墙保护修缮二期工程又告竣工，修复城墙及遗址总长1404.7米。守望白发苏州的古城墙、城门，也再次成为街头巷尾的热门话题。

追根溯源，苏州这道墙，已经至少站了2500年。

修复后的相门城门城墙

古人造城墙的N个理由

用今天的眼光看，在城市外围建造城墙，很有点作茧自缚的味道。然而，在城市的发展进程中，这样的“自缚”很有必要。在过去的农业社会里，没有城门城墙，居住者的安全就无法保障，统治者也很难进行政治控制和军事防御。

正因为如此，我国和世界上许多城市、城堡都曾筑过城墙。

查下来，世界上最早的城墙叫杰里科之墙，位于巴勒斯坦国耶路撒冷以东地区，邻近约旦边境，已经走过了9500个春夏秋冬。当然，这段墙围住的算不算城，恐怕还很难说。个人觉得，按当时的人类发展水平，属村寨的可能性更大。

到目前为止，中国全境共发现史前（指夏朝建立前，距今至少约4000年）古城近40座。其中最早的城墙位于湖南澧县车溪乡城头山古城

湖南城头山遗址全景

遗址上，占地面积18.7公顷，1979年被考古工作者发现。1991年至2001年先后进行了11次考古发掘，发现有大溪文化早期（6000年前）到屈家岭时代（4200年前）四次叠压建造的城墙，曾两次入选年度全国十大考古新发现，又被评为20世纪全国100项重大考古发现之一，1996年被国务院公布为第四批全国重点文物保护单位。

其中第一期城墙距今6000年，高2米多，底宽10多米，筑在岗地边缘，沿城墙外围挖有深2米、宽10多米的壕沟。这样，从沟底到墙顶的垂直高度达5米左右，外侧基本上组合成一溜陡坡，具有较好的防御功能。

出现城市是进入文明社会的标志之一。既然发现了6000年前的古城遗址，那么，怀疑中国没有五千年文明史就毫无根据了。其实，我们目前之所以无法弄清商朝以前的文明，很大程度上是因为许多遗址历史上遭受了严重破坏；另一个原因是当今考古方向不精准，比如长三角地区距今约4000—5300年的良渚文明明显比中原地区早、比中原地区发达，却至今没上升到整个中华民族文明史的高度去认识、去考证。个人认为，建过城池、能加工制作精美玉器的良渚人已进入文明社会。与苏州市考古研究所所长张照根交流，他也持同样观点。这位专家同时认为，良渚人进入文明社会的时间应在4500年前。

不同于西方的先有城市后筑城墙，中国一般是先筑城墙后建城市，证明了中国建城的计划性。

中国城墙的修筑主要是农民以国家劳役的方式建造，修筑城墙的花费一般都由国家承担。明初沈万三家族出钱出力，修筑南京三分之一的城墙，那是较为少见的“特别行动”。本来是想拍朱元璋的马屁的，结果拍在了马脚上，反被马儿狠狠踢了一脚。这是题外话。

总的看，中国的城墙文化中政治因素占主导地位，不同等级的城墙划分着不同等级的功能区。从城外往城里看：第一层是城市外围的高大城墙，专门用于城市外围防御，叫外城廓（郭）；第二层为内城墙，围住的区域就是城市，是百姓的生活、居住区；如果是国都，那还有第三层——子城墙，里面是帝王居住、生活、听政的场所，是城市的核心。

城墙最初主要起御敌的作用，随着时间的推移，又逐渐增加了区分城乡、防洪、文化、景观等功能。

一、御敌功能

在初始阶段，城墙主要作用是保障居住者安全，防御野兽、敌人入侵。城墙平面布局大多呈方形，一般依地势而建，高大而坚厚，给城内居民以安全感，给敌人以威慑感。

二、区分城乡功能

在中国古代城市中，城墙是划分城与乡的标志。一般来说，内城墙以内为城，是地区的政治、经济和文化的中心；内城墙以外为乡，是农村或郊野，负责给城市居民提供粮食及其他物资。

不过，苏州有点另类，内城墙内也曾有乡下（详见第五篇）。

三、防洪功能

古代部分城市建立在平原或河谷地区，因此常受到洪水的侵袭，城墙可以起到阻挡洪水的作用。这个功能对苏州来说尤为明显。

四、文化功能

城墙的形制、名称等也是一种文化，可以用于区分其他城市。一般说来，哪座城的城门城墙好，哪座城的经济政治文化必然也比较发达。此外，保留下来的许多城墙，如今已被列入文物保护单位，成为城市文明记忆的一个载体。

五、景观功能

城墙高出地表数米，又绵延数里甚至数十里、上百里，城门的造型也往往各不相同，形成了一道很好的人工景观。

苏州地区的古代“造城运动”

1978年改革开放后，苏州大地掀起了一轮“造城运动”，服装城、小商品城、装饰城、食品城、古玩城、工艺文化城之类的“城”层出不穷、遍地开花。

不要以为这种“造城运动”只有现在才有，古代苏州也曾出现过这样一个“运动”，而且那些城大多是标标准准的“城市”，而不是上文所说的功能相对简单的建筑群。

根据史料记载和现存遗迹、考古挖掘成果，进入文明社会后，苏州地区至少造过40多座城。《越绝外传记·吴地传第三》就有许多相关记载，如“伍子胥城，周九里二百七十步”，等等。

明朝中期《姑苏志》卷第七记载更为详细，涉及太公城、章祈城、鱼城（吴城）、苦酒城、酒醋城、鸭城、柯城、赭城、后城、堵城、伍子胥城、糜湖城、丽溪城、巫檰城、居巢城、糜湖西城、摇城、越城、鸿城、千城、阳城、娄城、东城、武城、金城、度城、西鹿城、巴城、雉城、颜县城、瓦浦城、石城、扈城、九里城、莫城、朗城、鵜城、尚墅城、金凤城、陶城、闾城、郭城等，看得人眼睛发花（见本节附）。

其中一部分城的名字保留到了今天，如越城、巴城（属昆山）、莫城（属常熟）等。

根据性质，这些城可以分成好几类，有的是国都（如娄门外鸿城等），有的是受封者居住区（如吴国王子和越王摇居住的摇城等），有的是军事基地（如石湖北岸的越城等），也有的是工业城（如苦酒城、酒醋城、莫城等）、动物繁殖区（如鸭城等）。

除上面提到的40来个城之外，历史上苏州地区还有阖闾大城，常熟、太仓、昆山、吴江四个县城，以及张家港杨舍这个堡城（建城时张

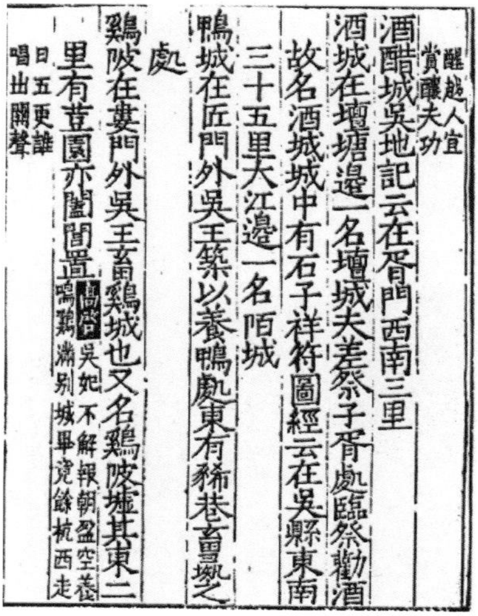
醒越人宜賞釀夫功
酒醋城吳地記云在胥門西南三里
酒城在壇塘邊一名壇城夫差祭子胥處臨祭勸酒
故名酒城城中有石子祥符圖經云在吳縣東南
三十五里大江邊一名陌城
鴨城在匠門外吳王築以養鴨處東有稀巷畜鑿之
處
雞陂在婁門外吳王畜雞城也又名雞陂墟其東二
里有豈園亦闔閭置 高啓 吳妃不解報朝盈空養鳴雞滿別城畢竟餘杭西走日五更誰唱出關聲

正德《姑苏志》苏州地区城池记载

家港还没有独立建县，杨舍属常熟）。

杨舍有必要单独说一说。这里地处长江喇叭口南岸，古代为海防前沿，素有“五邑咽喉”之称，是保障江南安危的战略要地。明代嘉靖三十七年（1558），为抵抗倭寇侵扰，在一批有识之士的呼吁下，监察御史尚维持上奏嘉靖皇帝，请求批准在五个重镇分别建造堡城，杨舍镇是其中之一，而且工程最为浩大。

杨舍堡城建成后，由于城池坚固，江防森严，倭寇再不敢轻易到那里及沿江一带骚扰，百姓这才得以安宁。

近年，木渎西面又发现了春秋后期的大城遗址，规模为全国同一时期城池之最。

许多人问，上面的记载是否可靠？因为沧桑变迁，许多城已经难以找到。我觉得，起码一部分是可靠的。2008年7月开展的昆山金城遗址考古勘探调查，就证明历史上确实有座金城。

金城遗址位于靠近上海的昆山花桥经济开发区陆巷村，当地人称之为金城基。传说是南宋初年金兵南侵，与宋军对垒时花一夜工夫堆出来的，城墙一直延续到1958年才被逐渐整平。2008年因规划建设生态园，昆山文管所委托苏州博物馆进行考古勘探调查，结果发现，金城基是经过夯筑形成的，每层夯层厚约10厘米。其中北城基呈东北—西南走向，残长200多米，宽5米多，基础厚1.5米，高出农田0.5—0.7米；东城基呈东南—西北走向，原本应该长500米左右，残存的只有200米，基础

昆山金城遗址

厚1.8米，高出农田1米左右。金城基的土质为汉代常见的夯层堆积，结合出土的器物，考古人员推断这个城的建筑年代为汉代。

志书称金城“相传为吴王所筑”，但历史上有许多吴王，比如春秋时期使吴国强大起来的寿梦，定都苏州的阖闾，与西施挂钩的夫差，还有西汉初期的刘濞等。以后许多朝代也都出现过吴王，比如元末张士诚曾自封为吴王；朱元璋则在小明王韩林儿手下做过吴国公，后来再自立为“吴王”。

金城基既然被认定为汉代，又相传是吴王所筑，因此可以推测，这个吴王可能是以发动“七国之乱”而闻名的吴王刘濞。刘濞（前215—前154）是刘邦的侄子，为人剽悍、勇猛而有野心。英布反叛时，刘濞以骑将的身份跟随刘邦攻破英布军队，立下战功。刘邦考虑到苏州一带与东越等国接壤，难以治理，自己儿子又小，就封刘濞为吴王，建都于广陵（今扬州），统辖东南三郡五十三城，其中包括苏州一带。

刘濞这个人据说长了反骨，他在封国内大量铸钱、煮盐，扩张割据势力，后以“清君侧”（诛杀建议削藩的晁错）的名义，联合楚国、赵国等六国公开叛乱，史称“七国之乱”。可是他成事不足，后来兵败被杀，封国被中央废除。

根据金城基位于吴淞江边、东面在汉代又靠近海岸线等地理位置分析，她的作用很可能与海防有关。

到目前为止，考古还没发现苏州的史前古城和古城墙，但不排除今后发现的可能。根据太湖三山岛的考古发掘，可以知道苏州地区有人类居住的历史已达1万年以上，而且4000—5300年前苏州大地出现过大量辉煌的良渚文化遗址，证明当时文明程度已经比较高，造几座城并非遥不可及。但苏州地区人多地少，即使有这样的城池遗址，也很可能因后来发展农业、工业等而有意无意被扒掉了。以前苏州农村土墩星罗棋布，那些土墩说不定就是早期城池遗址呢！目前苏州周边发现的最早城址是江阴云亭街道的佘城遗址，距今3000—3600年。

【附】

《姑苏志》所载苏州地区古城

太公城、章祈城，并在长洲县东北，章祈疑即在今二十二都（今工业园区唯亭街道西部）。

鱼城在吴县横山下越来溪西，吴王游姑苏，筑养鱼，《续图经》云吴王控越之地，本名吴城，方言谓鱼为吴，故误称耳，今山之傍有冈隐隐如城，又有射台，亦在横山……

苦酒城，《吴地记》云在鱼城西南，故老云吴王筑以酾（shī，即滤酒）酒，今俗呼为苦酒城……

酒醋城，《吴地记》云在胥门西南三里。

酒城，在坛塘边，一名坛城，夫差祭子胥处，临祭劝酒，故名酒城。城中有石子。《祥符图经》云在吴县东南三十五里大江边，一名陌城。

鸭城在匠门外，吴王以养鸭处……

柯城、赭城、鹎鶋城、卫王城，并在吴县界。

舸城在平门外，疑即柯城。

后城、堵城，并在长洲县东南数十里，堵城疑即赭城，今尹山乡有堵城里。

伍子胥城、麋湖城、丽溪城、巫栅城，《汉志》《越绝书》皆云在吴县，后析置长洲县。

居巢城在长洲县，按楚有居巢城，吴亦有之，于义无考，然《史记》云，阖闾六年楚使子常、囊瓦伐吴，吴迎击之，大败楚军于豫章，取楚之居巢而还，或疑此时有为而筑城，未知是否。

麋湖西城，越宋王城也。《吴越春秋》云，平门外有麋王城，麋王与越王遥战，越杀麋王，因留葬武里城中，故名。以午日死，至今武里午日不举火，今吴江有麋城王庙。

摇城在长洲县东南三十八里，吴王子居焉，后越摇君居之，今其地名大姚，讹之也。

越城在胥门外，越伐吴，吴主在姑苏，越筑此城以逼之……

鸿城在娄门外，故越王城也。

千城在马安溪土，越千王城也。

阳城在长洲县东北，其左有阳城湖。

娄城即昆山故城也，图经云，在县东三百步，旧志云，吴子寿梦所筑……

东城在昆山县东三百步，今桥巷犹以东城为名，《吴志》云，耕者于东寺后多得古城砖及铜箭镞。

武城在昆山县西北，《汉书》“娄县”注云有“南武城”。

金城在昆山县东三里，基址犹存也，相传吴王所筑。

度城在昆山县东南七十里，相传为黄巢所筑，其傍有度城湖。

西鹿城在昆山山下，有卜将军庙，碑云葬于昆山西鹿城。

巴城在昆山县西北十八里，其地有巴王墓、巴城湖。

雉城在昆山县西北十八里，今雉城湖即其地也。

颜县城、瓦浦城并在昆山县，皆古经所载。

石城在常熟县北五里，《吴越春秋》云，夫差兴乐石城；《吴地志》云，越献西施于吴王，王择虞山北麓以石甃城，为游乐之所，其地今有石城里；《越绝书》云，石城在灵岩山。

扈城在常熟县北五里，石城东，世传吴王游乐石城，又建离宫扈跸，故名扈城，今有扈城村。

九里城在常熟县北九里，世传吴王牧马于此，建城以栏马，俗呼栏马城，有洗马池，今存。

莫城在常熟县南十二里，相传莫邪铸剑之处，一谓剑城，一谓莫邪城，今有莫邪大王庙，又有莫门塘，《寰宇记》云，汉莫宠筑以捍海贼者。

朗城在常熟县东南。

鵜城在常熟县东北十五里。

尚墅城在常熟县北十八里。

金凤城在常熟县西北四十里。

陶城、闾城、郭城，并在常熟县境。

吴国都城包括两城一台?

在苏州地区众多的城池中，最重要的当然是苏州城。一般认为，苏州城是春秋末期的吴国都城。

这个吴国拥有五六百年的历史，其都城位置经历过多次迁徙。

南宋时期成书的《吴郡志》卷第四十八称：

> 大抵泰伯之后，吴自梅里凡三徙。而定居于今之郡城，中间迁徙不出数十里之内也。

1954年镇江市丹徒县大港乡烟墩山古墓中出土的青铜器“宜侯夨(zè)簋(guǐ)”，却颠覆了这一说法。

宜侯夨簋铭文共126字，本来是完整的，发现者想看看它是不是金子做的，就把它敲碎了。后来重新拼起来，保存下来的字共115个，不过大体意思专家还是看明白了：记述的是周康王册封“夨”于宜地为宜侯的历史。

宜侯夨簋铭文

许多专家认为，“夨”就是吴国的始封之君周章（泰伯弟弟仲雍的曾孙），因为用保留有许多先秦语音的吴方言读，“周章”二字读快了跟“夨”非常接近。当时周章的都城，应该就在丹徒一带。

而太湖西山岛上的居民，至今把“鱼”读成“宜”；吴方言中“鱼”和“吴”又是同音的。这让我怀疑，就是这个“宜”，后来演变成了“吴”。

根据宜侯夨簋，我得出这样的论断：吴国国君是泰伯（也作太伯）、仲雍的后人，但泰伯、仲雍自己并没有到江南，而是第四代（周章）才到江南的。

有人说，《史记·太伯世家》一开头不是说“太伯、仲雍二人乃奔荆蛮”吗？你的观点不是胡说八道吗？

我想提醒的是，司马迁并没有说，“荆蛮”就是江南、长江三角洲一带；即使是，那也可能是司马迁误记或摆了“乌龙”。现在许多专家提出，泰伯、仲雍其实是到了今陕西陇县—宝鸡一带，那里叫“西吴”；也有人认为他们到了山西省平陆以东一带，那里叫“北吴”。这两种说法才比较符合实情。

我查阅了《史记·太伯世家》，发现里面清楚地记着，周武王消灭商朝以后，封仲雍的曾孙周章为吴国国君，又封周章的弟弟虞仲在周室北面的夏墟之地（建立了虞国）。原文是这样写的：

> 太伯卒，无子，弟仲雍立，是为吴仲雍。仲雍卒，子季简立。季简卒，子叔达立。叔达卒，子周章立。是时周武王克殷，求太伯、仲雍之后，得周章。周章已君吴，因而封之。乃封周章弟虞仲于周之北故夏虚，是为虞仲，列为诸侯。

在《史记·太伯世家》的末尾，司马迁又提到：自己读了《春秋》，才知道虞国和句吴原来是兄弟之邦。原文是：

> 太史公曰：孔子言“太伯可谓至德矣，三以天下让，民无得而称焉”。余读春秋古文，乃知中国之虞与荆蛮句吴兄弟也。

其实，可能不是虞仲从江南封到虞国去，而是周章从虞国封到江南来做了国君。我这样推测有两个理由：一、周人统一全国后，分封同族到全国各地才完全具备条件；二、虽说周朝奉行“嫡长子继承法”，但实际执行中发生变异的也不少，长子出窠让位给幼子的现象时有所闻。

一个很好的例子是，直到阖闾的祖父寿梦，生了诸樊、余祭、夷昧、季札四个儿子，还想把王位传给小儿子季札。

此外，如今苏州和周边地区农村老年夫妇一般还跟小儿子一起住在老宅里，其他儿子则另建房子住出去。我问过其他地区的人，大多回答他们那边没有这样的传统。

宜侯夨簋也证明，吴国早期都城就在镇江一带。后来由于西面的楚国越来越强大，向东进逼，吴国无奈东迁，进入了越国人的领地，最终引发了吴越之战。

在东迁过程中，吴国大地出现了一系列城市，其中包括无锡、常州交界处的阖闾城、苏州阖闾城等，也因此引发了对阖闾大城所在位置的争议。这些争议主要分成三派：

第一派认为，阖闾大城在无锡、常州交界处；第二派认为，阖闾大城在木渎；第三派认为，阖闾大城就在今天的苏州城位置上。

无锡、常州交界处阖闾城我2003年曾去探访过。这个城面积约

无锡阖闾城

2.98平方公里，大城内有两座小城——东城和西城，西城又分为南城和北城。2009年12月出版的《江苏省第三次全国文物普查新发现》，对无锡阖闾城遗址有这样一句结论：“可认定阖闾城遗址为公元前515年—公元前496年之间春秋时期吴王阖闾的都城。”我的看法是，对照历史记载，阖闾大城如果只有2.98平方公里，那就太小了，那里应该是阖闾时期的一个军事基地。

苏州博物馆原副馆长钱公麟先生是率先提出第二派观点的人。他在发表于《东南文化》1989年第4、5期的《春秋时代吴大城位置新考》提出，阖闾所建吴大城在苏州西南郊木渎一带的山间盆地里。

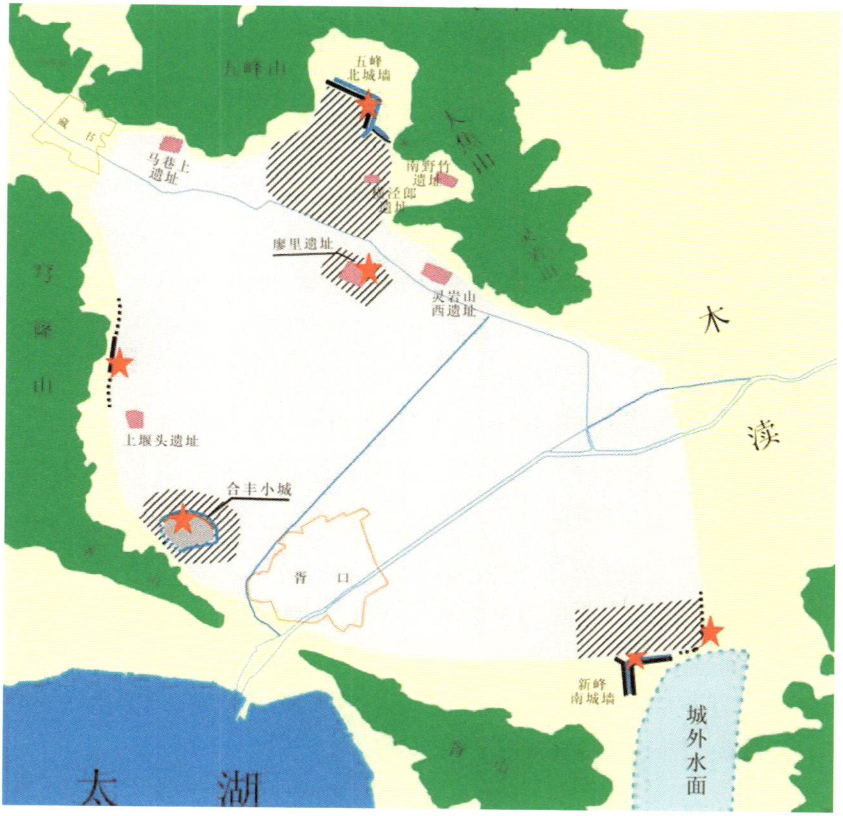

木渎古城示意图（苏州市考古研究所提供）

木渎五峰北城墙考古现场

2000年11月至2002年6月间，考古工作者在木渎、藏书镇（今已撤并）一带山间盆地及周围地区探明了规模宏大的春秋古城遗址群，并进行了抢救性发掘。2009年秋季开始，由中国社会科学院考古研究所与苏州市考古研究所共同成立的联合考古队再度出手，经过大规模的考古挖掘和专家论证，探明的木渎春秋古城遗址群包括一座大城、一座小城和五座小型城址。

其中大城略呈马鞍形，四周被灵岩山、清明山（即胥山，东岭又称皋峰）、尧峰山、七子山（旧称横山）诸山环绕，东西长约6820米，南北长约6728米，面积约24.79平方公里，基本包括了胥口镇全境及木渎、穹窿山风景区部分地区。根据出土的几何形印纹硬陶及刀、斧、凿等残石器推断，古城构建的年代应为春秋晚期。

这一考古挖掘工作于2011年6月入选2010年全国“十大考古新发现”。

消息一披露，许多人都认同，这座春秋古城遗址就是吴国的都城——阖闾大城（吴大城）。

但也有许多专家学者持第三派观点。吴文化学者、苏大历史系原副教授周国荣就认为，阖闾大城就在今天的苏州城位置。他的理由主要有以下几条：

一、山东的奄国受周公东征的逼迫，举族逃来苏南，最后选驻常州水乡，开筑三重完全靠水保护的城（今淹城）生存，证明城市不一定依山势而建；苏州城之所以当初选建在纯水域上，纯粹出于伍子胥的精深建筑思想；楚国都城郢也是在湿地上筑造起来的，开陆门七座，水门七座。来自楚国的伍子胥，以郢都为蓝图建造阖闾大城，选址于平地是十分正常的。

二、东汉初年成书的《越绝书》，可信度越来越受认可。篇中写到许多证明阖闾大城位置的地方，如“阖闾冢，在阊门外，名虎丘”等，证明阖闾大城就在今天的苏州城位置上。

三、如果阖闾城在灵岩山，并且如考古报告所说，城墙延伸到山上，那《越绝书》记载的八个水门到底怎么开？开了又派什么用场？

古吴轩出版社原副总编辑、曾从事地方志工作的张维明对第三派观点进行了补充。他认为，木渎春秋古城遗址的所在，只是吴国的故都；伍子胥奉命选址建造的阖闾大城是吴国的新都（吴大城），其位置大体上就在苏州城区；阖闾借以开创霸业的国都实际上包括二城一台，即吴大城、吴故都城及姑苏台，东西绵延约20公里，规模之宏伟，堪称东周第一大都城。

三四千年前已有人生活在平江路沿线

上面三派观点中，我个人比较倾向第三派。对于有些人提出，现在的苏州古城区地下未出土成片的春秋后期遗存，我认为，这主要有两个原因：

一、夫差为北上争霸，长期待在邗地（今扬州），阖闾大城建成后实际使用时间很短，所以遗存不多；

二、古城区春秋后期遗存大致位于地表以下3—4米深处，之前各界对这一深度的地层关注不够。

我的观点是有出土文物作为支撑的。

2008年，平江路沿线平江实验学校建造地下停车场。当土方挖到大成殿西南面区域两米多深处时，施工人员发现了一处唐宋时期大型寺庙的遗址，以及大量五代越窑青瓷碎片。再往下挖，发现的器物年代更为久

平江实验学校地下出土的三四千年前篮纹红陶罐
（所标“新石器时代”有争议）

远。当挖到4.5米左右深的地方时，施工人员又发现了三四件陶器，其中有灯盏等物品，还有一件口小肚子大的篮纹红陶罐，肚子外表有纵横交错的刻痕，看起来像竹编的篮子。

权威专家鉴定后认为，这是三四千年前的马桥文化时期陶器，甚至还有专家认为是四五千年前的良渚时期陶器。后来，包括这一陶器在内的部分出土器物，在平江历史文化博物馆里进行了展出。

除平江实验学校停车场工地外，庆安投资有限公司施工人员还在同属平江路沿线的菉葭巷停车场工地发现了类似的文物。

遗憾的是，可能是施工人员意识淡薄，没有及时向官方报告，苏州考古部门没能直接参与挖掘。之前他们在苏州古城区地下发现的文物，最早的只能追溯到2000多年前的春秋战国时期。

我由此推断，因为地球变暖、海平面上升、后世地基不断填高的关系，苏州古城区三四千年前的地层，大致要位于今天地表以下4—5米深处；春秋战国时期的地层，大致位于今天地表以下3—4米深处。挖掘深度不够，或者挖到深处也没有专业人员及时介入，就很容易与早期遗存失之交臂。

我说这话，不是要指责哪个部门、哪家单位或哪些个人，只是想提醒，保护文化，人人有责。总体上说，现在人们的保护意识越来越强了，但没有最好，只有更好，大家还须一起努力。

苏州内城墙的“变脸术”

在漫长岁月里，苏州内城墙的模样几经变化。考证下来，这种变化，有表面用材更新的，也有高度、宽度方面的，还有城门式样变复杂的。

1.土城墙阶段（春秋—五代）

公元前514年修筑的阖闾大城周围四十七里，据称起初辟有水陆城门八座，分别是阊门、胥门、盘门、蛇门、娄门、匠门、平门和齐门。

当时的城是土城，城墙用泥土夯筑而成，也就是先在两侧各竖一排木板，中间堆上一层土，再用重物把土夯实；然后再堆一层土，再夯实……这种建造方式叫“版筑”。《孟子》云“傅说举于版筑之间”，说的是殷商时期著名贤臣傅说也曾干过这种活。长期以来，我国的泥墙房子也是这样建造的。

秦始皇统一六国后，采纳丞相李斯的建议，拆除郡县城墙，销毁民间兵器，以加强对人民的统治，苏州城墙因此受到毁灭性打击，直到汉代才重新修筑。这可能是目前考古挖掘发现的苏州城墙基础大多只能追溯到汉代的重要原因。

隋朝开皇十一年（591），权臣杨素把苏州城搬到城西横山（今七子山）东麓，今沧浪新城新郭一带。唐武德七年（624）才重新迁回旧城。

唐乾符二年（875），平定王郢之乱后，苏州刺史张搏重筑苏州城墙，南北十二里，东西九里，周长四十二里三十步。

到这时候为止，苏州的城墙一直是土城墙。

2.砖头城墙时期（五代开始）

随着时代的发展，特别是隋唐时期火药的发明，土城墙开始难以抵御敌人的进攻。于是，五代后梁龙德二年（922），驻守苏州的吴越王钱镠第六子钱元璙重修苏州城墙，改夯土为砖砌，高二丈四尺，厚二丈五尺，内外有濠（即内城河、外城河），这是苏州已知的最早砖城。

在修筑砖墙的同时，钱元璙还在苏州城墙部分区域修筑了向外凸出的“马面”，使得城墙凹凸有致，富于变化。从此，苏州城墙从一个土里土气、脸部扁平的村姑，变成了一个亭亭玉立、脸部生动的时尚女郎。

3.墙顶增建女墙（南宋开始）

南宋建炎四年（1130）二月，金兀朮率兵自临安（今杭州）回师，二十五日进犯苏州（当时叫平江），从盘门直入城中，烧杀劫掠五昼夜，使“风物雄丽为东南冠”的苏州城遭到空前浩劫，城内被杀者多达四十万（一说百分之六七十的居民被杀），屋宇基本全部毁损、夷平，据说只留了两座小屋。

此后城墙、城坊经多位知府修治，直到南宋绍定二年（1229）郡守李寿朋重建，苏州城才完全恢复，城墙、城坊的布局被记录在了著名的《平江图》上。

宝祐二年（1254），苏州知府赵汝历在苏州城墙上增置女墙，也就是城墙顶上连续凹凸的齿形矮墙。当敌人来犯时，女墙可掩护守城士兵，有的垛口上部还有瞭望孔，可以观察来犯之敌。

4.城门外增建瓮城（元末起）

南宋德祐元年（1275）元军入侵。因为元代是由蒙古族建立的朝代，蒙古人属游牧部落，不喜欢筑城设防，所以掌权后就下令拆除各地的城墙，苏州城墙又一次遭到毁灭性打击。

顺带说一句，这一举动让我坚信：中国的城应先出现在南方，因为南方的气候不适合游牧，南方人不会像北方人那样不喜筑城设防。

三十年河东，三十年河西。世界就是这样奇怪，若干年后往往又回到从前。元朝至正十一年（1351），各地起兵反元，元朝官府才意识到，原来穿件“外衣”还是多少可以挡挡“风寒”的，于是重修城墙，苏州城墙就在这一背景下得到了恢复，还进行了加厚处理，并加深了城濠。

张士诚占据苏州的时候，又在各城门口增置月城。这是一种半圆形或方形的向外凸出的建筑，因形状像月亮而得名，上面设有箭楼、门闸、雉堞等防御设施。敌人一旦进入，城门和瓮城门闸一起放下，敌人就成了瓮中之鳖，守城士兵可以轻而易举地消灭他们，所以这种建筑被形象地称为“瓮城”。

不久，朱元璋军队使用大炮等武器围攻苏州，苏州部分城门城墙再次受到损坏，明朝建立后再度大规模修建。清康熙元年（1662），巡抚韩世琦在原先城墙的基础上改筑苏州城墙，高二丈八尺，女墙高八尺。现在能看到的苏州砖头城墙大多为清初所建，不过，盘门、胥门等部分城门还是生于元末的“老寿星”。

伍子胥果真使用糯米筑城墙?

一般认为，苏州城前身阖闾大城的“总设计师”是伍子胥。千百年来，民间还流传着伍子胥用糯米筑城墙的说法。

这个传说说，伍子胥帮助建成阖闾大城后，阖闾摆下盛宴庆贺。席间群臣纵情酒乐，认为有了坚固的城墙、深广的护城河，吴国就可以高枕无忧了。听到这些论调，伍子胥深感忧虑。他认为，如果敌人围而不攻，吴国弹尽粮绝，就会死路一条。于是他吩咐随从，今后如果真的缺少粮食，可去匠门（今相门）城下掘地三尺取粮。

果然，后来越国举兵伐吴，把吴国都城团团围住。时间一长，吴军粮源得不到补充，眼看许多人就要饿死。有人想到伍子胥说的话，就赶到匠门城门下掘地三尺，结果发现，城墙基础竟是用糯米粉做的糕砌成的。于是大家把糕挖出来食用，终于度过了饥荒。

此后每到寒冬腊月，苏州人就会准备糯米糕，一来表示对伍子胥的纪念，二来与亲朋好友分享。因为一开始是过年时食用的，所以这种糕又被称为年糕。她久煮不腻，干后不裂，久藏不坏，成为远近闻名的特产。

伍子胥果真会用糯米筑城墙吗？当然不会！这个传说，实际是对部分古人筑墙、建墓时用糯米、石灰拌和为黏合剂的反映，由此讹传为荒诞的故事。

不过，对吃货们来说，多了年糕这种食品，不也是一件好事吗？

伍子胥造城到底征用了多少人，这些人姓什名谁，现在已无从考证。地方志上只提到，一位“相王”很可能参与了阖闾大城的建设。

相王路中段有一座始建于唐代的赤阑相王庙，简称相王庙，里面供奉的神，就是上面提到的相王。历史上，相王庙几次重建，至今还保存着清代的大殿等建筑，每逢初一、月半，赶来烧香的人络绎不绝。

这个相王到底是谁？第一种说法，是伍子胥。因为他活着的时候曾担任过吴国的相，死后被尊为王，所以纪念他的庙就叫相王庙。而且，伍子胥本身就是阖闾大城的缔造者。

第二种说法，相王姓桑名湛璧，又叫桑荣，是伍子胥手下的一员大将。伍子胥受命建造阖闾大城时，他负责建造古城东南角赤门及周边的城墙。赤门一带河渠交叉，城门城墙需要在水里造起来，但那里水流湍急，打桩打不牢，城门城墙屡建不成，这位责任感过强的血性汉子，竟因自责而投水身亡。

第三种说法，是指赤阑将军。赤阑将军本名黑莫郝，奉命筑城，因延误工期被处死。清代同治《苏州府志》记载：“赤阑相王庙，在府治东赤门里，相传为吴阖闾筑城，见诛死，遂为神。”虽说成者为王、败者为寇，但善良的苏州人没有管那么多，你为大家做了贡献，失败了照样对你顶礼膜拜。

三种说法各不相同，到底哪个准确已经难以考证，不过有一点是肯定的，那就是都把相王跟阖闾大城紧紧联系在了一起。

苏州城"亚"字形布局啥讲究?

在许多人印象中,苏州城是小巧玲珑的。实际上,这座城不但平面布局独特,结构复杂,而且规模宏大,价值巨大。

一看规模。

东汉成书的《越绝书·吴地传》记载:

吴大城,周四十七里二百一十步二尺。陆门八,其二有楼。水门八。南面十里四十二步五尺,西面七里百一十二步三尺,北面八里二百二十六步三尺,东面十一里七十九步一尺。

同样东汉成书的《吴越春秋·阖闾内传第四》,记载跟《越绝书》基本一致:

子胥乃使相土尝水,象天法地,造筑大城,周回(同"围")四十七里。陆门八,以象天八风;水门八,以法地八聪。

《越绝书》东西南北四段城墙的长度之和,比周长少了十里,这到底是怎么回事,还有待进一步研究。不过,对照《吴越春秋》和实测结果(详见本篇最后一节),四十七里的总数应该是可靠的。当时的城规模大多比较小,所谓"三里之城,七里之郭",苏州城周长四十七里,足见规模之大。

此外,《越绝书》还记载,从阊门到娄门陆道(就是今天说的陆路)广二十三步(约30米),平门到蛇门陆道广三十三步(约40米),水道(就是今天说的水路)广二十八步(约36米)。看样子,当时城内的陆路、水路宽度都不小,陆路差不多就相当于今天人民路、干将路等主干道的宽度了。

二看平面布局。

我国众多的古代城市，多数布局呈方形、长方形或圆形，当然也有依山势建造而呈不规则形状的。但苏州城却十分另类，看上去像个“亚”（亞）字。

对于这样的布局，有人认为，这是因为苏州护城河围住的土地就呈“亚”字形，依水而建的苏州城自然就像“亚”字了，并没有什么特别的地方。

然而，我国一些陵墓的“亚”字形布局和世界各地远古文化发现的“亚”字形符号，却给了上述观点一个有力的反击。

河南省安阳殷墟的商王陵墓就有“亚”字形墓，这种墓的墓室是一个巨大的方形或“亚”字形竖穴式土坑，四面各有一个墓道。到2011年为止，殷墟侯家庄西北冈王陵区已发现8座这种类型的墓葬。陕西周公庙附近也发现了至少十座“亚”字形陵墓。

在中亚、西亚和西方，许多远古文化遗址上也都发现了“亚”字形的

河南安阳殷墟商王“亚”字形墓室

符号，不仅陵墓，王宫布局、玉器、青铜器也是这样。

“亚”字形布局到底说明了什么？根据殷墟的经验可以判断，这一字形的大墓应为天子之墓。“中”字形陵墓等级比“亚”字形低一等，再低一个等级的是“甲”字形墓。著名的司母戊大方鼎的出土墓，就只是个“甲”字形墓室。这样的墓葬形式，从殷商时期一直延续了千百年，到秦朝还在使用。

由此可见，“亚”字形在两三千年前往往代表着一种规格，有一种神圣的含义在里头。

苏州城建成“亚”字形，会不会也是出于同一个原因呢？这种推测可能性很大。一个很好的证据是，《吴越春秋·阖闾内传第四》记载，阖闾元年（前514），伍子胥“相土尝水，象天法地，造筑大城，周回（同“围”）四十七里。陆门八，以象天八风；水门八，以法地八聪”。里面提到的“天”、“地”，都是古人最为敬畏的自然之物，按照“天”、“地”格式建造的大城，其等级当然也是最高的。

三看结构。

苏州城设有水陆城门。《越绝书·吴地传》记载了八座，分别为阊门、胥门、巫门（今平门）、齐门、娄门、匠门（今相门）、盘门、蛇门。

苏州陆门八，以象天八风；水门八，以法地之八聪。这八聪的位置呈八卦阵形。八卦阵在古代军事上表现出虚实、攻守、进退、迂回、声东击西等特点，因而最能克敌制胜。伍子胥既然“文治邦国，武定天下”，对军事布阵显然十分精通，将苏州城筑成八卦形，无疑是借鉴了军事上的布阵方法，可以起到迷惑敌人的作用，显得十分科学与实用。

与苏州城门城墙相伴的，是内、外城河两套水系。看了这结构，你会不由佩服设计者的聪明——内外城河不但是调节城内河道水位的水库，还是城墙土基便捷的取材地。

水陆城门还有利于城内外人员的进出，水路能走，陆路也能走；同时又增加了作战空间，加上城墙防守严密，来犯之敌很难攻克，却很容易被歼灭。

客观地说，内外两套水系，也让苏州古城位置不容易发生重大变化。

部分古人不知怎么觉得，苏州古城布局呈“龟”形：内城墙所围的城区形如“龟”状，被水道分割的城区板块也颇似龟纹，象征着“龟负仙岛”的造型。这其实是中华先人“龟”崇拜的稀世物证。因为古人寿命短，所以很崇拜长寿的乌龟，还有人名字里带龟字的，比如唐朝诗人李龟年。但唐朝以后，中国人就不再视龟为吉祥物，龟逐渐成了骂人的词汇，比如“乌龟王八蛋”、“龟孙子”等。看来，苏州古城“龟负仙岛”的造型说，应该还是唐朝或唐朝之前流传下来的了。

四看价值。

一方面，苏州城“亚”字形平面布局是城市规划和建设的一大创举，在全国乃至全世界城市中都独领风骚，对研究苏州历史地位、规划艺术等具有极高价值。

另一方面，苏州的城门名字极富内涵，全国绝无仅有，折射着苏州的深厚文化底蕴。真不知当年起名的人，是怎么会有那么大的智慧想出来的（详见后文）。

此外，古城墙是苏州古城风貌的重要元素，也锁定了古城的位置，保护了古城内星罗棋布的小街小巷、古河古桥、古寺古塔、祠堂、古树、古典园林，是记录长江中下游地区历史文化发展史的重要载体，又是历代城市规划和建筑艺术的“活化石”，让整个古城成为一座珍贵的历史文化宝库。

历史上苏州城门到底有几座?

受各种因素影响，历史上苏州城门的数量并不是一成不变的。最早的内城城门数量应该就是上面提到的八座。后来增加了葑门，这样就

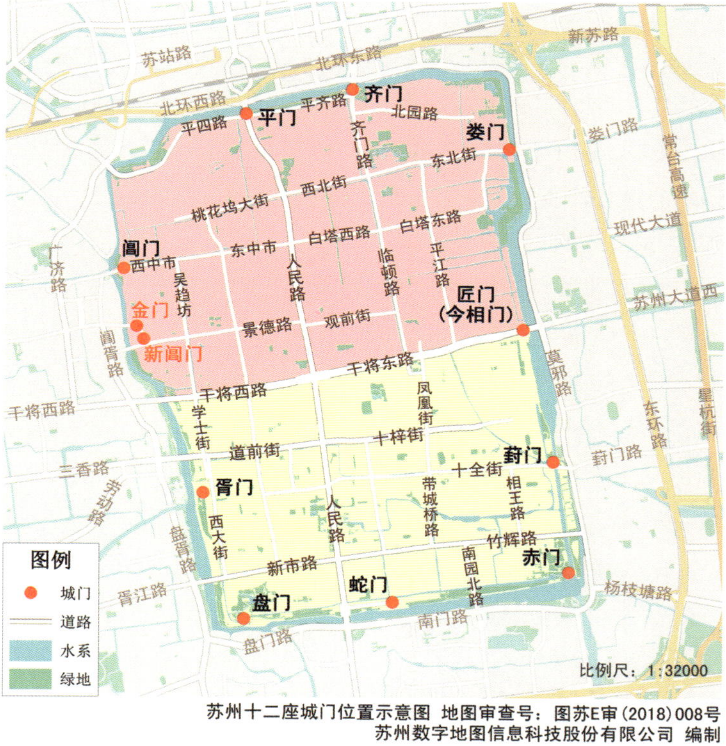

苏州十二座城门位置示意图　地图审查号：图苏E审（2018）008号

变成了九座。

此后又曾冒出一座赤门。虽然史书对这座门记载不多，但古城东南角有个老地名叫“赤门坛”，证明那里存在过这样一座门。

到民国时期，苏城又新开了新阊门、金门。这样，苏州历史上出现过的城门一共是十二座。

有人要问，新阊门为什么单独算一座？胥门不也有新的吗？为什么不单独算？我的理由是：因为新阊门的位置离老阊门比较远，相距约700米，所以必须另外算；新胥门就在老胥门边上，紧挨着，所以不必单独算。

还有人问，苏州不是还有个南门吗？其实，南门并没有城门，只是中华人民共和国成立后扒掉城墙形成了一个空档，所以不能算城门。

历史上，平门、葑门、胥门都曾封闭过，但后来陆陆续续都恢复了；蛇门封闭后多次想重开，却都没有如愿。就同一时间存在的城门数量而言，南宋时期苏州城门最少，只开了五座，即阊门、盘门、葑门、娄门、齐门，这在《平江图》上标得很清楚。从元末重建城门城墙开始到民国初期，苏州的城门一直都是六个，比南宋增加了胥门，所以老苏州常把逛遍全城说成“六城门兜转来”。

清代这六座城门的门额上各有题字，分别为：

阊门——气通阊阖；

胥门——姑胥拥翠；

盘门——龙蟠水陆；

葑门——溪流清映；

娄门——江海扬华；

齐门——臣心拱北。

古城墙如何“香消玉殒”？

清末开始，随着铁路、公路的发展，古城墙逐渐成为束缚交通发展的缰绳。再加上热兵器迅速发展，在炸弹大炮面前，土筑砖砌的城墙已经成为纸糊的窗户——一捅即破，城墙不再是抵御敌人的屏障。在这样的情况下，苏州的古城墙开始成为弃儿。

早在民国时期的1927年，苏州市政筹备处就制定了一份《工务计划与实施》，里面称：“本市旧式城门六处，外面皆有套城，阻碍交通，殊感不便，现已决定先自阊门起依次一律拆除。”

为慎重起见，当时对六座城门城墙做了调查。最先拆除的是阊门。这是苏州现代史上最早的拆城行动。此后，城墙不断毁塌，虽时有修复，但古城墙依旧没有逃脱被毁弃的历史命运。特别是在1937年，苏州为抗日而构筑防御工事，沿城墙顶部挖掘了不少壕沟。在以后的战火中，有些地段城墙还被炸成缺口，受到较大损伤。

中华人民共和国成立之初，限于当时的认识，苏州城墙更是大部分先后遭遇不测。一开始是为开辟城南商业区，今南门一带部分城墙被拆除。后来市人民委员会做出了拆除多数城门城墙的决定。

《苏州日报》的前身《新苏州报》，1958年4月19日刊登的一篇《让古物为社会主义服务（引题）本市城墙即将拆除（主标题）》对此报道：

本市的城墙，除部分城门、城墙保留，作为历史遗迹，供人参观研究外，其余全部拆除。这是市人民委员会第十四次会议（扩大）讨论通过的。4月16日市人民委员会召开了有关局、科长会议，进行了具体部署。

本市城墙由于年久失修，已残破不堪，城墙上的砖土不时被人运走，要长期养护它是很困难的。况且实际上它已失去了应有的作用。城墙拆除后，所有砖头、石块将用来建造工厂、仓库、下水道等各种对人们有利的建筑物；城墙上的黄土将利用制造砖坯，可解决本市砖瓦厂原料不足的困难。这样，使古物为今人服务，为社会主义建设服务。

会议规定：拆除城墙工作，由各区人民委员会组织当地有劳动力的失业人员来承担（政府将根据多劳多得原则，付以一定的劳动报酬），划区分段包干，立即开工，保证当前工业建设、市政建设对砖、石的需要。

会议认为：拆除城墙工作很繁重，各级组织必须加强领导和协作，当作政治任务来完成。会议决定由建设局、建筑工程局、民政局、劳动局、苏州砖瓦厂五个单位组成办公室，立即开始工作；各区、街道办事处也将相应成立组织。

于是，"大跃进"期间，城墙砖石被取去建造炼铁小高炉；之后，因拓宽或开辟道路，单位新建或扩建，"备战、备荒"取城墙土做坯烧砖，构筑防空工事，兴建居民住宅等，苏州古城墙逐渐"香消玉殒"，许多地方甚至已看不见丝毫踪影。

其实，早在1958年4月，苏联专家、列宁格勒建筑总工程师克涅亚席夫，就对苏州拆除古城墙提出了不同看法。这位专家说：

苏州城墙拆了以后，里面所有的小建筑全部暴露，建筑面貌变化了，是恶化（环境），而不是改进……苏州这城市不是一个普通城市，是具有全国与世界意义的，改建时不应很狭隘，应结合全国、全世界意义看。拆城、填河很简单、容易，到了以后，就要后悔，就来不及。我不主张完全把城墙修复起来，首先保持现有状态，不让它坍下去，假如大坍了，子孙可以拆走，过了十年，国家有钱，可以修竣。

遗憾的是，这位专家的真知灼见当时并没有得到有关方面的重视。

对于城墙的原址问题，1958年4月20日的《新苏州报》发表了一篇《市人委关于拆除城墙的几项规定》，明确不得擅自侵占。全文如下：

为了积极支援工业生产用砖需要，市人民委员会第十四次会议已通过决议，拆除本市城墙，并已组织力量开始工作。根据规定：一、凡参加拆城的单位必须经政府批准，并应严格按照指定地点分段进行，任何单位或个人未经批准均不得擅自拆城；二、城墙上的砖头、石块、黄土均为国家财富，任何单位或个人不得挪用；三、城墙拆除后未经政府批准不得在城墙原址或附近种地、造屋。规定要求各有关单位和全市人民严格遵照执行。

很可惜，这样的规定在后来的一段时间里并没能得到很好落实，城墙原址造房子等现象屡见不鲜。

1976年以来的涅槃重生

“文化大革命”结束后，历史开始重新被认识，文化开始重新受尊重，保护苏州古城墙才引起了社会各界的重视，但那时古城墙已所剩无几。

不过，痛定思痛的苏州人并没有因此丧失保护古城墙的决心和信心。1976年至1981年，有关部门维修加固了盘门的陆门和水门，并修复城台四周女墙、垛口和登城坡道；1983年整修东段城墙约300米；1986年在陆门城台原址重建重檐歇山式两层三开间城楼……现在，盘门已成为苏州城标志之一和中外游客争相游览的重要景点。

2008年，市科技局启动了《苏州市古城墙资源数字化勘察技术应用研究及示范》项目，市文物局也下达了《苏州古城墙调查项目任务书》，委托苏州市职业大学开展相关研究。配合这一项目的开展，专业机构苏州测绘院用最新的数字化勘测技术进行了测量。2010年4月，这一课题正式结题，工作人员宣布：苏州古城墙周长为15204.31米；保存较完整的砖石古城墙（即20世纪50年代拆城时躲过劫难的城墙墙体）为1249.98米，占总长度的8.22%；加上各类城墙残体、城墙遗址，苏州当时保存的城墙及地表遗迹总长4593米，占原先的30.2%。

有人要提出疑问了：前面不是提到，《越绝书》《吴越春秋》都说，吴大城周长是四十七里多吗，这边15204.31米才三十点四里，少了三分之一还不止，对不起来呀！

其实，按周朝到上述两本书成书时（东汉前期），一里才折合今天

整修阊门北码头段城墙现场

的415.8米，周长四十七里二百一十步二尺相当于今天的19公里多，比现在的苏州城墙略长。由于历代城墙位置有可能因护城河的拓宽等原因而内移，所以，这个数字看来还是完全可能的。

2002年6月苏州启动环古城风貌保护工程，又重修了阊门、赤门及部分城墙。

文物部门则把盘门、胥门、金门、阊门（遗址）及部分城墙列为全国、省、市级文物保护单位，并划定了保护范围。

2011年9月20日，总长超过1400米的阊门北码头段、平门段、相门段古城墙保护修缮工程开工，进一步吹响了保护苏州古城墙的号角。一段段古城墙，就在这样的保护修缮中，实现了“涅槃重生”。

2013年，作为古城墙保护修缮二期工程的娄门段、姑胥桥以北段和齐门桥以东段城墙，也进行了修复。三段墙总占地面积约5.9万平方米，修复城墙及遗址长1404.7米，城墙底宽12米，顶宽10米，高7.5米，道路、广场7400余平方米，绿化面积21000平方米。

常常想，如果没有当年那样的疯狂拆城运动，苏州古城的面貌又会是怎样一副模样？但历史不能假设，时光不可能倒流。过去的那段弯路，只能作为教训，提醒后人不再重蹈吧！

顺便提一下，对于城墙的重建，许多专家学者、市民表示赞成，但也有不少反对意见，认为这是造了假古董。正所谓仁者见仁，智者见智，对一件事情有不同看法很正常。我的看法是，有条件重建的地方应该重建，否则，那些遗址很可能继续被钻营者占去，导致连遗址都“尸骨无存”；重建后，只要说明是什么时候重建的，那就没问题了。

现在的情况是，有些激进分子不但认为重建是欺骗后人，甚至还对支持重建的人搞人身攻击，这就很不应该了。

第二篇　阊门寻根（含新阊门、金门）

从本篇开始，将全面讲述苏州各座城门的往事。以怎样的顺序为好？考虑到阊门是苏州城门中名声最响的一座，就以她为起点，按逆时针方向逐一梳理吧。

2500多年前孙武、伍子胥率军从这里出发讨伐楚国；明朝初年的“洪武赶散”，40万居民也从这里启程；《红楼梦》将这里誉为“最是红尘中一二等富贵风流之地”……这里就是阊门，苏州的第一城门和苏城的代名词之一。

2000多年的兴衰变迁，让阊门留下了一连串故事。

如今的阊门城门

上：阊门城门城墙

阊门历史悠久、受人瞩目，阊门城门城墙的建造、变迁，自然留下了众多的记载和传说。

最早可是鲁班来建造？

“吴趋自有史，请从阊门起。”这是西晋文学家、书法家、官员陆机（261—303）在《吴趋行》里提到苏州的第一句话。

“吴趋”也是苏州的代称，这句话充分肯定了阊门对于苏城的重要。

这座古老的城门，最早由谁建造？许多人觉得，既然阖闾大城是伍子胥“造筑”的，那最早的阊门肯定也是伍子胥的杰作。

然而，北宋苏州人朱长文（1039—1098）编撰的《吴郡图经续记》却说：“或云鲁匠般所制也。”鲁匠般就是鲁班，土木工匠的祖师。他复姓公输，名般，又称公输子等，鲁国人。“般”和“班”同音，古时通用，所以人们常称他为鲁班。“或云鲁匠般所制也”的意思是，有人说阊门是由鲁班建造的。

需要说明的是，“图经”是一种较古老的地方志，最早出现于东汉，是正规、严肃的地方文献，因此，《吴郡图经续记》的内容应该是比较可靠的。

不过，从时间上说，鲁班建造阊门的说法并不可靠。鲁班大约生于周敬王十三年（前507），而阖闾大城早在公元前514年就已建造，他哪可能在出生前7年就参加建设呢？

既然如此，《吴郡图经续记》为何会写“或云鲁匠般所制也”呢？分析下来，阊门结构精巧、高大雄伟，而且水门连着陆门，一般的匠人造不出来，于是有人推测，这可能是实践经验丰富、营造技艺超人的鲁班建造的，这完全在情理之中。

当然，“或云鲁匠般所制也”的记载也有下面两种可能：一是阊门建成后，因为受到战争的破坏，需要修缮或改造，鲁班曾参与其中；二是建造阊门的工匠技艺实在高超，人们就用“鲁班”来称呼他们，这个“鲁班”不是指鲁班本人，而是泛指能工巧匠。

奇的是，孙权的一个女儿竟然也叫鲁班，先是嫁给周瑜的儿子周循，后来又嫁给了全琮，挑起宫廷斗争，最后被赐死。

到底哪种更符合实情，还要做进一步论证。不过，从孙鲁班的行迹看，应该是不会去参与阊门的建设的。

“通天气”究竟啥目的？

关于阊门的得名，《吴越春秋》记载：“立阊门者，以象天门，通阊阖风也。”

让人费解的是，阊阖风到底是什么意思。在《现代汉语词典》中，阊阖被解释为神话传说中的天门或宫门。这样看来，阊阖风应该是指来自天门的风。

但《说文解字》却把八方来风，也就是东北风、东风、东南风、南风、西南风、西风、西北风、北风，分别称为融风、明庶风、清明风、景风、凉风、阊阖风、不周风、广莫风。这样说来，阊阖风指的是西风。

《说文解字》：

东北风——融　风；

东　风——明庶风；

东南风——清明风；

南　风——景　风；

西南风——凉　风；

西　风——阊阖风；

西北风——不周风；

北　风——广莫风。

因为《说文解字》也是东汉时期成书的，跟《吴越春秋》属于同时代作品，所以我觉得，《说文解字》的解释应该更可靠。

只是，吴王阖闾为啥要连通西风？还是《吴越春秋》给出了答案："阖闾欲西破楚，楚在西北，故立阊门以通天气。"也就是说，阖闾想向西攻破楚国，所以建造阊门来通天宫之气。

分析下来，这里体现的是阖闾、伍子胥的一种哲学思想：自己通了天宫之气，就可以得到老天的保佑。这样不但可以为自己的士兵壮胆，也可以让邻国士兵害怕，从而在气势上威慑邻国。

此后，孙武、伍子胥等率吴军从阊门出发，讨伐楚国，结果大胜而归。凯旋的时候也从阊门进城，因此，阊门又被叫作"破楚门"。

吴国的取胜，难道真的是靠了"通天气"吗？当然不是，这主要还是因为攻打楚国的时候，孙武、伍子胥进行了精心的准备，而且善用计谋。再加上在他们的训练下，吴国军队作战能力很强，所以所向披靡。

考古证实汉代城墙曾重建

前面提到，秦始皇统一六国后，采纳丞相李斯的建议，拆除郡县城墙，销毁民间兵器，以加强对人民的统治，苏州城墙因此受到毁灭性打击，直到汉代才重新修筑。

经过2500多年的岁月沧桑，阊门究竟在不在当年的位置？现存的阊门究竟有多老？2004年3月，苏州博物馆考古部对阊门遗址进行了为期7天的调查。我几次去现场，拍到了照片，还摘录了考古报告。

考古利用的断面共三个。第一个在水门南侧7米处，地表以下半米就发现数层黄色夯土，每层厚10余厘米，总厚度有一人一手高，其中零星夹杂着一些汉代和唐代的釉陶片。夯土层下局部探掘表明，黄土下面竟然是古代的河道，黑色淤泥厚约1米多，含有大量汉代、唐代的砖砾瓦片和釉陶片，还有木桩。

第二个断面在水门南侧5米左右，表土下1米多露出阊门北城墙的城砖基础。这些平砌着的城砖全部是青砖，长度、宽度比现在的八五砖各大一倍左右，基础总宽1米左右。

第三个断面是西城墙所在处，城砖从地表下3.5米处砌起，城砖下每隔2米多还打1根木桩，深入生土层，木桩上垫有木板。

考古中的这些发现说明了什么？考古人员认为，现存的阊门陆城门已发现汉代遗物，证明城墙在当时进行了重建。该城门在五代时经过大修，黄色夯土与砖包城墙，就是大修时的遗迹。当时先在原有的古河道中打木桩，再在木桩间填充瓦砾釉陶片和泥土，再向上夯筑，最后在夯土外包以城砖，形成一个南北略长于东西的砖砌城门。

阊门遗址考古发现的城砖、木桩

阊门水城门历代变化可能比陆城门还要大，主要是她的位置逐渐北移。从第二个断面分析，现存的清代水城门虽然和五代水城门在一条纵直线（即南北向直线）上，但位置向北偏移了近10米。

元朝兴筑瓮城更易守

前面已经提到，瓮城又叫“月城”，是围绕在城门外的小城，其作用是增强城池的防御力量、更易守护。敌人进入后，内外两道城门一齐关闭，守城者就可像瓮中捉鳖一样轻易消灭敌人。

根据地方志记载，阊门水陆城门的瓮城是元末张士诚据苏时建造的。在清朝中期的《姑苏繁华图》中，阊门到吊桥之间有月城大街，数十户商店在此经营。太平天国战争时期，阊门水陆瓮城被毁，战乱结束后改建成小月城。民国16年（1927），小月城被拆，建成阊门广场。

如今，吊桥东堍北侧被拆除的民房下，古老的石块依然保存完整。这些石块都是瓮城的基础，上面的城墙、城门被拆除后，她们逐渐被用作民房的宅基。

2004年11月16日，《城市商报》刊登《神秘洞穴惊现老阊门》，苏州文史专家徐刚毅现场踏勘后发现，这个洞穴共有三个口子（瓮城城墙北侧两个，顶部一个），其中北侧的一个高约60厘米、宽约30厘米，呈拱形。洞穴内只有一人高，底部全是积水和泥沙，壁上有供放置蜡烛等物的龛。整个洞穴面积不大，大约能容纳七八个人，主干道宽度可容两个人交叉而过。洞穴西面还有直井和空洞，积水很深。根据地方志记载，抗战时期石路地区曾多次遭到日寇的轰炸，国民政府组织全民备战，如挖防空洞、参加军训等。徐刚毅对此认为，这些洞穴很可能是当时留下的民用防空洞。

兴筑瓮城的张士诚的情况，将在介绍子城的篇章（第十一篇）详细展开。

太平天国时期繁华化灰烬

经过千百年的发展，得水陆交通便利的阊门地区成为《红楼梦》所说的“最是红尘中一二等富贵风流之地”。然而，因为地处战略要地，战乱时期阊门也总是最易受到冲击。

清朝咸丰十年（1860），太平天国忠王李秀成攻打苏州。江苏巡抚徐有壬和总兵马德昭为了所谓的巩固城防，接连颁布三道命令：“首令民装裹，次令迁徙，三令纵火。”于是，曾经繁华盖世的阊门商业区，向西直到枫桥寒山寺，转眼之间化为灰烬，那里聚居的数十万苏州市民或死或逃，不少逃往上海租界。战后，苏州的全国经济中心地位逐渐被上海取代，阊门商业区虽经努力，还是只恢复了一小部分。

根据同治《苏州府志》，嘉庆二十五年（1820），苏州府“实在人丁”为590万8435人（当时太仓州为直隶州，所以该州人口没有计入苏州府），其中吴县（今苏州市区西南部）男丁128万3411人，女82万6748人（共计211.0159万人）；但到刚经历太平天国战争后的同治四年（1865），苏州府“实在人丁”减少到了128万8145人，其中吴县只剩8万6976人。这次战乱的影响之大，简直耸人听闻。

研究表明，1843年，苏州是仅次于北京的全国第二大城市（有人甚至提出为全国第一大城市）、经济中心，当时的上海城区人口在20万左右，在全国城市中只能排第12位，只是苏州的后花园。现在有些人说苏州是“小苏州”，殊不知，当年“小苏州”说的是上海，意思是她的繁华程度有点像苏州。

太平天国战后，上海凭借开埠的优势、便利的江海运输条件，逐渐成为全国经济中心和最大的城市，苏州倒过来逐渐沦为上海的后花园。到1949年，上海城市人口已达542万，是百年前的20多倍，成了全国城市中的“暴发户”。

苏州和上海地位的倒转让人唏嘘。不过，塞翁失马，焉知非福，正因为如此，苏州前期发达的文化受现代文明的冲击相对较小，保留情况相对较好，让传统文化成为苏州在当今文化之争中取胜的法宝。

热闹商市清末重登场

甲午战争后，清政府洋务局在阊门外设商埠，开石路，进一步推动了阊门地区商业和金融业的发展。1908年苏州城共有钱庄24家，其中20家都聚集在阊门大街，也就是现在的西中市。民国初期，最早进入苏州的三家银行（中国银行、交通银行、上海商业储蓄银行）支行以及后来成立的苏州银行公会，地点也都设在西中市附近。

直到20世纪20年代，随着平门重开，人们从火车站进城不必再取道阊门，阊门一带商市发展速度才逐渐被观前超过。不过，阊门地区仍在发展。1927年市政筹备处工务局进行建设时，将阊门瓮城外围的城墙、城门拆除，又将原来狭小的阊门旧城门拆除，并于1934年改建成仿金门罗马式建筑。改建后的阊门共有三个门洞，中为宽、高各9米的车行道，两侧为各宽2.5米、高4米的侧门，作为人行道。阊门外的石路地区，依然是苏城三大商圈之一，还留下了众多老字号，如杜三珍熟食店、沐泰山堂药铺、义昌福菜馆、近水台面馆，等等。

在金门的南侧、今景德桥东堍北侧，1926年还曾开过一个新阊门。先是民国时期，为沟通观前街与阊门商业区的联系，于1921年筑南新桥，1922年开金门。1924年发生了军阀齐燮元和卢永祥的江浙战争，祸及苏州。当时迷信，士绅认为开金门不利，就重新砌没，在金门南面开辟了新阊门。但从新阊门出城后还得拐个弯再上南新桥，使用起来不方便，于是1929年动工重新开辟金门，1931年竣工，外面与南新桥连成直线，里面跟景德路曲线相接，新阊门就此退出了历史舞台。

但老苏州们仍喜欢将金门那里说成是新阊门，看来果然是“第一印象”最根深蒂固哇!

我2012年10月15日曾去现场找过新阊门的踪迹，看见景德路551-585号小区西侧有座城门，很矮小，花岗石门框，只有一人多高，已封堵，据说就是新阊门。实际上，那座门跟新阊门是两码事。网友“悠哉游哉”（青岛人杜祯彬）收藏的照片中，新阊门是比较大的，而且门框由砖头砌成，上方写有“新阊门”三个大字。

新阊门旧影

几经打听，2014年11月2日，我终于找到了新阊门。此门位于阅读苏州主题酒店内，因被新苏航运有限公司改造为食堂时吊了顶，所以只露出了一小部分，而且贴了瓷砖，看不到原貌。不

被吊顶的新阊门现状

过，能保存下来就很值得庆幸了。

拆除和争议之中再重建

20世纪50年代，受对城墙作用认识不足等的影响，苏州老城门、城墙被大量拆毁，阊门一带也未能幸免。

“文革”结束后，城墙、城门开始受社会各界的关注。1998年11月，阊门遗址被列为苏州市文物保护单位，终于贴上了“护身符”。

2001年8月召开的苏州市第九次党代会，确定了“十五”期间中心城市重点建设项目，环古城风貌保护工程被列为十大工程之一。其中，修复阊门是整个环古城工程的重要节点，也是该工程二期工程建设的重点。

2003年5月，结合专家和部门意见，设计单位对阊门的修复方案做进一步的深化、细化，形成了两个阊门修复方案。我当时参与了报道。

> 方案一中的阊门瓮城约60米见方，高7米多，有6座城门——内外陆门、水门，以及南北童梓门，其中内外陆门上分别复建瞭敌楼和城楼。陆门的设计在形制上以金门为参照，由一大（车行）两小（人行）三个拱门组成。另外，内外两重陆门仅作微小错位，尽可能地减少对交通的影响。水门及南北童梓门则分别以盘门的水门和胥门的陆门为参照。城楼和敌楼的设计以古画中的形象为历史依据，其中城楼是一座苏州传统建筑形式的二层楼阁，面阔五开间，歇山顶。方案还在瓮城内布置了一组两条步行廊夹一河格局的临河建筑，这既符合阊门的历史原貌，还使得瓮城的空间层次更为丰富，凸现了阊门的商业文化。
>
> 方案二中，外圈瓮城曲折逶迤，由北、西、南三个方向环抱内圈瓮城和主城门，南北长约120米，东西宽约90米，高7米多；内圈瓮城约45米见方，高也是7米多。整个阊门城门有七座城门——三重陆门、两重水门以及南北童梓门，其中内外陆门上分别复建瞭敌楼和城楼。陆门的

设计在形制上以古画、照片资料为参照依据。水门及南北童梓门则分别以盘门的水门和胥门的陆门为参照。城楼和敌楼的设计以古画中的形象为历史依据，其中城楼是一座苏州传统建筑形式的二层楼阁，面阔五开间，歇山顶。由于阊门城楼缺乏历史遗存资料，因此在具体设计过程中参照了盘门城楼。鉴于盘门无论从重要性还是大小上都与阊门有一定差距，所以阊门城楼的尺度和规格都相应地超过了盘门城楼。

是年8月，经过公示，三分之二以上的投票者赞成方案二。正当苏州准备修复阊门的时候，有专家提出了质疑。他们的观点是，根据国家文物保护法，文化遗址保护的原则是“修旧如故，以存其真”，对已不存在的东西不提倡重建。

但也有许多专家坚持认为，阊门是老苏州的象征，重新修复是历史的责任，是文物古迹生命的延续。滕王阁在1300年里重新修建了28次，

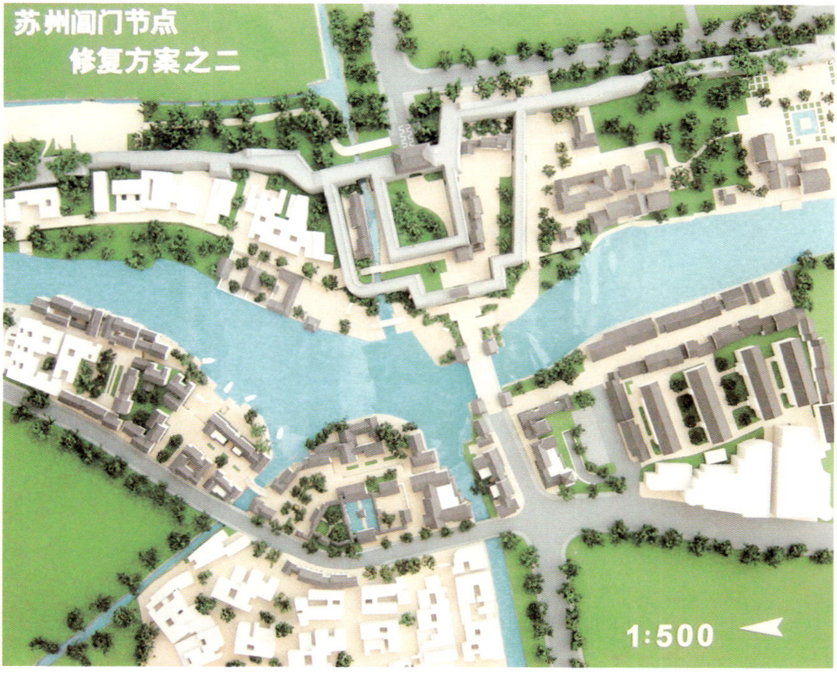

阊门修复方案二

阊门为何不能重建？更何况阊门城门城墙的基础还在，她内在的血脉两千多年来从未中断过，这种修复行为的本身就具有深远意义。重修一座不设防的城门，为的是对历史和文明的纪念。

最终，2004年2月，阊门重建工程按方案二正式动工。先是修复阊门遗址，同时恢复部分城门和城墙，其余的先进行规划控制，等条件成熟后再逐步推进。所以对照方案二模型图，可以发现两道瓮城城墙到现在都还没有建起来。

阊门吊桥被建成市区继人民桥之后的第二座仿古廊桥。仿古廊桥与传统廊桥的区别在于，她们的长廊有两道，分别位于桥梁的两侧，而传统廊桥的长廊只有一道。重建的吊桥全长约37米，宽14米，其中车道宽8米，两侧的长廊各宽3米，各被柱子分隔成8个“门”。

这里有必要对阊门吊桥的情况做一些追述。她跨阊门外城河，原名虹桥，俗称钓桥，最早是收起就断开、放下则通行的吊桥，元代泰定元年（1324）改建为木桥，明朝初期改建为石桥基木桥，民国23年（1934）再改建为钢筋混凝土石拱桥。

一开始恢复的阊门城门没有城楼，后来才进行增建，2006年10月完工。

2012年9月，阊门城门北侧北码头城墙（一期）也完成修复。

此前的2003年1月4日，有关部门审议并通过《苏州市历史文化名城保护规划》，在阊门地区设苏州第五个历史文化保护区。这一保护区北到阊门内下塘、五峰园弄、打铁弄一线，南抵金门城墙、专诸巷、雷允上制药厂北围墙、宝林寺前、天灯弄，东以阊门西街、吴趋坊以西50米为界，西至南新河、外城河，保护面积18.4公顷。从此，唇齿相依的阊门和阊门历史文化保护区得到了更好保护。

下：阊门风流

2000多年时间里，阊门与众多名人、重大事件结下不解之缘，写下了千古风流。如果把这些名人往事、重大事件全部搜出来，单独写几本书也没有问题，这里只是结合我的所见所闻和关注话题，讲述其中的几个。

阖闾与两大刺客为啥葬这里？

阊门一带的墓葬中，名气最大的可能要数阖闾墓和专诸、要离两大刺客的墓。

阖闾墓一般认为就在阊门外七里的虎丘山下，剑池向北到底。2008年6月清淤的时候，我有幸下去一探究竟。

剑池洞口只能看见最下面4块石头（其中第4块也只露出一小部分）

那是6月8日的傍晚，剑池北面神秘洞穴的清淤基本结束，我顺着七八米长的梯子爬下剑池，踏着泥泞的路面一路向北，来到一个三角形的洞穴入口，洞穴两壁是略有凹凸却又总体齐整的褐色山石。进入洞穴，淤泥的腥味越来越重，凉意也越来越浓。两边的石壁湿漉漉的，偶尔还有水滴滴下来。

这个洞穴的深度只有六米多，高度却有三四米，宽度足够容两个人并排行走，因此，整个洞穴给人的感觉并不压抑。沿着一脚高一脚

剑池洞穴最北端从下向上看

低的地面走到最北面，洞穴的高度陡然增加，头顶像是一口竖井。整个洞穴的结构就这么简单：最北面是一口竖井，竖井下就是一条南北向的横巷。

洞穴最北面的石板像井壁一样，挡住了去路。这些石板一共6块。下面的4块都是横放的，宽度都在1米多，高度从0.5米到0.9米不等，其中最底下的那块颜色跟山壁相仿，应该是虎丘山的“土产”；而另外3块都是青石，表面并不光滑，只是经过了初步加工。最上面的2块石头也是青石，其中上面那块像井盖一样覆盖着，下面那块则一角搭在下面的青石上，另一角悬空。

有专家认为，从形式来看，这是一种洞室墓，与春秋战国时期的贵族墓葬形式一致。因此，青石的背后很可能就是沉睡了2500年的吴王阖闾。但要打开这些青石，很可能惊动洞穴上方本已倾斜的国宝虎丘塔，这个责任是谁也承担不了的，所以目前看来是不可能的。

虽然有点遗憾，可回过头来想想，不打开也有不打开的好处——可以让人们保留几分神秘感，游览时尽可天马行空、浮想联翩，兴味也许就在其中了。

春秋时期，吴国出现了两位著名的刺客，一个叫专诸，一个叫要离。他们的墓，据说也都在阊门一带。

专诸是堂邑（今南京市六合区）人。吴公子光对堂弟王僚继承王位很是不满，伍子胥就把专诸推荐给公子光。公元前515年，公子光乘吴国军队出征楚国被堵截、吴国内部空虚的机会，以宴请吴王僚为名，让专诸假扮成厨师，把匕首藏在鱼肚子里，趁献鱼的时机当场刺杀了王僚，于是公子光自立为王，这就是后来威名远扬的吴王阖闾。当时专诸也被王僚的侍卫杀死，他的墓据说就在阊门城门东南侧的专诸巷里，这是曾住在那里的苏州自建房组织发起人俞伟告诉我的，外界也有此传言。

要离身材瘦小，却有万人之勇，是当时有名的击剑能手。吴王僚死后，阖闾立国，王僚的儿子、号称吴国第一勇士的庆忌逃往卫国，招纳死士，伺机为父报仇。阖闾得知此事后茶饭不思，日夜琢磨怎样除去这个心腹重患，后来有人向他推荐了要离。经过策谋，要离决定采用苦肉计，故意先用竹剑刺伤阖闾的手腕，再取真剑斩断自己的右臂，投奔卫国找庆忌而去。要离走后，阖闾还依计杀掉了他的妻子。庆忌听说这些情况后，自然对要离深信不疑，收为亲信，委派他训练士兵。

在要离的怂恿下，三个月之后，庆忌出征吴国，与要离同坐一条战舰。要离乘庆忌在船头畅饮之机，迎着月光独臂猛刺庆忌，短矛透入心窝，穿出背外。庆忌诧异之极，倒提要离，浸溺水中三次，然后将要离放在膝上，笑着说："天下竟有如此勇士敢刺杀我！"此时左右卫兵举刀想杀要离，庆忌摇着手说："此乃天下勇士，怎么可以一日杀死两个天下勇士呢？！还是放他回国，成全他吧!"然后庆忌死了，阖闾的反对势力就此鸟兽散。

想庆忌死之前大概脑子坏了，所以才放了要离。

而要离的脑子同样进了水。《吴越春秋·阖闾内传》写道：

> 要离渡至江陵，愍然不行。从者曰："君何不行？"要离曰："杀吾妻子，以事吾君，非仁也；为新君而杀故君之子，非义也。重其死，不贵无义。今吾贪生弃行，非义也。夫人有三恶以立于世，吾何面目以视天下之士？"言讫遂投身于江，未绝，从者出之。要离曰："吾宁能不死乎？"从者曰："君且勿死，以俟爵禄。"要离乃自断手足，伏剑而死。

要离那不可思议的举动，让老伙伴、小伙伴都惊呆了！虽说他已经说明：自己不仁不义，没有面目见天下士人。可这个问题完全可以通过隐居深山解决呀，毕竟，好死不如赖活啊！我觉得，要离当时的心里一定是五味杂陈，《吴越春秋·阖闾内传》一定没有把他所有的心里话都记录下来，其中至少有一句话是：自己已经因替新国君除掉心腹之患而变成了孤家寡人，活着已经没什么意思，不如到阴间去，和妻子孩子团聚吧！

是生是死要离可以自己选择，但死后的事他就管不了了。想必阖闾或吴国敬畏他的人会将他厚葬，所葬的地点选择了阊门内。清朝中期成书的《吴门表隐》对此记载：

> 要离墓在梵门桥宝月庵侧……堂下见石椁，榜有“古要离之墓”碣，明巡按高出题。今废为隘巷，名萧家园。

此外还有史料记载：要离墓在胥门内梵门桥西城脚下的马婆墩。那里本有炮座，清道光七年（1827），在城脚下水潭边发现石碣一方，上刻“古要离墓”四字。

根据上面两段记载，只要找到萧家园和马婆墩、水潭，就可以弄清要离墓的位置了。为此我2010年7月26日曾去现场探访，发现萧家园位于梵门桥弄西段，北面是高井头（巷），里面已经造了许多房子，看不到任何墓葬的痕迹。当地老人告诉我，萧家园西侧以前确实有个水潭，后来被填没了，这个水潭就在影星刘嘉玲的母校二十一中的位置上，现在变成了慈济慈善志业中心。因此，要离墓遗址应该就在今天的萧家园西部或慈济慈善志业中心位置上。

不过《百城烟水》称：“要离墓在专诸巷西城上。”明代高启在谈到要离墓时则写诗说：“弱夫杀壮士，谁敢婴馀怒？今与古城近，耕人肆侵墓。”照这样判断，要离墓应该是在专诸巷靠近城墙的地方，只是到明代时已被种地的人侵占了。

阊门内外为啥会出现阖闾墓、专诸墓、要离墓等墓葬？我觉得：一方面可能与古人认为阊门内外风水好有关，另一方面应该是由于早期阊门一带还不太繁华的缘故。

金昌（阊、伤）亭是座亭子吗？

汉武帝时代，阊门一带突然多了座建筑——金昌亭。这里流传着这样一个故事。

当时，以“马前泼水”故事而闻名的苏州人朱买臣经同乡严助推荐，一下当上了中大夫，后又被任命为会稽太守。会稽郡的治所就设在苏州，因此他就赶回家乡赴任。

汉朝的官员，行、住、坐、卧是极威严的，所谓“汉官威仪”，但朱买臣出身草根，本是个穷苦的读书人，摆架子也摆不像，到家乡时没有穿官服张扬，一些官吏有眼不识泰山，竟然跟朱买臣争抢座位，朱买臣不得已拿出印绶表明身份。事后，这些官吏吓坏了，为表示谢罪，他们凑钱在事发地阊门一带造了座亭子，取名“金伤”，后来被讹称为“金阊亭”，古书中则写作“金昌亭”。

历史的实际情况是：这个“亭”并不是今天所说的亭子，而是官办的招待所（参见第四篇中“高丽亭”）。金昌亭就是一所规模不小的官方旅馆。朱买臣回到家乡，可能老宅已经无存，或者已经分给前妻了，或者很破旧了，没地方安身，就住在招待所里，这招待所的建造费用，可能就是得罪朱买臣的官员们凑份子凑出来的。但后人搞不清，以为这些官员为朱买臣造了一座亭子，这对朱买臣来说有什么意义呢？

南朝刘宋时期，金昌亭发生了一起很轰动的击杀废帝事件。《宋书》记载，景平二年（424），辅政大臣司空徐羡之等因为继位的宋少帝刘义符（406—424）游乐无度，不处理政事，就将他废为营阳王，幽禁在吴郡（今苏州）。不久，又指派邢安泰等人在金昌亭杀掉废帝，不想年仅19岁的少帝孔武有力，可能有几下“三脚猫”，没有被一下子制服，他逃出阊门，最后被邢安泰一刀杀死（一作用门闩击毙）。从这一记载来看，金昌亭的位置应该在阊门内离阊门不远处。

也有人考证，阊门外上塘街上的普安桥为古金阊关，即金阊亭遗址。按照我的分析，金阊亭位置说法不一，可能是她经历过迁徙，这样的情况，在历史上是十分常见的。

东汉时期剩女孟光嫁梁鸿

阊门内还有一座著名的桥梁叫皋桥，别看规模不大，无法跟宝带桥、吴门桥、万年桥、灭渡桥之类的长桥、大桥比，知名度却毫不逊色。她是因纪念吴中名士皋伯通而得名的。

皋伯通，西汉末—东汉初年人，曾做过官。两汉之际的著名诗人、“举案齐眉”故事主角之一的梁鸿，曾做过皋伯通的下人。

梁鸿，字伯鸾，陕西扶风平陵人，东汉初年进入太学学习。能进太学，跟今天进北大、清华差不多，这样的高才生自然有诸多爱慕者，但他偏偏娶了个“有德无容”、被评为中国四大丑女之一的孟光。《后汉书·梁鸿传》说孟光“状肥丑而黑，力举石臼，择对不嫁，至年三十。父母问其故，女曰：‘欲得贤如梁伯鸾者。’鸿闻而娉之”。

根据《后汉书》，孟光是个又肥又丑又黑、且又迟迟不肯出嫁的剩女，还是个举得起石臼的女汉子，万一跟老公干起架来，老公可吃她不消。但梁鸿眼光独到，听说她想嫁给像自己这样贤良的人，就把她娶回了家。

表面看，似乎梁鸿确实贤良。反过来想，却可见孟光的智慧——不直接说梁鸿贤，却夸得梁鸿心花怒放，又罩住了梁鸿——如果你不娶我，那就证明你不贤。梁鸿骑虎难下啊！

成家之后，梁鸿给妻子取了个名叫孟光。“孟”其实是她的姓，而不是排行老大的意思。因为“孟”字的上面是个“子”，必须是儿子中的老大才能叫“孟”，比如孔子的哥哥孟皮，上面有9个姐姐，只是在儿子中属于老大，所以叫了“孟”（“皮”通“跛”，因为孟皮是个瘸腿）；“光”应该是光彩夺目或性格阳光的意思，就像西施名“夷光”那样（夷可能是说西施属于东部的少数民族——夷族）。

梁鸿贤归贤，但还没有贤到不说别人不好的程度，有时候也会做做愤青。汉章帝的时候，他偶然路过京城，就作了一首《五噫歌》讥刺朝政，里面说：

陟彼北芒兮，噫！
顾瞻帝京兮，噫！
宫阙崔嵬兮，噫！
民之劬劳兮，噫！
辽辽未央兮，噫！

翻译成现代文就是：登上北芒（邙）山啊，回首遥望那皇帝住的京城啊，宫殿那高大壮丽啊，百姓那辛勤劳作啊，遥远漫长那无止境啊！

这首诗用了那么多“噫”，感情实在丰富，明摆着说皇帝不体恤百姓的辛苦，弄得汉章帝很生气，后果自然很严重。被通缉的梁鸿只好带着老婆一路逃亡，最后逃到当时还算偏僻之地的苏州避祸，做了皋伯通的奴仆。

尽管丈夫很落魄，可每到吃饭的时候，孟光总还是把饭菜放在盘子里，举得高高的，恭恭敬敬地端给梁鸿吃，梁鸿则恭恭敬敬地接过来，后世因此有了“举案齐眉”、“相敬如宾”两个成语。结果有一次，皋伯通凑巧看到了这一幕，觉得梁鸿不是普通人，从此待为上宾。

这个故事里，皋伯通有没有获悉梁鸿是通缉犯已经无从考证，想必是不知道的。否则，做过官的皋伯通不会不知道，收容通缉犯可不是闹着玩的。

总之，后来梁鸿就在皋伯通的照顾下，潜心研究学问，不断著书立说。梁鸿去世后，皋伯通按照他的遗愿，把他的遗体安葬在要离墓旁，说：要离是一个轰轰烈烈的人，梁鸿是一个仁人君子，让他们在地下做一对好邻居吧！

一个是主人，一个是奴仆；一个曾做官，一个遭通缉。两个人心灵竟如此默契，梁鸿也不枉了此生。

晋代门外曾建石佛寺

晋代的时候，阊门外石佛寺弄兴建了一座石佛寺，里面有口井，名叫“甘泉”，花岗石八角井圈，五面都刻有阳文楷书“石佛寺甘泉”，另外三面雕了韩湘子、铁拐李和何仙姑等八仙人物图案。

在苏州，花岗石一般是清代才使用的建材，由此推测：这个井圈可能是后来做上去的。

抗战期间，日寇飞机在阊门石路一带商业区投掷燃烧弹，大火烧了三天三夜，可怜石路一带化为焦土，被毁商店、旅社、茶馆、戏院、饭店、浴室等二三百家，民宅六七百户。后来因为建造亚细亚商厦，石佛寺弄消失了，石佛寺甘泉也被填没了，连井圈也不知所踪。

2004年3月，阊门吊桥下河道内出土了一尊石佛，当时头部已部分损坏，经过能工巧匠的打理，基本恢复了原貌，被寒山寺迎回了寺中。

阊门吊桥下河道内出土的石佛

我得到读者报料，赶到寒山寺一看究竟。这尊佛像材质为青石，高66厘米，重100多公斤，搬动时动用了三个成人。将照片给专家看，专家初步考证，这是一尊释迦牟尼佛像，所用的石质较好，刀功、刻法虽然比较简单，线条却很流畅，形象较为丰满，有唐代遗风，很可能是明朝或以前的仿唐作品。

佛像一般供奉在寺庙里，这尊佛像究竟来自哪里？为何会藏在河底？当地居民反映，阊门一带原先有四处古代庙宇，除上面提到的石佛寺外，另一处是位于吊桥东南约100米处的大王庙，再一处是吊桥东南三四十米处的大仙庙，还有一处是聚龙桥东北堍的龙王庙。这佛像，会不会就来自这四座寺庙呢？

仔细打听才知道，大王庙里原有十多尊菩萨，后来都拿到西园去了，里面没有石头佛像；龙王庙里供的是龙王老爷，没有释迦牟尼；大仙庙是道教的，更不可能供佛像了。再说，大王庙是清代中后期建造的，龙王庙和大仙庙时间更晚，年代上与那尊佛像也对不起来。照这样分析，这座石佛很可能来自石佛寺。

唐朝五龙聚汇闹阊门

因为连接运河，航运方便，和平年代，阊门一带自然而然就成为苏州最繁华的地段。白居易当苏州“一把手”（刺史）时，写过一首《登阊门闲望》诗，就是一个很好的见证：

阊门四望郁苍苍，始知州雄土俗强。
十万夫家供课税，五千子弟守封疆。
阊闾城碧铺秋草，乌鹊桥红带夕阳。
处处楼前飘管吹，家家门外泊舟航。
云埋虎寺山藏色，月耀娃宫水放光。
曾赏钱唐嫌茂苑，今来未敢苦夸张。

钱唐就是今天的杭州，茂苑则是指苏州。从诗中可以看出，苏州唐朝时候已十分繁荣。

为方便苏州城里人去虎丘游览，825年，白居易组织百姓开挖了从阊门到虎丘的山塘河，挖出的泥土堆成堤岸，被称为白公堤。后来人们依堤岸建房，形成了著名的七里山塘街。

也正因为开挖山塘河，阊门外形成了五龙汇阊的景观。

这是阊门节点的一个重要组成部分。所谓“五龙汇阊”，是说外城河、内城河、上塘河、山塘河分别从五个方向在阊门外汇聚，形成独特的水貌特征。2004年，这里还修建了一座新“五龙桥”，比吴中区西塘河、澹台湖口的五龙桥更雄伟。

有人认为，新五龙桥是五龙桥移建过去的，其实新五龙桥是钢筋混凝土桥梁，五龙桥则是花岗石桥梁，两者浑身不搭界。

宋朝东坡赋诗别歌妓

历代文人曾留下大量与阊门有关的诗词，为阊门的文化底蕴和韵味增添了浓墨重彩的一页。这些诗词除上面提到的《登阊门闲望》外，较经典的还有明代唐寅的《阊门即事》：

世间乐土是吴中，中有阊门更擅雄。
翠袖三千楼上下，黄金百万水西东。
五更市卖何曾绝，四远方言总不同。
若使画师描作画，画师应道画难工。

我印象最深的却是跟苏州有着密切联系的苏东坡的一首词《醉落魄·苏州阊门留别》：

苍颜华发，故山归计何时决。
旧交新贵音书绝，惟有佳人，犹作殷勤别。
离亭欲去歌声咽，潇潇细雨凉吹颊。
泪珠不用罗巾浥，弹在罗衫，图得见时说。

这首词作于宋神宗熙宁七年（1074）九月。当时苏东坡离开杭州赴密州（今山东诸城），途经苏州时，有歌妓（卖艺不卖身者）在阊门为他设宴饯行，苏轼就写了这首词作为酬赠。

那一年，苏东坡才37岁，正是年富力强的时候，但因为反对王安石变法，结果被贬官，前景未卜，导致“旧交新贵音书绝”，心底的失落、孤独可想而知。他那么点年纪就“苍颜华发”，不知道是否因此引起。幸而那位歌妓没有嫌弃他，这给了他莫大的安慰。因此，虽说这样的诗词未免有逢场作戏的味道，但从用词看，可以发现苏东坡还是很真心的。他把这位歌妓看作自己沦落天涯时的知音，并通过“旧交新贵音书绝”与“惟有佳人，犹作殷勤别”的对比，显出歌妓不趋炎附势的品德。

40万被赶军民跟阊门啥关系？

建成至今的2000多年时间里，阊门几度兴衰，发生的重大事件难以计数。其中，影响最大的可能要数明朝初年的“洪武赶散”了。

关于这一事件也有个传说。说朱元璋当上明朝开国皇帝后，正月十五大放花灯，苏州府的花灯是牧童骑在老水牛背上，怀里抱着个大西瓜。自卑、多疑的朱元璋看到后十分恼火，因为他年轻时曾偷过牛，又当过和尚，光秃秃的头顶跟光溜溜的西瓜十分相似，他认为这是苏州人在嘲讽他。于是，心狠手辣的朱元璋命令刘伯温带3000人马到苏州，把苏州城里的人统统杀光。刘伯温同情苏州百姓，请求留下一座城门的生灵，好让苏州城不被彻底毁灭。朱元璋勉强同意了这个请求，但他还是不肯放过太多的人，关照哪座城门的人少就留哪座门。刘伯温说阊门经过战争，人口最少，于是朱元璋答应留下阊门居民。刘伯温立即派人赶到苏州府，偷偷告诉全城居民，让大家连夜搬到阊门，以免遭到杀戮。后来因阊门地区变得实在太拥挤，苏州城里的老百姓又不敢回自己家，只好扶老携幼，逃到苏北等地定居。有人问起他们的祖籍，他们也不敢说是苏州其他城门，只敢说阊门。

传说当然只是传说。真实的情况是，明王朝建立后，朱元璋为加强中央统治，发展经济，增加赋税，缓和国内阶级矛盾，就把人口密集的苏州等地居民，迁往因战乱而人口锐减的苏北等地。

奇的是，如今苏北扬州、泰州、淮安、盐城等地区，约有70%以上的居民都称自己祖籍苏州阊门，祖上是因“洪武赶散”而迁到苏北的。如果确实如此，那么，当时阊门搬出的居民将多达40万。这个数字，已经大大超过如今苏州古城区（护城河以内14.2平方公里面积）的人口数量，再加上当时没搬出去的居民，总量将更为可观。

只是，明朝初年阊门地区住得下这么多人吗？

周国荣考证后发现，这些移民的祖先并不全是阊门人。根据《明史》记载，除苏州外，杭州、湖州、温州、台州、松江（今上海）等地都有移民到苏北淮河以南垦耕的。

既然如此，这些移民的后裔，为什么会数典忘祖，一口咬定老家在阊门呢？周国荣分析，一方面是因为，明朝中期到太平天国运动前的400多年时间里，苏州是全国数一数二的大城市，其中最繁华的又是阊门地区。那时候，从运河边的铁铃关向东一直到阊门钓桥（吊桥），是全国最大的商业贸易集散地之一，粮行如林，商号罗列，上塘河沿线，分列铁铃关、白虎关、金阊关三座税关，千帆竞发，百舸争流，人口总数一度达到近百万，说自己祖上来自阊门，跟今天说自己祖籍北京、上海一样，是十分光荣的。

另一方面，阊门邻近京杭运河，是古代江南最重要的交通枢纽，移

阊门寻根纪念地

民们很可能先集中在阊门一带，然后再编队出发。这样，这座城门就成了移民们故乡的象征，他们在说起自己的祖籍时，也就不说其他地方而说阊门了。一些不知祖籍何处的移民后裔，也在从众心理的影响下，附会说自己祖籍阊门，最终让阊门成为全国著名的移民出发地之一。

如今，吊桥北面白居易祠东侧建起了阊门寻根纪念地，由望苏埠、朝宗阁、寻根驿站组成。（详见附）

我曾多次去这个寻根纪念地转转，碰到过不少寻根而来的苏北居民。虽然很难体会他们找到祖根的激动心情，但他们那种绿叶对根的深厚感情，却让我肃然起敬。

【附】

阊门寻根纪念地

望苏埠设在码头区域，与东南面的阊门城门隔河相对，是眺望苏城的理想之地。沿河码头处设一块“阊门水码头”石，稍南侧设有“阊门寻根纪念地”石幢，上镌书法家李大鹏题写的碑名和政府部门的纪念碑文，稍西侧沿河绿化带中的两棵树取名为“思乡树”，两树及周边花坛围栏铁链上系红色布条及祝福类文字，以便移民后裔们以阊门水码头和阊门城楼为背景，在此选景留影。

朝宗阁是幢飞檐翘角的两层楼阁：第一层设线雕石刻的阊门寻根组图20幅、姓氏图腾展板、后裔捐赠的实物展柜及匾额、楹联等物；第二层设大型磨漆画《洪武赶散图》、《迁徙路线图》各一幅，在此登高可直击阊门城楼并留影，以慰思乡之情。从阊门水码头到朝宗阁铺装了朝宗路，上刻99个字形各异的“根”字，以体现“九九归一”、认祖归宗之意。

寻根驿站设在朝宗阁南侧的方基上32号，是一座面积近300平方米的两层楼房。

清初立下禁捕“环保令”

2004年重建阊门吊桥的时候，我每隔一段时间就要去看看工程进展，结果有一次发现河里挖起了一块看起来并不起眼的“长生河”碑。没想到，这竟是我国早期的“环保令”！

这块放生碑被发现时，由于头部已经断裂，只能看清“十九年庚申夏日永禁捕捉水族物”、“长生河”等字。这些规定，在当时无疑起到了保护野生动物、实现人与自然和谐相处的作用。

因为另一块石碑上写的是“清嘉庆二十三年岁次戊寅仲秋縠旦知苏州府事音德和、署长洲县事李景峄、知吴县事朱树基重建”，所以前一块石碑的年份一开始被许多人认为是嘉庆十九年（1814）。

但我查证后发现，嘉庆十九年是甲戌年，只有康熙十九年才是庚申年，再加上“十九年”几个字上面的半个字，看起来也像“熙”的下半部，“长生河”碑的材质又是清朝起才大量使用的花岗石，因此可以认定，这块碑应该是康熙十九年所立，换算成公元年份是1680年，距今已有300多年历史。

清初禁捕“环保令”——长生河碑

苏州自古就有很强的环保意识，周国荣考证后发现，这块碑之前的康熙九年（1670），江苏巡抚慕天颜也在苏州立过一块放生碑，提出保护动物、防止水污染的主张。到乾隆二年（1737），苏州又出现了《永禁虎丘开设染坊污染河道碑》，这实际上是一篇苏州城西北河流的水质保护法，虽然是地方性的，也不是非常完整，但内核已具，比美国1899年颁布的《河川港湾法》要早162年，比英国的《水质污染控制法》也早了100年。

由此可见，古代苏州就非常注重在发展经济的同时保护环境，这种远见卓识当然值得苏州人自豪。

可就在2012年10月11日，却有媒体披露，太湖边的渔洋山上发现数张面积百余平方米的捕鸟网，网内找到已经死亡的猫头鹰、日本松雀鹰等国家二级保护鸟类22只。此外，还有少数捕鱼人用电捕等方式偷捕，导致大鱼小虾一起死亡。更多的则是捕捉怀孕的鱼虾、螺蛳、黄鳝，还说这样的水产营养最好，不知道看了“长生河”碑，这些偷捕者、以吃怀孕水产为乐的人，会不会为自己的认识还不如古人而羞愧呢！

重建阊门吊桥时，我又直击了“长生河”碑等两块碑被砌在桥墩上的镜头。大家如果乘船经过吊桥桥洞，仔细看应该还能看出来。我的想法是，如果有关部门能用颜料将这些字描一描，起到的宣传效果一定会更好。

【附】

《苏州市志》（1995年版，下同）中的阊门、金门

阊门 位于城西北。传说天门中有阊阖，取“通阊阖风”之意而名。阖闾率大军由此出门，表示一定要打败楚国的决心，故把阊门又叫为“破楚门”。元重建后名金昌门，建金昌亭于门内，而“吴人呼阊门已久，不能遽改，名之如故”。清初修建门楼，题以“气通阊阖”额。

阊门套城（月城）在民国16年（1927）被拆除。23年，仿金门罗马式建筑改建，25年竣工。改建后的阊门增辟两侧门，中门宽9米，高9米，为车行

道，两侧门各宽2．5米，高4米，为人行道。50年代城门被拆除。水城门解放初尚有木栅门，60年代还留有构架，现今仅存拱券基础。

（根据平面图，阊门为两道陆门、两道水门）

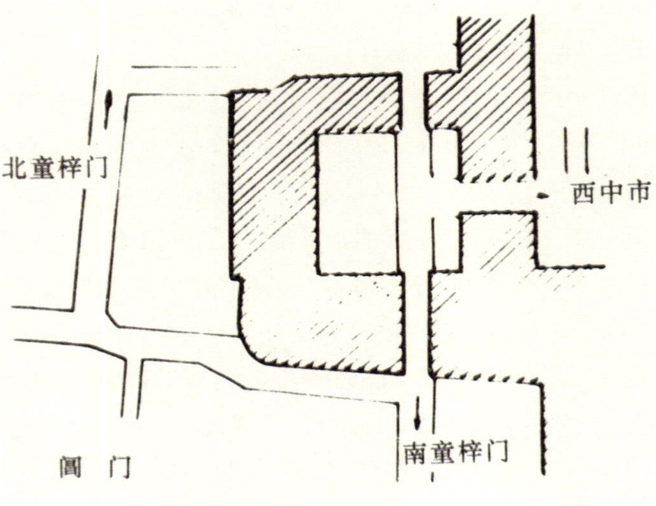

《苏州市志》阊门平面图

金门 位于城西，阊门之南。民国18年开始兴建，20年元旦竣工，36年曾经维修。城门系罗马纳司克式，上有飞檐斗拱，设三门，中门为车行道，两侧门为人行道。此门至今仍较完好。

第三篇　胥门春秋

金阊门，银胥门。胥门，一个跟阊门一样繁华的地方。

一个不算常用的“胥”字，让人很容易把她和伍子胥联系在一起。胥门的得名，果真跟这位阖闾大城的缔造者有关吗？这里为什么没有水门？胥门的瓮城大门为什么朝南开，让人进进出出时不得不远兜远转（吴语，意为绕道）？中华人民共和国成立后这座城门是怎样重见天日的？胥门周边有哪些值得一提的人、事、物？一系列谜团，本篇将一一破解。

如今的胥门城门（东侧）

上：胥门城墙与城门

与苏州大多数城门城墙相比，现存的胥门城门和城墙算幸运的，还是元末的遗存。当然，她们的历史，也得追溯到2500年前的春秋时期。

得名是否跟伍子胥搭界？

胥门城门西北面有个伍子胥纪念园。园地里，魁梧勇猛的伍子胥雕像巍然耸立；护墙背面刻着的“相土尝水，象天法地”，记录下伍子胥造筑阖闾大城的艰辛历程。

看到这些，许多人都会浮想联翩：胥门的得名，跟伍子胥有关吗？

唐朝时期编撰的《吴地记》说，胥门本是伍子胥的住宅所在地，所

伍子胥纪念园里的伍子胥像

以取了这个名，“石碑见存”。

“石碑见存”有两种理解，一是记录胥门因伍子胥宅而得名的石碑还保存着，二是写有“胥门”两字的石碑还保存着。结合上文分析，第一种的可能性似乎更大。

其他书籍也有类似的记载。明代《姑苏志》称，北宋大中祥符年间所编《吴郡图经》（今已佚）还补充说，伍子胥死后眼睛被挖出来，挂在这个城门上，所以叫胥门。

如果真是这样，那胥门显然是后人为纪念伍子胥而起的名。问题是，这座城门在建造阖闾大城时就已开辟，难道一开始叫其他名字？未见记载。那一开始这座城门的名字一直空着？显然不会。

那是伍子胥用自己的名字命名？根据他一心为国、不太计较个人得失的性格，看样子也不会。即使用自己名字命名，也应该叫“伍门”、“员（伍子胥名员）门”或“子胥门”，而不应叫“胥门”。

还有一个版本说，吴王兴兵伐齐，大军的主将叫胥门巢。《吴郡志》：

胥门巢、王子姑曹、展如，皆吴王夫差臣。哀公十一年，巢将上军，姑曹将下军，展如将右军，战于艾陵，大败齐师。

由此形成了这样一个说法：为表彰胥门巢的功绩，这座城门就以他的姓氏命名了。但胥门巢在对齐作战中，一开始是吃败仗的，后来在其他将领的帮助下才取胜。不用其他将领的姓氏给城门起名，却唯独用胥门巢的姓氏，从情理上说得通吗？袁义达、杜若甫编著的《中华姓氏大辞典》更是称，“胥门”这个姓还是因胥门巢住在胥门而得来的。照这样说，应先有胥门，再有胥门一姓。看来，胥门因胥门巢而得名的说法，终究只是茶余饭后的谈资而已。

胥门到底因什么得名？东汉时期成书的《越绝书》（《越绝外传记·吴地传第三》）称：

阖庐子女冢，在阊门外道北……遂出庙路以南，通姑胥门；胥门外有九曲路，阖庐造以游姑胥之台（即姑苏台，古代胥、苏同音），以望太湖。

当代史学家顾颉刚对此认为：“此门名与伍子胥无关，是阖闾王走此门好游姑胥台而取名”。

归纳起来，就是因胥门正对苏州城外姑胥山，所以被称为姑胥门，简称胥门。

那么，姑胥的名字又是哪里来的呢？清朝中后期的《红兰逸乘》说，舜的时候有一个大臣叫胥，辅佐大禹治水立下功劳，就被封在吴地，具体地点后世称“故胥”，转音为“姑胥”、“姑苏”。

如果这一说法属实，那“姑苏”一词的历史就可以一直追溯到4000年前了，这比苏州2500多年的建城史可要悠久得多啊！不过，由于缺少更早的资料，要证实这一说法，看来还得下番功夫。

目前“姑苏”一词能见的最早记录在《国语》中。这部典籍的《吴语》篇记载：“入其郛，焚其姑苏。”说的是越国攻入吴国，焚烧了姑苏台；《越语》篇也提到了“姑苏”一词。现在较为普遍的看法是，《国语》是战国（前475—前221）初期一些熟悉各国历史的人，根据当时周朝王室和各诸侯国的史料，经过整理加工汇编而成的，这样算来，“姑苏”一词到现在至少已叫响了2400年。由于地名的形成应该早于文字记载，因此“姑苏”一词的实际出现时间应该更早。

现存城门为啥没水门？

苏州河道纵横，是典型的江南水乡，城门的设置也别具特色，就是每个城门基本都设陆门和水门。奇怪的是，胥门却只有陆门，没有水门。

按理，胥门正对太湖重要出水通道之一的胥江，更应该开设水门，让湍急、清冽的太湖水直接进城，改善苏城水质。要知道，20世纪80年代之前，胥江水来势十分凶猛，胥门对岸的泰让桥下更是如此，雨季手摇船要想从东向西摇过泰让桥，不靠纤夫帮忙几乎不可能。

那胥门为什么不开水门呢？这里有个传说：吴国被越国灭亡后，伍子胥魂魄不散，每每雨季就要显灵，使得胥江水更加汹涌澎湃，让苏州城里发生洪涝灾害，给占领苏州的越国和再后来灭掉越国、入主苏州的楚国添乱。当权派没有办法，只好为伍子胥建造祠堂，封他为涛神，祈求他的在天之灵不要兴风作浪，但还是没有效果。万般无奈之下，封在苏州的楚国春申君黄歇只好封闭了胥门的水门。

传说毕竟是传说。《吴地记》的记载表明，直到唐朝中后期，胥门的水城门依然存在，封闭的只是陆门。南宋时期的《吴郡志》则说，当时胥门水门也没了。在同一时期凿刻的《平江图》上，胥门位置变成了新建的姑苏台和姑苏馆，看不到城门的任何痕迹。一位叫胡舜申的阴阳先生，徽州人，认为胥江水是“武曲之水”（武曲指武曲星，在阴阳五行中属阴金，在天上为北斗第六星，是财帛宫的主星——财星），不迎纳胥江水就得不到财，于是特意写了篇文章，建议重开胥门，可没有被采纳。

直到元朝末年，苏州在重建城墙的过程中，挖掘出一块镌有“胥门”的石碑，是否只有这两个字，还是另有其他文字，未见记载，不敢妄说。后来官府在石碑出土的地方重辟胥门，可能是出于防止水患的考虑，当政者只恢复了陆门。

瓮城大门只朝南面开?

民国新胥门

跟前面提到的阊门一样，胥门历史上也曾建有瓮城。但提起这一点，许多人都已是一片茫然。其实，如今城门西面一段高于地表约1米的矮墙，就是瓮城的基础。直到抗战时期，胥门瓮城才被日伪军拆除，拆下来的砖石被运到北面一点的万年桥东堍，砌成了两个城门洞并联的“新胥门”。

从老人的回忆和《苏州市志》绘制的平面图看，胥门瓮城的大门只朝南面开。这样，通过西北面的万年桥进出胥门，就必须远兜远转，不太方便。

这个瓮城的门，为啥不向西或向北开呢?

据说，这是因为苏州城西多山，古人迷信，认为这些山里有许多煞气，如果城门朝西开或朝北开，煞气就很容易进入苏州城，全城将因此遭到祸害。所以瓮城的城门只能朝南开，让煞气难以找到入口，至少可以挡一挡煞气的锐气。

这个说法当然不足为据，我去现场看了一下，发现胥门瓮城遗址有一个朝北开的口子，说明以前朝北是有门的。由此推测，要么是《苏州市志》记载有误，要么是这个朝北开的门后来被封闭了。而朝西不开门，应该是不让敌人一眼就看清瓮城结构，以便趁他们“找不到北”的时候进行有效打击。

胥门城门怎样重见天日?

中华人民共和国成立后，因为万年桥上车流量越来越大，上面提到的新胥门成了交通瓶颈，结果连同两边的城墙一起被拆除。

但元朝末年兴建的古胥门却幸运地保留了下来。

原来，新胥门建成后，经过古胥门的人越来越少，那里成了个荒僻的地方。苏北等地通过网船逃难过来的人，就将小船靠在城墙边的河道里，用拣来的竹片和砖瓦，依城墙搭建简易棚居住。时间长了，这些人有了积蓄，再把简易棚翻建成正式房子。

放在今天看，这些人的行为是乱搭乱建。但在法制还不健全的当时，这些行为没能被很好制止。几十年下来，这里竟然出现了几百间民房。1978年，一个下放回城的居民因为没有住房，还曾占据了古胥门城门洞，清理后作为临时住处。这些举动，客观上起到了保护古胥门的作用，让她和两侧的城墙没有遭重创。1982年，苏州市将古胥门列为市级文物保护单位。但因为被民宅遮掩，古胥门依然藏在深闺，不为大众所知。

古胥门刚重见天日时

1999年，苏州实施低洼地改造工程，经常遭水淹的古胥门西侧也在改造之列。在拆除万年桥东南面护城河沿岸民房时，古胥门终于连同两侧的城墙一起重见天日，展现在了人们眼前。经测量，现存胥门城门洞由三道砖砌拱券组成，第二道与第一、第三道垂直相交砌筑，拱门高4.65米，宽3.3米，纵深11.45米。门洞两侧残存城墙长约65米，残高7.2米。

如今，古胥门已被建成一个绿树成荫、花木锦绣、集古韵今风于一体的敞开式公园，重现了往昔的“姑胥拥翠”美景。

重修城墙请回“原配”

2003年4月，胥门城门、古城墙西立面的基础与墙体进行了维修。这时发生了一件有意思的事。原来，按照“修旧如旧”的原则，维修应尽量采用老的城砖、条石，否则将大大影响文化价值。

条石相对好找，老城砖又从哪里来呢？

经过媒体的报道，有市民提供线索，说司前街西善长巷苏州市公安局刑侦支队仓库（原先是司前街看守所，现在已改建为苏州警察博物馆）围墙上的1.5万块古城砖，是20世纪50年代末、60年代初的时候，苏

曾被砌成司前街看守所围墙的胥门城砖

州看守所组织犯人从古胥门城墙上挖取的，因而是胥门古城墙的“原配夫人”，而且数量基本符合缺额。

后来，这些城砖就被拆下运往胥门城墙重修工地，砌在了城墙里。2004年7月，整个胥门古城墙重修工程完工，一道原汁原味的古城墙重新屹立在护城河畔，成为苏州环古城一个亮点。

胥门附近还有苏州现存最早的自来水厂——胥江水厂。这一水厂兴建于1950年，1980年因胥江水质受影响而停产，现存主要建（构）筑物有水塔、蓄水池、过滤池、泵房以及机房和办公室等。在21世纪初环古城风貌保护工程中，这个遗迹差点被拆除。后来专家们建议应该保留，于是在2005年3月被列为苏州市控保建筑，成为见证中华人民共和国成立后苏州古城发展的一个历史遗存和标志。

55句创意话埋进城墙

胥门城门城墙维修后，姑胥桥东北堍的一段城墙也开始修复。重修前，考古工作人员对城墙进行了考古，里面露出了当年的防空洞外墙。

当时我在《城市商报》工作，报道修复这段城墙的消息后，我们总编辑突发奇想：能否埋一些纪念品在这段城墙内，让后人见证这段历史？

我查了查资料，发现把纪念品埋入地下、留给后人的做法，国内外都有先例。国外最著名的是1938年爱因斯坦应罗斯福邀请，把一封用特制的墨水和纸写成的信，与其他文件一起装进一个特制的钢体里，埋在纽约国际博览会建筑地基下面15米深处的花岗岩洞内，准备留给5000年后的人们。再如一些宇航员把纪念品封起来，放入太空，让后人打开。

我国的例子有古人将墓志铭埋入地下等。1984年，22个国家的42位代表参加了在昆明召开的“国际茶花学术讨论会”，会后代表们在昆明植物园内的“国际茶花友谊园”栽下82个茶花品种，同时也埋下一个盛放种花者签名文件的金属纪念筒。这个纪念筒将在50年后启封，让后人重温当年的国际友谊。

于是，《城市商报》2004年4月18日以《让后人见证古城沧桑巨变 重修城墙能否埋入私人纪念品》进行了报道，引起了当时的市领导的高度重视，于见报当天（星期日）就批示“可批准有关方面研究”，并提出了有关纪念方式的设想。

5月初，环古城风貌保护工程指挥部对“重修城墙埋入纪念品”一事进行了讨论。考虑到其他纪念品不易保存，而将创意刻入城砖则可较好解决这一问题，也更有纪念意义，就决定遴选55句有创意的话刻在城砖上，铺砌在姑胥桥东北侧或阊门段的城墙上。之所以遴选55句，主要是因为当年苏州正好解放55周年。

创意语句还是通过《城市商报》进行了征集。入选的句子中，给人印象最深的是市民族民间文化保护办公室（后改名为市非遗办）主任龚平的一句：“亲爱的未来市民，相信苏州将来以加好。”文字下面还用国际音标进行了注音。“以加好”是吴语，意思是更加好，所以一些专家称赞：这句话不但可帮助未来市民用古老的吴侬软语读出先辈的祝福，也可为未来学者提供一个研究吴文化发展的实例。

下：胥门人文、风物

马克思主义政治经济学认为，经济基础决定上层建筑。历史上胥门一带经济繁华，自然风物清嘉，人才辈出。当然，这里也有值得提及的历史遗迹，诸如望树墩等。

唐朝：诗人张籍旧宅在胥门

胥门一带能考证的早期名人，最典型的可能要数唐朝诗人张籍（约767—约830）。

张籍，字文昌，世称“张水部”、“张司业”，他的乐府诗与王建齐名，并称“张王乐府”，著名诗篇有《塞下曲》《征妇怨》《采莲曲》《江南曲》等。比如《塞下曲》：

边州八月修城堡，候骑先烧碛中草。
胡风吹沙度陇飞，陇头林木无北枝。
将军阅兵青塞下，鸣鼓逢逢促猎围。
天寒山路石断裂，白日不销帐上雪。
乌孙国乱多降胡，诏使名王持汉节。
年年征战不得闲，边人杀尽唯空山。

读了这首诗，会觉得张籍是个豪放派，可能是个北方汉子。纪作亮《张籍籍贯考辨》认为，韩愈所说的“吴郡张籍”说的是张籍的郡望，并引《新唐书·张籍传》《唐诗纪事》《舆地纪胜》等史传材料，驳苏州之说而定张籍为乌江（今安徽和县）人。

其实，张籍的老家确实在苏州。《姑苏志》记载：

张籍故居在胥门。籍诗云：“共踏长安街里尘，吴门独作未归身。

胥门旧宅今谁住？君过西塘与问人。”

这首诗是张籍送给一个叫陆畅的友人的。从诗中的吴门、胥门两个地名可以确定，张籍是的的刮刮（苏州方言，确确实实的意思）的苏州人。事实上，他的诗也有体现苏州婉约细腻特色的，如《秋思》：

洛阳城里见秋风，欲作家书意万重。

复恐匆匆说不尽，行人临发又开封。

北宋：花石纲与朱家园啥关系？

胥门东南面有个地名，叫朱家园。本来，苏州私家园林众多，叫个“张家园”、“李家园”什么的并不稀奇。这个地名为啥要展开说？原来，它与北宋末期运送“花石纲”的朱勔有关。

朱勔（1075—1126），苏州人。他的父亲叫朱冲，狡猾而机智，专做药材生意，后来帮奸相蔡京办事，得到蔡京的赏识。通过蔡京的关系，朱冲、朱勔父子都做了官。当时的皇帝是宋徽宗赵佶，他不是当皇帝的料，却是个有着相当造诣的艺术家，所写的瘦金体字很出名。他还爱好游乐，垂意花石，在京城内修建宫苑“寿山艮岳”，要各地进贡奇花异石。蔡京为讨好皇上，就派朱勔督办。朱勔奉了圣旨，在苏州设立“应奉局”，专门搜罗奇花异石，发现谁家有名花异石，就强取豪夺，甚至破墙挖树。搜到的“贡物”装上大船，以十条船为一纲，浩浩荡荡开往京城，这就是“花石纲”。

在这个过程中，朱勔受到皇帝的赏赐，升官晋爵，又乘机掠夺民财，大发横财。他掠夺朱家园一带的地皮，强迫百姓搬迁，然后大兴土木，建筑自己的私家园林，取名“同乐园”，俗称“朱家园”。园内有双节堂、御赐阁、迷香楼、八宝亭、九曲桥等胜景，里面的奇花异石据说胜过了皇家的御花园。

在运输花石纲的时候，朱勔只管伺候皇帝，不管百姓死活。船只经过狭窄的河道，朱勔要百姓挖深；遇到低矮的桥梁、城门，要百姓拆桥拆城，弄得民怨沸腾。方腊就以“诛朱勔”为名，聚众起义。徽宗一看苗头不对，连忙罢去花石纲的进奉，又罢免了朱勔的官职。但不久之后，起义平息，徽宗好了伤疤忘了疼，朱勔重新得志，接连升官，连看门人也做了官。靖康之难的时候，钦宗迫于形势，才又一次罢了朱勔的官，籍没他的赀财及田产三十万亩。三十万亩什么概念？当时的一亩折合今天631.3平方米，三十万亩就要18.94平方公里，比14.2平方公里的苏州古城区（护城河以内）还要大三分之一！朱勔也差不多可算富可敌国了。后来大家还是不肯放过朱勔，钦宗只好流放了朱勔，最后派人杀了他。

朱勔死后，百姓冲进同乐园，把假山全部击碎，牡丹斫下来当作柴烧，同乐园从此被荒废，只留下了“朱家园”这个地名。现在朱家园50号居民家里还有一口“八角井”，我曾进去看过，井圈个头很大，直径大约要2米，相传是当年朱勔的遗物。

顺带说一下，朱家园被毁后，朱勔的子孙逃到虎丘山下居住，在那里翻地种花，成为花农，带动了虎丘一带的花木发展，最终使那里成为苏州的花木、盆景集聚地，茉莉花、玳玳花等远近闻名，还让当地赢得

上方覆盖石头等物的朱家园50号八角井

了“三花”村的名称。

坏事有时候会变成好事，这就是历史的辩证法。

南宋：胥门“姑苏馆”啥玩意？

到南宋的时候，胥门一带突然出现了一个“姑苏馆”。这又是个啥玩意？

原来，这是当时官府的“五星级饭店”、“高级招待所”，大体相当于今天的国宾馆。

《吴郡志》记载：

> 姑苏馆在盘门里河西城下，绍兴十四年郡守王晚建，体势宏丽，为浙西客馆之最，中分为二，曰南馆、北馆。绍兴间始与虏通和，使者岁再往来，此馆专以奉国信贵客，经由亦假以舣船。登城西望，吴山皆在指顾间，故又作台于城上，以姑苏名之。虽非故处，因馆而名，亦以存旧事也，制度尤瑰特，为吴中伟观。此台正据古胥门，门迹犹存。又有百花洲在台下，射圃在洲之东，台、洲亦皆晚所建，并馆额皆吴说书。

上文提到的王晚是秦桧的小舅子，曾任平江（今苏州）知府，任上他主持重建或修葺了一大批建筑，其中就包括姑苏馆。当时苏州属两浙西路，所以上文称“为浙西客馆之最”。而上文的“虏”字显然指金国。姐夫秦桧卖国，小舅子忙着建造接待金国人的高档硬件设施，真可谓狼狈为奸。

元末重建胥门时，没有拆除姑苏馆，城门选择了偏过一点的办法建造。明朝成化年间（1465—1487），姑苏馆还得到了扩建，“建屋六十楹”。楹是古代计算房屋的单位，一般认为一间为一楹。清朝乾隆九年（1744），知府觉罗雅尔哈善又捐俸增建了三间佐杂官厅。从此，这里被称为“接官厅”。康熙、乾隆两位皇帝南巡到苏州，也在这里设御码头启驾登岸。

20世纪初，随着沪宁铁路无锡至上海段通车，官员来苏大多改乘火车，接官厅从此沦为城市的边缘地带。

元末：张士诚亲家下葬望树墩

胥门、金门之间向西有个著名的地名，叫望树墩，又写作望市墩。

清朝《红兰逸乘》记载：

胥门外望市墩南有古墓，甚高，人犯之者辄病。里人立碑曰：古神冢。案：此伪吴驸马潘元绍父冢也。当时曾封显秩，陈基撰墓志铭，载陈文集中。立丰碑，明初磨去。

由此可见，望市墩是张士诚亲家（潘元绍之父）的坟墓所在地。“人犯之者辄病”则充满诡异，其实可能是吓唬人的话，告诫大家不要去冒犯这块地。

更让人感兴趣的还在后面——

民国时期到中华人民共和国成立初，望树墩成为刑场。这就引出了杀人魔王胡肇汉伏法的故事。

胡肇汉是京剧《沙家浜》中胡传魁的原型之一，曾杀害大批抗日爱国志士，中华人民共和国成立后被抓，并被判处死刑。这位“杀人魔王”到底在哪里结束了他的罪恶生命？对于这个问题，无论是社会上流传的说法，还是1994年出版的《吴县志》、2004年出版的《阳澄湖镇志》，答案都是“望树墩”。地方志书一向以严谨著称，照这样看，“望树墩”这个答案应该算是信史了。

但只要查查当时的《新苏州报》就会发现，相关报道并没有提胡肇汉伏法的地点；1995年版的《苏州市志》也没有提及。后来我接触到了几位知情者，他们异口同声回答：胡肇汉伏法的地点，其实是望树墩西北面约500米处的一块山芋地。

金门路胡家浜沈万朝老人说，他1943年就住在胡家浜了，胡肇汉1950年被镇压时他正在上班，下班回家后，左邻右舍就把这一消息告诉了他。因为胡肇汉臭名昭著，所以他印象很深，那块山芋地在水稻田里，离胡家浜民房有100多米路。

家住彩香一村四区的顾志雄老人也是位知情者。中华人民共和国成立之初，他在三乐湾居委会做调解工作，兼人民服务队分队长。胡肇汉公审大会就在三乐湾南面的张家花园（华东人民革命大学大礼堂）召开，他因此接到了在金门路上维护秩序的任务。顾志雄注意到，当时南兵营的围墙上都架起了机枪。他分析，因为胡肇汉一共发展了近百名特务，这样做为的是防止胡肇汉的余党来劫法场；选择胡家浜西南面的那块山芋地作为刑场，也是因为那里离公审大会会场比较近，不致发生意外。胡肇汉被处决后，顾志雄还亲眼看到家属拿了棺材来收尸。

当问起胡家浜这个地名跟胡肇汉有没有关系时，顾志雄说，纯属巧合。胡家浜这个地名中华人民共和国成立前就有了，是因为最早住在这里的一户居民姓胡而得名，跟胡肇汉伏法不搭界。

后来我又找到了曾任当地村民组长的陶满郎老人。这位87岁（2009年）的老人把我带到现场，那里现在已成为一个住宅小区的车库。老人说，当年那块山芋地属于吴县枫桥区双桥乡虹桥村1组（青石桥自然村），面积不过100平方米左右，是水稻田里的一块正方形高地，高出地表1米左右，实际上是个坟墩，中华人民共和国成立初坟被平掉，就种上了山芋、南瓜。胡肇汉伏法时，他和村民们正在村子南面的田里劳动，并没有听到枪声。听说胡肇汉被处决后，他就赶到现场一看究竟，结果看到地上横着两具尸体，其中一具块头比较大，另一具则比较瘦削。一打听才知道，块头大的是胡的老搭档王群，那个瘦削的就是胡肇汉。

至于望树墩如今的“下落”，陶满郎说，这个墩位于原横塘乡虹桥村和三香村的交界处，就在今天的干将路与广济南路交叉口西侧一带，也就是胡肇汉伏法地东南面约500米处。这个墩占地约六七亩，高出地表两三米，是个馒头形的土墩，1993年干将路西延后被平，造上了房子。陶满郎分析，望树墩也做过刑场，而且与胡肇汉伏法地点比较近，这也许是人们误以为胡肇汉也在望树墩伏法的根本原因。

明朝：万年桥被拆建到江西？

胥门西北侧有座高大雄伟的桥梁叫万年桥。地方志记载，这座桥是清朝乾隆五年（1740）建造的。

这里有个乾隆命名万年桥的民间传说。说是万年桥刚造好时，恰好乾隆下江南，来到万年桥下。问起这座桥的名字，当地官员说还没起，请皇上赐名。乾隆想了半天也没定下个称心如意的名字。后来他微服私访，看见有个新娘要上桥，旁边有人喊："新娘子，过新桥，千年富贵万年桥。"乾隆一听，连连叫好，就给起名万年桥了。

但1834年出版的《吴门表隐》的记载，把万年桥的历史大大推前，起名者也换了人：

> 胥门向有吊桥，紫石甚古。明嘉靖时，严嵩爱而拆去，今在袁州城外，亦名万年桥，董国华记。历多覆溺之虞，官民惑于风水，将二百年之久，至国朝乾隆五年知府汪德馨力辟邪说重建，名曰"万年"，并建"吴中第一桥"坊，巡抚徐士林记，任其劳者，通判王延熙，驿丞高世杰，绅士郑培基、汪令焞、张凤翔、李世权。

紫石就是武康石，宋元时期苏州地区常用建材之一。这段记载如果属实，那万年桥历史至少可追溯到宋朝、元朝。

民间也传说，明朝时期胥门外就曾建有万年桥，因为造得实在美观、气派，结果被奸相严嵩看中，苏州知府借机拍马屁，把万年桥拆建到严嵩的老家江西分宜县（袁州）。此后苏州城区西南角百姓进出胥门只能靠渡船往来。

《姑苏繁华图》（即《盛世滋生图》）上的万年桥有一副对联："水面忽添新锁钥，波心仍照旧舆梁。"这似乎说明此处原先就有桥梁。

苏州原先的万年桥果真移建到严嵩老家去了吗？我一位同事曾跑去严嵩老家，发现严家祠堂里有一块严嵩亲自撰写的《分宜县万年桥记》碑，里面称："先是予往来吴中，阅桥而美，于是征匠买石于吴州，运山伐石，载以巨舰，溯江而入湖。"如果严嵩说的是实话，那他只是从苏州"征匠买石"而已，并非拆了苏州的万年桥搬回分宜重建。

为弄清真相，我查了不少古籍，发现1507年刊印的《苏州府纂修识略》有这样一段记载：

胥门浮桥，弘治十四年（1501）巡抚都御史彭礼驻节时，看得本处驿递联络，宜建桥梁通人往来，札下本府咨访便否。该知府曹凤暨长、吴二县知县刘珂、邝璠等会议得，前项去处造桥相应，但缘河阔水深，正系运河难以筑坝，若造桥梁，诚恐不能坚固，莫若造船为桥，众称便益。由是准支导河夫银一千四百四十两以成之。自吴县西乡及洞庭两山之人入城应役，莫不尤便其捷，而好事者屡以风水有碍折去，功利难兴，大率如此，君子不能无慨云。

从这段话可知，明朝时胥门曾造过一座浮桥。

我又翻了明初洪武《苏州府志》，发现上面记载，胥门外有座胥门桥，这可能就是万年桥的前身了。《苏州府纂修识略》所说的浮桥，可能就是因为原先的桥梁被拆了，所以临时搭的。

但如果真是原先的桥梁被拆，那时间肯定在1501年之前。而严嵩是1505年考中进士的，此后才一步步爬上去，苏州知府怎可能有如此先见之明，早早拆了万年桥送严嵩老家去？实际上，严嵩老家的万年桥是1556年开建、次年竣工的，石料也不是紫石，而是青石。所以苏州万年桥移到分宜之说纯属附会，无非为说明严嵩老奸巨猾而已。

回到苏州。搭建浮桥毕竟不是长久之计，后来许多士绅多次建议集资建桥，但霸占渡船收益的豪绅和官府却以建桥会引来煞气为由，一次又一次否决。直至清朝乾隆五年，苏州知府汪德馨力排风水邪说，独自担当责任，才拨出专款重建大桥，取名万年桥，为全长32.5丈余、宽2.4丈、高3.44丈的三拱石桥。

后经三次大修，民国25年（1936），为便于车辆上下，人们在万年桥石级上铺设了水泥道轨两条。1937年日军侵占苏州后，又将石级、道轨拆去，改建为弹石斜坡，并同时拆除桥上的石牌坊及万年桥东西两侧的民房，建成新马路，与原有的城外大马路北段（今阊胥路）相通，供日军车辆出入苏城之用。

1944年6月8日11时许，一辆满载燃煤的日军货车自西而东入城，致使万年桥坍塌。

家住吴中区东山镇的严星洲老人是这一事件的目击者，2010年4月接受了我的采访。他说，当时他还不到20岁，在上海跟一位老板跑证券业务。这位老板也是东山人，不过在苏州城里置有房产。后来老板准备歇业回老家，就让岳母、女儿、亲戚先行返回，并派严星洲一路护送。

严星洲记得，赶到胥门时已是中午时分。快上万年桥的时候，老板的岳母关照严星洲："你搀好小孩先走，到家后冷好点开水，等我们回家后可以马上喝。"于是，严星洲紧紧攥住老板女儿的手，加快脚步向前走去。

当时万年桥上很是热闹，既有行人，也有小商小贩，还有算命先生和要饭的，算下来有七八十个人，吆喝声、讲话声此起彼伏。

没想到，刚刚走过万年桥，严星洲身后就传来了一声震天霹雳般的响声。严星洲扭头一看：不好，整座万年桥的桥面都塌掉了，桥板连同桥上的人全部掉进了河里，其中包括老板的岳母和亲戚。桥面一直断到严星洲的脚边，要是慢一步，他和老板的女儿也会跟着掉进河里。严星洲说，老板的女儿比他慢半步，幸亏他攥紧了她的手，所以被他拖过了坍塌的桥面。

再看桥下的河里，那真叫一个混乱：会游泳的人都在往岸边游，不会游的人则在不停扑腾、挣扎，岸上的警察等人赶紧下水救人。

这时，河面上漂起了一辆四轮朝天的汽车，这下严星洲明白了事故发生的原因：原来是被它压塌的。车里的人被救上岸后，严星洲发现，那里大约有四五个穿着军装的日本人，这些日本兵脸上、身上沾了许多淤泥，几乎成了泥猴子，特别是脸上，连长什么模样都看不出来了。"日本兵违反禁令强行开车上桥，落得这样的下场真是活该，可怜的是那些被连累的无辜百姓！"严星洲愤愤地说。

严星洲事后听说，这起事件中还淹死了一些人。老板的岳母和亲戚虽然被救了起来，但也受了伤，更受了惊吓。回家后，老板的亲戚就开始发烧，大约一个月后就去世了。

后来我到苏州图书馆查老报纸，发现1944年6月9日的《江苏日报》第三版上刊登了一篇题为《胥门外万年桥昨午突告倾塌　运货车堕河死伤多人》的消息。根据这一消息判断，万年桥被压塌的时间是1944年6月8日，肇事者是一辆运货车。

报道里提到，万年桥桥面原是木头做的，因年久失修，导致桥身朽坏。为此，省建设总工程处拟订了计划，并经省建设厅批准，准备对她进行修理，开标手续已经举行，本来预计6月11日开工，不料6月8日中午竟发生了倾塌事件。原因是，当天11点3刻左右，一辆运货大卡车驶过这里，桥身不胜重压，中部木板桥面折断崩塌，货车也坠入河里，车内司机及车后乘客及路人数名也一起跌入河里。救起的几个人都负有轻伤，死亡人数则还在统计中。

民国时期万年桥

2003年改造前的万年桥

同年6月10日的《江苏日报》又做了题为《万年桥待修理　暂行停止交通》的跟踪报道。这篇稿子里提到，坍塌事故导致车中司机、乘客、乞丐共3人死亡。因万年桥亟须修理，所以暂停通行，要过河都需借助渡船。

《苏州市志》的“大事记”部分也提到，1944年6月8日，“一辆货车经过胥门外万年桥（木结构）时，桥不胜重负而倒塌。车与数名路人坠入河中，死2人。12日修建，8月15日修竣通车”。这里记载的死亡人数为何与《江苏日报》不同，有待研究。

另有专家考证，压塌万年桥的货车是满载煤块的日军货车，自西而东入城。那《江苏日报》为何不写明这一点？道理很简单，这份报纸是汪伪时期的刊物，一向美化侵略，自然就回避日军闯祸这一细节了。

从现存的照片和资料看，民国时期的万年桥是座平桥，全长108.3米，高11.3米。1952年，苏州市人民政府将万年桥改建为钢筋混凝土现浇连续梁桥，宽6.8米，长43米，仍为三孔，中孔跨度14.5米，两侧桥孔跨度各10米。2002年，由于不堪交通重负，万年桥被鉴定为危桥。在环古

如今的万年桥

城风貌保护工程中，万年桥被重新建造为三孔石拱桥。重建采用的是拆除上部结构再新建的办法，使万年桥立面从微拱形变成了彩虹状，外表则贴上了花岗石，并置有楹联，栏杆用城砖砌筑，桥面最高处比1952年版老桥高出5.9米左右。这样爬起来感觉有点陡，但桥洞下可以通过较大、较高的船。

因为万年桥浓郁的苏州味道，2010年上海世博会苏州厅引入了这一桥梁的造型，上面的“万年桥”三个大字就是从桥上拍照，再用电脑制作出来的，因此字形跟原件一模一样。

清朝：耕牛也建“养老院”

清朝的时候，胥门一带最值得一记的事可能要数下面两件。一是为纪念康熙年间的清官、江苏巡抚汤斌，苏州人在胥门接官厅建造了“民不能忘”牌坊。汤斌上疏请求减免苏州百姓税负，还把为害一方的上方山五通神像扔进了石湖里，毁掉了五通神庙，当然值得纪念。民间相传，上方山、石湖是五通神的肉山酒海，有人曾在上方山挖到一块碑，上面刻着“肉山酒海，遇汤而败”字样，据说是著名道士张三丰所书的预言，果然，“汤（斌）”来了，五通神就败了。

另一件事是设立养牲局，专门收养老弱病残耕牛，为它们养老送终，这在全国都是一个创举。

《吴门表隐》记载：

> 养牲局在胥门外枣市桥，嘉庆十七年（1812）绅士董如兰等呈请设立，捐养病牛。

这个养牲局一开始在枣市桥畔，但后来可能毁于太平天国战争。当时，枣市街上还有一座供奉南宋抗金名将“蕲王”韩世忠的韩蕲王庙，地点在枣市桥东面约500米处的归泾桥西北堍，也毁于太平天国战争。同治年间，韩蕲王庙原地重建，于是养牲局就附设在这座庙里。后来这里变成了枣市街小学、胥江街道办事处。现在去那里，还能看到一幢五开间的古建筑，匾额上标着“尚德轩”字样，还钉着蓝色的控保建筑标志牌，就是当年韩蕲王庙的建筑之一了，说不定就是养牲局的办公或议事场所，或供奉牛神、马神的殿宇。

苏州设养牲局说明了啥？这充分见证了苏州人的心地善良。老苏州也不吃牛肉，认为牛性格温驯，勤于劳作，是农业生产的好帮手，老了也不能吃它们的肉。人们还在虎丘建造了马牛王庙，祭祀马神、牛神。在起源于太仓的牛郎织女故事里，老牛死后，牛郎把牛埋了，皮可以剥下来做衣裳，但肉是绝对不吃的。

1962年开始编写、1990年出版的《中国苏州菜》（王光武主编），是一部全面反映苏州菜肴文化和制作方法的权威著作，里面也没有牛肉菜。随着改革开放的深入，吃牛肉的习俗才慢慢流传到苏州，苏帮菜里才偶尔出现牛肉。不过老苏州过年、重要宴请，仍基本不上牛肉菜。

一次和周国荣副教授一起在怡园参加会议，中午吃面，面里放了牛肉，周教授坚决不吃，理由就是牛是为人们耕种的。送面的人说，这是菜牛肉，不是耕牛肉，但周教授仍不接受，最后竟饿了肚子回家。

据说，苏州的耕牛“养老院”历史还可向前推，明朝苏州知府况钟时已建造。但我检索了地方志的电子版，找不到相关记载。

民国：火柴厂厂房变身“老房子”

一个时代总有一个时代的印迹。民国时期，胥门一带出现了一家让中国人扬眉吐气的工厂——鸿生火柴厂。胥门西南面有一个“老房子”酒吧（今鸿盛楼食府），就是这家工厂的厂房。

鸿生火柴厂全称是苏州华南鸿生火柴有限公司，创办于1920年，是中国最早创办的民族工业企业之一，由生于上海的宁波人刘鸿生和其他6人出资12万银元兴办，1922年研制出无毒、优质的宝塔牌火柴，提高

保存至今的鸿生火柴厂厂房（“老房子”）

了国产火柴的声誉，与倾销市场的瑞典凤凰牌、日本狮子牌火柴竞争。1925年五卅运动爆发，国人掀起抵制日货高潮，宝塔牌火柴生意兴隆，让刘鸿生一跃成为中国火柴大王。

1966年这里改称苏州火柴厂，在全国同行业中声名显赫，产销量、市场覆盖率名列前茅。这种好势头一直保持到20世纪80年代末期。此后，随着廉价打火机的出现，火柴销售逐渐走衰。1992年，工厂和郊区娄葑乡新湖村联营成立苏州鸿生火柴有限公司。1998年7月，鸿生火柴有限公司解体，厂址曾用于开办果品市场，我还曾多次去采访。那时，每天凌晨部分水果摊点就会摆到盘胥路上，严重影响交通，最后只好搬迁。

如今，该厂绝大部分厂房被拆除，成为绿化带的一部分，仅存一幢民国时期洋房（即“老房子”）伫立在护城河畔。2004年12月23日，苏州市人民政府公布了第二批控制保护建筑名单，见证了一段历史的“老房子”也以鸿生火柴厂旧址这一名称列入其中。

一个地方再怎么发展，总要留下点历史的痕迹，什么都拆完了，我们的“血脉”就断了。

当代：摄影测量院士住胥门

除古代外，当代胥门也出了不少名人。中国工程院院士、摄影测量和遥感专家张祖勋（1937年出生），就是胥门地区的知名人士。他虽然生在无锡，但在胥门小日晖桥弄长大。张祖勋团队研发的全数字化自动摄影测图系统的产业化产品VirtuoZo（含有艺术家、虚拟摄影测量等多种意思），彻底简化了数字摄影测量的仪器设备，使我国的数字摄影测量走到了世界前列。早在1997年，这个测量系统就开始应用于三峡坝区每年一次的地形图快速更新。

这样一位声名远扬的权威人士，姓名一开始并没有被苏州名人馆的院士厅收录，张祖勋的弟弟为此和名人馆进行了交涉。

为求证张祖勋与苏州的关系，我拨打了他的电话。这位院士说，他四五岁时随父母迁居苏州，以后小学、初中、高中都在苏州就读，现在弟弟、妹妹也都在苏州，无锡反而没什么亲人了。此外，他还担任了苏州公司的名誉董事长、董事，经常来苏州。因此，他更愿意把自己看成是苏州人，有时候籍贯也会填苏州。

根据这一情况，苏州名人馆2012年5月23日把张祖勋的照片、资料增补进了院士厅。

此外，胥门地区还有个尤氏家族很有名，被称为尤（尢）氏针灸世医。有人以为尤、尢不同姓，其实是一样的。尤为何写成尢，里面有个传说。说是古代一位姓尤的官员，年纪很大了还要上朝，一次跪下去竟爬不起来了。皇帝看后就说："爱卿，你的姓右上角有块'石头'，压得你爬不起来，不如把这块'石头'拿掉吧。"

皇帝是金口，这位官员从此写自己姓氏的时候，就写成没有一点的尢了，他的子孙也跟着写，尢于是成为尤姓中的一个分支。

1880年，尢氏针灸诊所在小日晖桥弄26号（现已拆除）开张。始祖尢松泉(1847—1911),吴县西华(今高新区镇湖街道)官山人。13岁时跟从外祖父许竹峰学医,精于针灸,对风痨臌膈、文武痴癫、妇女经带及各种疑难杂症均有丰富的临床经验,往往手到病除,一时诊务繁忙,名噪苏城,被百姓传为“针仙”。经第三代、第四代传人的传授带教,尢氏针灸传人和学生共数十人分布在苏州市中医医院,市立医院本部、北区、东区,沧浪医院,平江医院,金阊医院,以及太仓、常熟、吴江等县市区各级医院,对各地的针灸医疗事业做出了贡献。尢氏针灸也因此被列入了苏州市级非遗项目名录。

2004年:28届世遗会选在这里开

万年桥的西侧,如今是苏州市规划展示馆。举世瞩目的第28届世遗会,就于2004年6月28日—7月7日在这里召开。

苏州市规划展示馆占地面积3.4万平方米,建筑面积近2万平方米。世遗会召开期间,这里设主会场、新闻中心、接待区三大功能区。其中主会场设大会会场、主席团会议室、秘书处办公区,可同时容纳600多人开会。接待区包括可容纳300人的茶歇区、展示全球754处遗产的展示区。这是中国第一次承办这一国际会议,也是世界遗产委员会会议有史以来参会人数最多、会期最长、议题最多的一次会议。

我全程参与了这一会议的报道,也知道了部分幕后故事。比如,原先世遗会2003年就要在苏州召开,地址考察过苏州市政府北面、沿干将西路的那幢174米高楼(当时叫苏州国际会展中心),但因为国内出现“非典”疫情,只好调整了时间。

2004年的盛会上,全球34个项目被列入世界文化遗产名录,其中包括我国的高句丽王城、王陵和贵族墓葬,我国的明清皇宫——沈阳故宫、明清皇家陵寝——盛京三陵则被列为世界遗产项目的扩展项目。会议还对拙政园旁的苏州博物馆新馆建设进行了评估,外地媒体以“拙政园被亮黄牌”为主题进行了报道，其实是误解了评估的意思——“吃黄牌”是认定不行了，给予警告；评估的结果有可能是不行，也有可能是行。事实上，最后评估结果认为，苏州博物馆新馆造在那里“OK”。

世遗会闭幕后，规划展示馆进行了重新布置，并于2005年5月31日正式开馆，当时只对有组织的团队开放，6月中旬起对普通市民开放。

2005年11月下旬，这里进行了第一次现场规划公示，内容是苏州高新区西部环游湖地区城市设计方案。五六十位来自环游湖地区的镇湖街道居民应邀前来参观，一睹5套设计方案的“芳容”，并根据切身体会“指点”方案优劣。

当时我采访到了一位叫郁秋泉的老人，那年他已经67岁。他一边激动地指着设计方案，一边向同行的年轻人讲述着过去的情景，说镇湖由于离城市较远，以前乘航船到城里要一天时间，因此，当地70岁以上的老妇，4成从未进过城。他儿子4岁时生急病，只好求人连夜摇船出门，差点连小命都保不住。现在到城里虽然能乘公共汽车，但镇湖毕竟还是乡下。这次提供的设计方案让他明白，今后镇湖就是城市，那些从未到过城里的老人，用不了多少年，就能在家门口过把“城市瘾”了。

如今，环游湖地区已经建成了苏州太湖国家湿地公园（苏州国家太湖旅游度假区那边的叫苏州太湖湖滨湿地公园）。那里是苏州西部生态城的核心地标，与“中国刺绣之乡”镇湖的绣品街相连。

【附】

《苏州市志》中的胥门、新胥门

胥门　位于城西，万年桥南。即姑胥门，因姑胥山得名。相传伍子胥宅在此，且后又悬头于此门，故称胥门。

战国时，春申君黄歇测知太湖地势高过苏州，为免城内遭泛滥之灾，就把胥门加以封闭，以后胥门便无水门。

元末重建的胥门，经明清两代重修，为苏州现在除盘门外仅存的古城门。清初修建门楼后题“姑胥拥翠”额尚在。经实测，门洞高4.14米，宽3.25米，深11.45米。

（根据平面图，胥门为两道陆门）

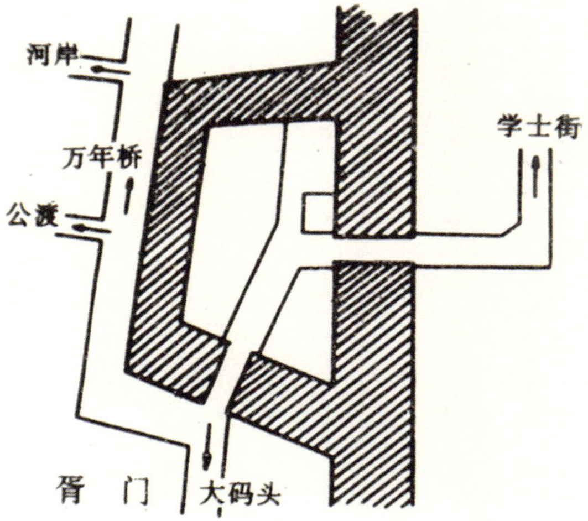

《苏州市志》胥门平面图

新胥门 位于城西，古胥门之北，与万年桥正对。民国27年，为便利城内外交通而辟，为两并列的门洞。1953年拆除。

第四篇　盘门风云

躲过一次又一次浩劫，2000多年前始建、元末重建的盘门，成为全国唯一保留完好的古代水陆城门，结构之精巧，风光之秀丽，折服了远远近近的游客。连著名古建筑专家陈从周教授也说：北看长城雄伟，南看盘门秀丽。

行走盘门，就会被她怪怪的名字吸引。盘门城门发生过多次战争，为什么能躲过一次又一次劫难，保存至今？盘门周边发生了哪些值得一提的往事？有着哪些风物古迹？老苏州为什么把这里称为“冷水盘门”？这些问题，吸引着人们去追根究底。

吴门桥上眺望盘门

上：盘门兴废

盘门是苏州最早建成的八座城门之一，至今已有2000多年历史。但在保存至今的苏州城门中，盘门却是最古老的两座之一，至今已经660多岁。

名字起先叫“蟠门”

盘门的“盘”字，让人很容易想到“盘子”之类的器物，但盘门的形状跟盘子并不像，她的名字到底是怎么取的？

传统的说法是，建造阖闾大城时，吴国为战胜周边国家，在城门的取名上煞费苦心，像阊门这个名是想接通阊阖之气（西风），压制楚国，盘门的命名也是如此。

阴阳八卦图上，辰位其实在巳位东偏北方位

许多资料称，由于吴国在东偏南方位，也就是阴阳学说里的辰位（辰就是龙），越国在南偏东方位，也就是阴阳学说里的巳位（巳就是蛇），因此，吴国特意在西南城门上挂出木刻的蟠龙，南大门上挂出木刻的长蛇，面向西南城门，以示越国臣服于吴国。

于是，人们把悬挂

蟠龙的城门称为“蟠门”，把悬挂长蛇的城门叫作蛇门。再后来，蟠门改成了盘门，有“龙蟠水陆”之称。

一开始，这样的布局似乎挺有效果，吴国和越国几次交战，大多以吴国战胜告终。不过，后来越王勾践卧薪尝胆，最终把吴国灭掉了。看来，如果城门的命名跟战争胜负果真有关系的话，那么，蛇门上挂的蛇一定是条“地头蛇”，所谓强龙斗不过地头蛇嘛！

不过，看了阴阳八卦图，会发现巳位和辰位的位置恰好跟上面的说法相反——辰位应该在巳位的东偏北方位。因此，上面的说法，只不过是一个传说而已。

“蟠龙”本指吴国大帝孙权？

那许多资料所说的“蟠龙”，到底是什么意思呢？唐朝成书的《吴地记》提到，有人认为蟠龙指三国时期的吴国大帝孙权。

《吴地记》记载：

> 盘门，古作蟠门，尝刻木作蟠龙，以此镇越。又云水陆相半，沿洄屈曲，故名盘门。又云吴大帝蟠龙，故名。门内有武烈大帝庙，在祀典。东北（注：应为东南）二里有后汉破虏将军孙坚坟，又有讨虏将军孙策坟。

分析下来，这是极有可能的。因为《越绝书》《吴越春秋》等早期书籍都没有直接提到蟠门这一名字（当然也没有点到盘门），《吴越春秋》只说小城南门上挂出龙角模样的木刻。

《吴越春秋·阖闾内传第四》记载：

> 欲东并大越，越在东南，故立蛇门以制敌国。吴在辰，其位龙也，故小城南门上反羽为两鲵鳐以象龙角。越在巳地，其位蛇也，故南大门上有木蛇，北向首内，示越属于吴也。

这段记载说得很清楚，南大门（即蛇门）上的蛇头朝北面向小城

（即子城），以示越国臣服于吴国，而不是朝西面向盘门。而孙权做过皇帝，是所谓的真龙天子，完全有资格称“蟠龙”。

只是，为什么其他出天子的地方，城门不用“蟠”字命名，唯独这里使用呢？分析下来，可能是因为，苏州是孙权家族最早的政治中心，盘门内的瑞光寺，又是孙权为迎接西域康居国（在今中亚细亚）僧人性康而建造的，后来孙权为报母恩，还在寺里建了座十三层高的宝塔，这就是瑞光塔的前身。孙权的父亲孙坚、哥哥孙策还葬在盘门外青旸地。这样，盘门很可能成为孙权经常进出甚至独家进出的城门，被叫作蟠门也就在情理中了。

那后来为什么又叫盘门了呢？上面提到，《吴地记》说：“又云水陆相半，沿洄屈曲，故名盘门。”我却觉得，可能是聪明的苏州人怕因“蟠龙”引来灾难，就主动改叫盘门了。明朝初年，高启不就因为写苏州府治“龙蟠虎踞”，而跟当时的苏州知府一起被生性多疑的朱元璋杀掉吗？

“冷水盘门”啥出典？

苏州人提到盘门时，往往会说“冷水盘门”一词。这句话起源于什么时候已经难以考证，出典则有两种说法。

一种是从字面来理解，说盘门水城门下河水很深，再加上被城门遮挡，常常照不到阳光，导致水温很低，所以叫冷水盘门。

另一种说法是，盘门一带人气冷清，直到20世纪80年代前，这一带还到处是荒芜的洼地、简陋的窝棚、破旧的危房，让人觉得像冷水一样，所以引来了这个“雅号”。

专家们的意见更倾向于第二种说法。

不过话说回来，盘门一带历史上也曾几度兴旺。唐代诗人白居易有“二八城门开道路”之句，说明当时八城门的陆门、水门都连着陆路、水路，是出入苏城的要道，怎可能冷落？此外，盘门内当时有瑞光寺、开元寺等很能聚人气的寺庙，也见证了这里曾经的繁华。

但就在南宋初年，金兵攻打杭州，折回的时候从盘门进入苏州城，随后烧杀抢劫，城内建筑几乎焚烧殆尽，盘门才跟着冷了下去。

《吴门表隐》记载：

> 刘翾、张鳌皆汴人，从南渡，为平江守将。金兵入盘门，守臣皆去，独二将拒敌，翾力战死，鳌被执，不屈，自沉死。立双忠庙于盘门。《祠庙志》

好在当时已经建造了号称“进入吴门第一桥”的吴门桥，盘门的交通优势十分明显。因此，没过多少时间，这里就再度兴旺。几十年后，南宋诗人范成大就用“人语潮喧晚吹凉，万窗灯火转河塘”的诗句来描写当时的盘门了，“万窗灯火”虽说是虚指，但这里的繁华景象已经可见一斑。

元末，张士诚在苏州称王。不久，朱元璋派徐达等11位将领带兵围困苏州，由一位叫王弼的将领带兵进攻盘门。张士诚兵败后，盘门一带又遭破坏。清末诗人袁学澜的《续咏苏州竹枝词》对此深为感叹：“一树垂杨一画楼，盘门烟户本来稠。自从元末遭兵劫，寥落居民冷水流。”“冷水盘门”的称呼，可能从那时就不胫而走了。

清兵杀到苏州的时候，盘门再次遭劫。当时苏州百姓奋起抵抗，总兵土国宝带兵从盘门杀入，一路放火烧房，抢掠财物，无恶不作，直杀到饮马桥才罢休，市面稍稍恢复的盘门再次转冷。袁学澜之所以只提元末而不提清初，很可能是他明白，自己就在清朝统治下，提了清兵破坏会引来麻烦。

太平天国时期，盘门又受了一次冲击，在这里拥有半条街的叶氏家族（叶圣陶祖上）由此转衰，只能租住到直线距离约3公里外的临顿路悬桥巷去。

多次冷落，让盘门内许多地方变成了农田。直到20世纪80年代初，盘门内还属于郊区娄葑乡南园村24−26组，地名靠山上（音郎）。当时这里还没有开发旅游，所有的景物都是敞开的，古塔凋零，城门破旧，部分城墙坍塌，上面长满杂草。农民们在这里种菜，部队战士在这里练习射击，医学院的学生们来这里采集龙脑薄荷等草药，其荒凉可见一斑。

缘何660多年没被毁?

第一篇已经提到，元朝统治者统一中国后，根据自己的好恶，加上担心各地百姓据城反抗，就下令把各地的城墙全部拆除，盘门也跟着“香消玉殒”了。元末的至正十一年（1351），苏州城墙得到修复，其中包括盘门城门，从那时算起，盘门已走过了660多个春秋。1356年，张士诚又增建了盘门瓮城。

660多年间，盘门多次遭劫难，按理是很容易被破坏掉的，但她却一直保留到了今天，这是怎么回事?

分析下来，主要有两个原因。一是建筑艺术高超，十分牢固，在古代的攻击能力下，可谓固若金汤。这里的结构十分精巧，陆门不但设有

盘门城门鸟瞰（右侧城墙围住的空间即为瓮城）

瓮城，而且瓮城的门和城门不在一条直线上，这样的设计可以在一定程度上减缓敌人的进攻速度，使得盘门易守难攻。水门也有两道，不仅水道狭窄，而且城门不高，其作用就是不允许大型作战船只通过。前后水门均设有水闸防护。在古代，水师要突破这样的水关可不是件容易事。城墙外面包着的砖头石块，以及砌筑的技术，也增加了这里的牢固程度。所以在历次战争中，盘门城门只受过一点小伤，修修补补就恢复了原貌。1986年，抗战期间被日军炸毁的城楼，也按老照片模样进行了重建。

二是这里独居一隅，不妨碍交通，不影响市容，河道又宽，架桥不易，又不属于那种寸土寸金地，没有太大利用价值，所以自民国以来长期没人看中，结果保留了下来。

1958年3月15日，苏州市人民委员会召开会议，专题研究了城墙处理问题。经讨论决定，除胥门、盘门、金门及部分城墙保留作为历史遗迹供参观研究外，其余全部拆除。当时为什么把盘门放进去，与那里的冷僻应该不无关系。

如今，盘门已经成为苏州古城的象征之一。1986年苏州建城2500周年，邮电部特地发行了一张邮资明信片，上面的图案就是盘门。在我国邮政史上，这是第一次为了纪念一座城市的建立而专门发行的邮票。2006年5月，盘门又被国务院批准列入第六批全国重点文物保护单位名单。

中：瑞光塔与吴门桥

提到盘门，人们往往会想到“盘门三景”。一般认为，“盘门三景”除盘门水陆城门外，还包括瑞光塔、吴门桥两景。

瑞光塔：三个皮孩子揭开惊天秘密

瑞光塔又称“瑞光寺塔”或“瑞光院塔”，是苏州现存的少数几座宋塔之一。

瑞光寺初名“普济禅院”，后又称“瑞光禅院”。根据志书记载，在三国东吴赤乌四年（241）时，康居国僧人性康来到苏州讲经说法，吴国君主孙权为他创建了这座佛寺，是苏州的著名佛寺之一。赤乌十年（247），孙权为了报答母恩，又在这座寺院中建造了十三级舍利塔。

有人以为，当时孙权建造的寺庙是今天平门内的报恩寺，塔是今天北寺塔的前身。其实，梁简文帝《吴郡浮海石像铭》写得很清楚，报恩寺一开始叫通玄寺，是赤乌年间孙权母亲吴夫人舍宅建造的（一说是孙权为乳母陈氏建造），跟瑞光禅院是两码事。而北寺塔的前身，最早是南朝梁武帝（502—548）时由僧人正慧建造的，比瑞光塔的历史要晚了两三百年。

保存至今的瑞光塔，是北宋景德元年（1004）到天圣八年（1030）所建，为八角七层砖木结构楼阁式宝塔，由外壁、回廊和八角形砖砌塔心柱组成。

塔东立有瑞光塔赞碑。碑青石质，通高4.57米，宽1.9米，厚0.5米。题为“太祖高皇帝御制瑞光塔赞碑”，碑文为朱元璋所题，由明末状元宰相文震孟书写。文震孟是著名书画家、文学家文徵明的曾孙，知名度没有文徵明高，但考中状元、做官又做到了极品，也算光耀门楣了。

清朝咸丰十年（1860），瑞光禅院在太平天国战争中被毁，瑞光塔却得到了保存。在风霜雨雪的长期侵袭下，它的木制腰檐、平座全部脱落，而且裂隙纵横，野草丛生，鸟雀筑巢其中。

1978年4月12日大清早，瑞光塔突然来了三个十五六岁的不速之客，他们家就在附近。正是似懂非懂的年纪，他们此番是逃学来掏鸟蛋的。

他们爬上了瑞光塔第三层，发现中间的壁龛上有座佛像。三人中的“对外发言人”刁先庭说，因为好奇，他挪开了佛像，没想到菩萨后面有一个暗门。刁先庭打开暗门，又担心里面有暗箭，就找了块砖头扔进去，听到“咚”的一声，像撞击木头的声音，他这才敢爬进去。一个尘封在瑞光塔里近千年的秘密，从此被打开。

这是瑞光塔的天宫，里面藏着北宋建塔时入塔供奉的佛教文物，包括《妙法莲华经》等佛经，还有嵌螺钿经箱、铜佛像、铜质金涂塔、琥珀印章等。最重要的是用4万多颗珍珠制作的真珠舍利宝幢，宝幢高1.22米，集玉石雕刻、金银工艺、木雕、描金等艺术于一身，制作精细，美轮美奂，堪称旷世奇珍，让人叹为观止。

三个小孩把宝幢一折为二装在一个麻袋里，从塔上扔下来，正好几个退休的工人看到，就跟他们说，这个不能拿回去。孩子们于是把它背到了苏州博物馆，当时博物馆工作人员还没上班呢。

瑞光塔天宫发现的真珠舍利宝幢

后来博物馆工作人员对瑞光塔天宫进行了整理。1987年至1990年，瑞光塔得到全面整修。整修后的瑞光塔高53.57米，其中塔刹9.14米，底层外壁对边距离11.2米。

唐井：古城区目前发现的最早古井

盘门一带还有一个宝，即苏州古城区目前发现的最早古井——唐井。

苏州虽是江南水乡，河道纵横，取水方便，但苏州先民很早就懂得挖掘水井，使用清洁、温度相对恒定的井水，独墅湖、澄湖清淤发现的湖底古井，时间可追溯到5500多年前。

清代时候，苏州光城区就有2万多口井。此后受战乱等因素影响，许多古井逐渐湮灭。抗战时期，侵华日军曾对苏州城内的古井进行了一次统计，当时发现还有1万多口。中华人民共和国成立之初，全城还剩9千多口井。但2005年苏州文物部门统计到的古井只有639口，加上园林、风景区内的井，总量估计在1千口左右（这一数字不包括大量的新井）。

盘门景区内的唐井

目前古城区所知的最老古井，就在盘门景区四瑞堂西北角，是唐朝时期开挖的，规格不大，年纪却超过了一千岁，井栏圈用青石做成，呈圆形。这口井原先已经湮灭在地下。1984年整修瑞光塔及周边地表时，施工人员在地下50厘米深处意外发现了它。经文物部门对古井结构及同时出土的古钱币等物考证，确认为唐代遗物，可能是当年普济院（瑞光禅院）僧众的生活用水井。

夹石式旗杆石与伍相祠

古代官府、寺庙祠堂、大户人家门前往往会设置旗杆石，用于竖旗杆、挂旗帜。苏州官府、寺庙祠堂、大户人家众多，旗杆石自然也不少。但中华人民共和国成立后，旗杆石就逐渐被废弃，以致现在许多人都已弄不清这到底是什么玩意了。

我在采访中见过两类旗杆石实物：一种是夹石式，就是两块石头并排埋设，中间可插旗杆，再用插销固定；一种是鼓磴式，就是在鼓磴石中心凿个方的或圆的孔，旗杆直接插在孔里面。

目前，苏州古城区发现的夹石式旧旗杆石只有两处，一处在娄门内桥湾街33号房子南侧电线杆旁，花岗石质，应为清朝时期的产物，露出地面的部分高1.2米，宽0.4米，厚0.15米，两块石头间距约0.3米，距地面0.9米的地方各有一个圆洞；还有一处就在盘门景区内，不但规格大，高达3米左右，而且做工精致，年代也更早，是宋朝的“老寿星”。

盘门旗杆夹石

这副夹石是当时盘门内伍

相庙的遗物，距今已近千年。明万历四十年（1612）伍相庙移建到朱家园，旧址逐渐荒芜，这副旗杆石于是开始了它的“百年孤独”。

1988年，政府在伍相祠旧址西南面几十米外，重新建造了伍相祠，用来纪念春秋时期著名军事家、政治家、阖闾大城“总设计师”伍子胥。

伍相祠前原先应有两对甚至更多这样的旗杆石，但保留下来的只有这一副。1999年，夹石遗构所在处被辟为广场，不过因为没有竖旗杆，所以许多人看见夹石仍没有感性认识，建议夹石间竖根旗杆或一旁做张说明图试试。

吴门桥：不再是市区最高石拱桥

吴门桥曾是苏州市区保存下来的最高石拱桥，横跨在城南的护城河上，是出入盘门的主要通道。该桥全长66.3米，宽4.8米，净跨16米，矢高（主拱券从拱顶到拱脚的高差）9.85米，体量上是江苏省现存最大的一座单孔石桥。

但吴江并入苏州市区后，市区的最高单孔石拱桥已经变为三里桥了。这座桥位于吴江城区北门外，总长50.4米，净跨也是16米，矢高达12.5米。

吴门桥（拱桥）与水关桥（平桥）

顺便提一下，苏州有据可考的最高单孔石拱桥是尹山桥。据《苏州词典》记载，位于苏州城南运河上的尹山桥长72米，高14米。这也是江苏可考的最高单孔石拱桥，可惜已于1982年春被拆除。

据《吴县志》记载，吴门桥始称新桥，又名三条桥，北宋元丰七年（1084）郡人石氏出资兴建，由北岸两座相接的木桥加南岸的石桥组成。南宋年间，被改建成三孔石拱桥。直到清朝中期，仍为三孔石拱桥。

为什么这么说？因为《姑苏繁华图》上画的吴门桥就是三孔石拱桥，而《姑苏繁华图》是清朝乾隆二十四年（1759）根据实景绘就的。

现在的吴门桥为清朝同治十一年（1872）重建，桥以金山花岗石构筑，杂有少量宋代旧桥所遗的武康石，这是建桥历史悠久的见证。2002年，吴门桥被列为江苏省文物保护单位。

吴门桥还有一个较为特别的地方，就是桥栏像沙发，下半部可坐，上半部可倚靠，这在苏州乃至全国各地的古桥中，都是不多见的。

前面已经提到，吴门桥被称为“进入吴门第一桥”。周国荣副教授对此补充，苏州另有一座桥，也是“吴门第一桥”。她位于今天的相城区望亭镇上，横跨运河，高大雄伟，也是苏州最高的单孔石桥之一，他曾走过一年多时间，可惜毁于20世纪60年代。

曾任望亭乡副乡长的周云飞老人告诉我，这座桥叫问渡桥，又叫南望亭桥，位于望亭集镇中心，确实很高，帆船穿过桥洞无须倒桅。《望亭镇志》称，该桥一开始是青石桥，建于明代，毁于太平天国战争。清朝同治八年（1869）重建为花岗石桥，高5.5丈，圆形顶，桥两面各24级，桥顶刻有“二龙抢珠”封石，顶宽1.2丈，桥座宽2.7丈。

清代的尺寸长短和现在差不多，5.5丈要18.5米，确实非常高。但这么高的桥，每一面怎么会只有24级台阶？就算桥的最后一级踏垛比水面高出3米，那从桥底到桥顶也要15.5米，平均下来，每个台阶高达64.6厘米，差不多要相当于女子400米栏栏高（76.2厘米）了，数字实在让人心生疑窦。在目前没有其他数据资料之前，只能书此存疑。

下：盘门人文与风物

盘门一带久经风雨，历史上出现的名人大多已很难考证，能说得上的主要是宋朝诗人梅尧臣。不过，这里值得一记的风物却不胜枚举。

北宋诗人梅尧臣留下的痕迹

新市路西端原称“梅家桥弄”，因北宋诗人梅尧臣曾居住于此而得名。

梅尧臣（1002—1060），字圣俞，宣州宣城（今属安徽）人。在北宋诗文革新运动中，他与欧阳修、苏舜钦齐名，世称“梅欧”或“苏梅”。

梅尧臣的诗向以古淡、深远为意。比如《田家》诗：

高树荫柴扉，青苔照落晖。
荷锄山月上，寻径野烟微。
老叟扶童望，羸（léi，瘦弱）牛带犊归。
灯前饭何有？白薤（xiè，嫩蔬菜）露中肥。

这首诗描写农民辛勤了一天之后的生活场景，淡雅自然，味似平淡却又醇厚，充溢着生活情趣。

梅尧臣还有一首《送少卿张学士知洪州》：“朱旗画舸一百尺，五月长江水拍天。”当代苏州籍著名诗人袁水拍，原名袁光楣，就根据梅尧臣的诗起了“水拍”这个名。

居苏期间，梅尧臣与买下沧浪亭的苏舜钦日夕往还，酌酒赋诗，相处甚欢。

顺便说一下，新市路东段宋代称“昼锦坊巷”。后因苏州府学（文庙）前的一段路面铺成篦箕纹，被称为“篦箕街”。民国时期，又因这里碑刻众多，被写作“碑记街”，好在苏州话中“篦箕”和“碑记”读音相同，怎么写问题不大。1952年在此举办苏南区第三次城乡物资交流会，形成新的市场，于是改称“新市路”。

国宾招待所高丽亭和慈善机构齐升院

在盘门外，也曾建有高级宾馆——高丽亭（参见第二篇“金昌亭”），还有一个官办慈善机构——齐升院。

高丽亭和胥门姑苏馆一样，也是国宾招待所。不过，她主要用来招待朝鲜使者。这也证明，盘门外部分区域曾一度比较繁华。招待金国使者和朝鲜使者的两个国宾招待所同时存在，或许是怕两国使者闹矛盾，索性让他们分开住。

《吴郡志》记载：

> 高丽亭二，一在阊门外，一在盘门外，旧高丽使人入朝，作此亭以馆之，今犹仍旧名。

齐升院位于高丽亭的东面不远处，从南宋《平江图》上看，应该就在今天的人民桥东南堍一带。

《吴郡志》记载：

> 齐升院在盘门外高丽亭东一里，绍熙元年（1190）提举常平张体仁创建，拨没官田供院为常住，贫民死而家不能津送者则与之棺后焚瘗（yì，掩埋、埋葬）焉。

上文中的“没官田”是籍没充公的田产；“常住”是佛教用词，为“常住物”的简称，即寺院、慈善机构之财物；焚就是焚烧，指火化。这段话说明，齐升院的一大“业务”是送棺材给“死不起”的贫民，然后焚化、埋葬。这也表明，苏州民间早就有火葬了，这是从佛教界引入的习俗。

珍稀胜过大熊猫的龙脑薄荷

颜世和培育的龙脑薄荷

盘门一带历史上的物产中，有一种珍稀程度胜过大熊猫的龙脑薄荷，值得大书特书。

提起薄荷，青年人想得最多的可能是薄荷口香糖，中老年人想到的也许是采芝斋薄荷粽子糖和薄荷冰镇绿豆汤，但在经验丰富的中医眼里，薄荷是一味具有疏风、散热、辟秽、解毒功能，可治外感风热、头痛、咽喉肿痛、口疮、牙痛等疾病的良药。苏州的薄荷（俗称“苏薄荷”）全国著名，其中品种最佳的就是龙脑薄荷。

龙脑薄荷又称“龙头薄荷”和“龙绞薄荷”，它的茎中上部像被拧过似的，呈自然螺旋状或略带扁压状，顶端嫩茎呈“之”字形，状如游龙；叶子搓碎后放在鼻子下，一股凉凉的芳香气就会直冲脑门，可以用于治疗“出血热”等疾病。

中华人民共和国成立前，龙脑薄荷主要由瑞光塔附近“靠山上”自然村（中华人民共和国成立后长期划为娄葑公社南园大队24–26小队）的蒋、季两姓兼种，栽培技术不传外人，所以数量极少。中华人民共和国成立后，种植面积有所扩大。1956年，靠山上三个队种植面积约十亩，年产约四千枝。收割、晒（晾）干、加工好的（两支为一对，用红纱线或红丝线绑扎）龙脑薄荷由“沐泰山”药店及后来成立的苏州药材公司收购，经上海再由广帮商人行销香港或转售东南亚地区，供人们泡茶喝。

关于龙脑薄荷还有一个传奇的说法：只产于人民路以西，种到其他地方，长出来的薄荷就是直的了。1929年许云樵所著《姑胥》一书介绍：

龙脑薄荷，这种薄荷出产在苏州府学的“龙门”旁边，形状和龙头一般，倘移种到别处去，形状便会变去。前清时，是进贡给皇帝的贡品。他省的人，要购这些龙脑薄荷，非得隔年预定不可。

龙脑薄荷为何种到别的地方就会变种？清代长洲（今苏州）人张紫树（字霞房）所撰《红兰逸乘》内有一则有趣的记载：

护龙街，南北直贯城中，形家云：“街为龙身，北寺塔为尾，府学为首，双塔为角。取辰巽之气也，府学正前双井为目。旁地为脑，出薄荷不甚辛辣，清芳酷烈，似龙脑香，名龙脑薄荷，其茎若绞丝。”

也就是说，风水先生认为盘门内这块地方属于非常独特的龙脑所在地，所以才出产龙脑薄荷。

其实，这一说法并不准确。苏州园林工程师颜世和，就曾在其他区域用花盆培养出了龙脑薄荷。可惜，这位痴迷于花草的工程师，已于2013年4月离开了人世，享年59岁。

除龙脑薄荷外，盘门一带还出产其他医药产品。《吴门表隐》记载：

珍珠丸在盘门新桥巷，沈氏流荫堂世传，专治小儿腹鼓诸症。

可惜这珍珠丸的配方已无从考证。查了一下，现在中药中还有一种珍珠丸，含有枯白矾、寒水石（烧过成粉）等成分，主要用于小儿泻后脾虚、吐食不止，跟治小儿肚子胀似乎是两码事。

造币厂与“九缸四十甏”的传说

盘门还是个“多金”的地方。

清朝末期，苏州出现了两个铜元（也就是俗称的“铜板”）厂，一称“旧铜元厂”，一称“新铜元厂”。旧铜元厂是1903年在盘门内梅家桥购地兴建的，建厂房和购机器共用去库平银23.45万两。厂内共有熔铜、烘片、烘饼、烘模等炉58座，大小烟筒7座，水柜一具，大小锅炉4座，单汽缸连四轮炉一副，大小引擎4副，辗片机6架，舂饼机6架，光边机4架，印花机24架，电灯机1架，还有其他一些零星机件，规模实在不小。1904年开铸铜元，1906年5月停铸，共铸“当二十”、“当十”两种铜元，折合“当十”铜元5.29亿枚。

要知道，在鲁迅先生写清末时事情的《孔乙己》中，一壶酒只要4文钱，一碟茴香豆更只要1文，也就是说，一个“当十”铜元可以买到两壶酒、两碟茴香豆了，苏州造了那么多铜元，岂不是不尽财富滚滚来？

钱造太多了，势必影响币值。因此清政府认为苏州“逾额铸造”，命在苏的两个铜元厂停铸铜元，旧铜元厂厂房改设为省立丝织模范工场。

不造铜元并不影响盘门的“多金”。民间传说，盘门一带地下还藏着大量宝贝。数量之多，有“九缸四十甏”的说法。

我了解到的一个真实故事，让这一传说属实的可能性大大增加。

这件事大约发生在1997年冬，地点在东环路、杨枝塘路交叉口东南侧，也就是今天的工业园区娄葑街道葑谊新村那里。先是甪直那边一户种白菜的农户，驾着船到苏城卖白菜。一天早晨，农夫到岸上捡柴火，准备烧行灶做早饭。他来到一个土堆上，结果发现了一个银元。继续找，又发现了金条等财宝。这下农夫索性白菜也不卖了，带着挖到的财宝就驾船回去了。有人估计，农夫挖到了七八斤黄金，此外还有不少银元。而据农夫自己说，挖到的黄金只有三四斤。

消息传开，周边一两百人哄到现场寻宝，据说也有人挖到了宝，还有人为宝而争夺，场面混乱，后来公安部门介入，才阻止了事态的进一步扩展。

发现宝物的土堆，就是从盘门某施工工地连夜运来的。可惜当时没有监控录像，挖走大量金银财宝的那名农夫没能找到。

盘门西侧曾有“江苏黄埔军校”

苏州民风，五代十国、北宋之前好武，甚至一度“好剑轻死”；五代十国、北宋起，受吴越国钱氏家族倡导、范仲淹兴办府学（文庙）、北方大族大批南迁等的影响，民风逐渐转向崇文重教。但在北宋起的1000多年时间里，苏州依然还保留了不少“武风”，出现过许多武进士、武举人，其中武状元5名，分别是南宋的朱起宗（1172年，吴县籍）、林嘌（音“票”）（1184年，吴县籍）、周虎（1196年，常熟籍）、刘必成（1238年，昆山籍）和明朝的陈大猷（1586年，吴县籍），占苏州地区状元总人数的10%。

此外，历史上苏州还拥有一批与武有关的建筑、机构，清末兴建的江苏武备学堂，就是其中的一处。这所类似于“黄埔军校”的省级学堂就在盘门地区。

那是清光绪二十七年（1901），清政府废除武科，下令各省建立武备学堂。江苏武备学堂建于这一年的7月，由丁翘山进行军事教育的随营学堂改建，学生基本为保送生，从江苏防营挑选识字兵勇40名为正课生，此外还有40名附课生，修业三年。课堂课业有战法、军械、测绘、算学、营垒、汉文等，外场课业有操枪、操炮、柔软体操、器械体操、打靶、行军等。

7年后，也就是1908年8月，这所学堂改为江苏陆军速成学校，学生修业一年半毕业。辛亥革命后学校停办。

因为昙花一现，所以地方志上都没有记载这所学校的具体位置。曾经供职于胥江街道办事处的宋庆阳先生，曾就这个问题反复查询，最终在1908年的《苏州巡警分区全图》上看到了这所学堂的名字，锁定了它的具体位置。它东侧的马路当时标注为大马路。用今天的地名来表示，这所学堂大致在解放桥北，盘胥路与巴桥头交界附近。

还是老地图立了头功。这提醒我们，现在城乡面貌变化很快，地图在使用之余，还要好好保存，说不定哪天就派大用场了。

盘门南岸娘娘坟为啥女尊男卑？

盘门外原先还有许多墓葬，其中最著名的是娘娘坟。

1964年6月底，吴门桥南偏东约三百米处的城南小学（不少报道误作“盘溪小学”，但我在实地走访中碰到的当地居民都说叫“城南小学”）准备利用暑期扩建校舍。

这时施工人员发现，工地范围内有一个高近4米、直径10余米的土墩，一旁的碑石上刻有一篇《张吴王母曹太妃墓碑记》，碑文与地方志有关张士诚母墓在盘门外的记载完全吻合。

《吴门表隐》记载：

> 娘娘坟在盘门外，张士诚母伪太妃曹氏所葬，士诚墓在斜塘。士诚少子逸于章邱李氏，洪武末有登乡榜者。

苏州市文管会、苏州博物馆得到报告后，立即派考古人员到现场踏看，结果发现：墓西北角顶部有一个可容一人探入的洞口，深达1米左右，证明曾有人动过盗墓的念头。

考古工作从7月7日正式动工，7月底结束，持续时间达24个工作日。之所以花费了这么长时间，是因为这座古墓非常坚固，外表的保护层就多达四层：第一层是表面封土，厚65厘米；第二层是坚硬的“三合土浇浆”（明矾、糯米、石灰浇浆），厚约40厘米；第三层是并列竖砌的11排石板，每排57块至73块，石板中贯穿圆木；第四层又是“三合土浇浆”，比第二层的更厚，最大厚度近2米。

里面还有五层防护层：第一层又是竖着叠放的石板，双孔贯穿圆木；第二层是厚1.1米的“三合土浇浆”和碎石；第三层是一顺一丁平砌的砖墙；第四层是厚55厘米的夯实石灰和黄土，上面叠放着横列的石

留园这只青石大花盆就是用娘娘坟大青石板做成的

板；第五层是厚1.8米的浇浆。

再里面才是3.8米见方的正方形墓圹，四壁全用大青石板构筑。四角交接部位都用铁板钉斜扣作榫，牢不可破。墓圹顶上有粗大的楠木，安在圹壁方槽内，再上面是整块石盖板。墓圹底部铺设37厘米见方的金砖。金砖之下还铺着33厘米厚的浇浆和碎石。

后来墓圹四壁的大青石板被运到留园，做成了大花盆。只要看看这些大花盆，就不难想象这个墓是多么牢固了，难怪盗墓贼一直动坏脑筋，却始终没能得逞。

墓圹内一东一西放着两具棺椁，棺柩前端各放着一个黄绸包裹，打开后，里面是上下十层叠放的象牙哀册，上面刻的文字显示，这是张士诚父母的合葬墓，而不是碑石及地方志记载的纯“张士诚母墓”。

两具棺柩内的情形呈现“女尊男卑”的特点。男棺内满是积水，尸体已完全腐烂，裹于身上的衣服也一触即破，几乎没什么随葬器物。女棺则封闭严密，“娘娘”身长1.54米，除眼珠、鼻梁和面颊部分腐烂外，其余保存良好。随葬之物琳琅满目，都整齐放在“娘娘”头前或腰两侧。

“娘娘”的穿着也十分考究，大多是绫罗绸缎，身上也披金戴银的。

张士诚父母的棺柩内为何会出现封建社会反常的“女尊男卑”现象？这得结合张士诚父母去世的时间分析。原来，张士诚父亲早就亡故，当时张士诚还没有发迹，只好把他草草埋在老家泰州丁溪九龙口。而张士诚母亲死于1365年，这时张士诚占据苏州为王，有权有势，因此有能力厚葬母亲。但为了让父母在九泉之下团聚，张士诚把父亲的棺木从泰州迁来，外面再套上棺椁，与母亲合葬，所以出现了上述现象。

“娘娘坟”的发掘清理引起了轰动。直到今天，当地许多人还能说出娘娘坟的遗址所在地。

1966年元旦起，苏州博物馆对“娘娘坟”出土文物进行了展出，一时间门庭若市。如今，这些出土文物许多已成为苏州博物馆基础陈列展品，长期对外展出。

遗憾的是，大家没能看到张士诚母亲的遗体。原因是，挖掘时正值伏天，开棺后不久，“娘娘”肌肤就开始变色。限于当时的条件，“娘娘”遗体经法医鉴定后就火化了。

一般的介绍资料也就说到这里为止了。其实，火化过程还经历了一番曲折：遗体送到殡仪馆，工作人员按规定要求拿出死亡证明。可599年前去世的人哪来的死亡证明呢？结果殡仪馆不肯火化。无奈之下，文物管理部门工作人员只好赶到公安部门，说明情况，公安部门开了证明，终于解决了问题。

1980年，苏州博物馆曾展出金坛县（今金坛市）茅麓公社（今属薛埠镇）向阳大队南宋周瑀墓出土文物及古尸，不到两个月时间就吸引了28.25万人次参观，轰动一时。见此情景，有人感叹，要是当年张士诚母亲的遗体也保存下来进行展出，那该多好啊！

1938年杨荫榆遇难

在盘门的历史上，还应该记住一位名人，她的名字叫杨荫榆，钱钟书夫人杨绛的三姑妈。她1884年生于无锡，小名申官，出身书香门第，是家里的第六个孩子，1907年公费东渡日本留学，进入东京高等师范学校学习。毕业回国后，她受聘于江苏省立第二女子师范学校，担任教务主任，同时兼任生物解剖教师，1914年出任北京女子师范学监。1918年杨荫榆又赴美留学，进入哥伦比亚大学学习，获教育学硕士学位。1922年，回国后的杨荫榆一度在上海教书，不久被北洋政府教育部召至北京，于1924年2月被任命为国立北京女子师范大学校长，是中国第一位女性大学校长。

应该说，在管理学校方面，杨荫榆自有她的道理，但确实也存在一定的问题。她施行封建家长制的管理方式，限制学生思想和行动的自由，并排挤进步教师。鲁迅的《纪念刘和珍君》里，就点到了这一情况：

> 在四十余被害的青年之中，刘和珍君是我的学生。学生云者，我向来这样想，这样说，现在却觉得有些踌躇了，我应该对她奉献我的悲哀与尊敬。她不是"苟活到现在的我"的学生，是为了中国而死的中国的青年。
>
> 她的姓名第一次为我所见，是在去年夏初杨荫榆女士做女子师范大学校长，开除校中六个学生自治会职员的时候。其中的一个就是她……

1924年8月，鲁迅退回了北师大任教的聘书。1925年8月，北洋政府迫于社会舆论的压力，撤走进驻女师大的武装警察，并批准了杨荫榆的辞职报告，免去了她女师大校长的职务。

此后，杨荫榆先后任中央大学区立民众教育院讲师、东吴大学日文兼教育学教授，执教于苏州女师和省立苏州中学，并因此把家安到了苏州。

对于杨荫榆在苏州的住处，不少资料称为“盘门内新桥巷”，我多方考证后才发现，应为盘门内庙湾街1-4号（现已改造）。为何会混淆成新桥巷？可能与她20世纪30年代中期与人创办“二乐女子学术研究社”有关。这所女子补习学校一开始设在临顿路肖家巷志恒里，后来移往娄门内小新桥巷耦园。可能正因为盘门、娄门都有地名带着“新桥巷”三字，结果被人“冬瓜缠到茄门里”，搞混了。

抗战爆发后，日军侵占苏州，因为杨荫榆是个很有影响的人物，又会讲日语，日军就想让她出任伪职，遭到她的严词拒绝。面对侵华日军的暴行，杨荫榆还几次找日军军官提出抗议。许多中国妇女在日寇找“花姑娘”时，也常常躲到杨荫榆家。对追上来的日寇，杨荫榆常常用日语怒斥。

这些行为刺激了日本侵略军，杨荫榆也因此成为了日寇的眼中钉。1938年1月1日，两名日军以司令部传见为借口，把杨荫榆诱出家门，走到一座小桥上时，日军突然向杨荫榆开枪，并把她抛入桥下冰冷的河水中。当时杨荫榆在水中挣扎，日军又连开数枪，看到河水泛红才扬长而去。

杨荫榆就这样壮烈地死去，为她晚年的人生写下了光辉的一笔，我因此将她定性为“一个严格要求自己和别人的爱国女强人”。

三孔枣市桥变身蟠龙桥

2003年6月，吴门桥东面出现了一座三孔石拱桥，取名蟠龙桥，与盘门的名字相呼应。

这座桥脱胎于胥门外胥江上的枣市桥。枣市桥宽4.7米、长42.17米，虽然有三孔，但主要靠中孔通行，经常发生碰撞沉船事故，因此于1981年拆除，本来想移建到山塘河上，但没能实施。根据环古城风貌保护工程需要，东大街向南跨越外城河接通南门路，为此，有关部门决定

建设中的蟠龙桥

将枣市桥“移建”到吴门桥东侧，“担当”联结两岸的“重任”。

移建过程中，桥梁结构被同比例放大，三拱跨径分别变为9米、15米、9米，全长56.8米，面宽5米，底宽7米；原枣市桥的纤道、河埠头、龙口石、挑担石、桥楹联等富有古桥特色的成分，据说在新桥的建造中得到保留[有人透露，其实枣市桥上的石头还放在山塘河某处（为避免这些石头被盗，此处姑且写模糊些），建蟠龙桥用的是新石头]，桥顶千斤石上雕有“双龙戏珠”轮回图案，古朴典雅。

桥梁东、西两侧的墩、台楹柱上，布置了四对楹联。为弄清对联内容，我特意用长镜头拍了照，逐字输入，发现两对为七绝，一对是十一字联，一对是十二字联，纠正了社会上流传的“两对七绝、两对十一字联”的说法。

其中东侧的七绝是：

西来挂棹上黄浦，东去锦帆入太湖。

十一字联是：

瑞塔凌霄景物千秋留胜概，玉虹衔月水云一派赏吴风。

西侧的七绝为：

一棹好风泛碧波，三环明月连吴苑。

十二字联为：

宋桥添新俦同枕塔影联新诗，吴地重古韵特移江虹映古阙。

到蟠龙桥竣工为止，盘门周边已有十多座不同材质、不同形式、不同规模的桥梁，如吴门桥、吉水桥、水关桥、兴隆桥、裕棠桥等石拱桥、石板桥、钢筋混凝土桥。唯一不足的是，这些桥梁均为单孔。蟠龙桥的成功建造，增加了这里的桥梁数量，丰富了盘门周边的桥梁形式，所以我在报道时下了这样的结论：盘门外数百米范围成了名副其实的苏州天然“桥梁博物馆”。

【附】

《苏州市志》中的盘门

盘门 位于城西南。初名蟠门，门上曾刻有木头蟠龙，以示镇压越国。因其“水陆相半，沿洄屈曲”，故称盘门。现存的盘门是元代重建、经明清两代续修的遗物。清初修建门楼，题以“龙盘（应为蟠）水陆”额。此门水陆两门并列，包括两道陆门和两道水闸门。两道陆门间为“瓮城”。两道陆门外城门门洞宽3米，深7米；内城门门洞宽4米，深15米。城门中间有通天狭道，系放门闸之用。内外城门之间是20米见方的空地，将敌人诱进这里，门上便矢石俱下，予以歼灭。为了御敌，还在城门上设置雉堞、女墙、绞关漫道（即上城坡道，坡度为二十度）等。水城门有两重拱券，全用花岗石砌成，四根粗大的石柱撑住拦顶，石柱基础用石块砌筑。门洞内两只小船可平行而过。

盘门是现存典型而又完整的很有特色的古代水陆城门。1978年曾做过一次整修，1981年开始按此门原貌全面修复，1985年开始重建门楼。

（根据平面图，盘门为两道陆门、两道水门）

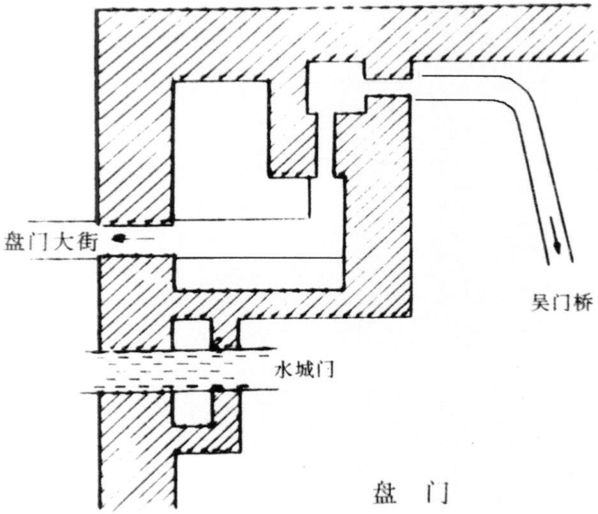

《苏州市志》盘门平面图

第五篇　蛇门迷踪（含赤门）

蛇门，这是一个对现代苏州人来说已经非常陌生的名字。而名字的本身，也让许多人特别是“半边天”们一听就浑身起鸡皮疙瘩。

但历史上，这里也曾是繁华之地，不知道曾有多少人从这里进出。有古籍记载，当年释放勾践时，夫差一直把勾践送到蛇门外。

关于蛇门的建造者，历史上出现了阖闾和春申君两个版本；蛇门的具体方位，也出现了东南和南面两个说法。奇特的名字和一系列悬疑，让蛇门更具传奇色彩。

而在蛇门内外，还有大量值得一提的风物与历史遗迹。

行驶中的游船右侧岸上即为抗战版蛇门遗址所在地

上：蛇门城门与城墙

由于缺少图片资料，历史上蛇门的城门城墙到底什么模样，怎样变迁，已经很难考证。围绕蛇门城门和城墙，却依然有不少话题。

始建者是阖闾还是春申君?

在盘门部分已经提到，根据东汉成书的《吴越春秋》《越绝书》和多种方志记载，蛇门是阖闾、伍子胥所建，象征越国臣服于吴国。但唐代成书的方志《吴地记》却提出："蛇门，南面，有陆无水，春申君造以御越军。"

相城区黄埭镇上的春申君塑像

对于这段文字，有人认为，可能是《吴地记》弄错了，因为春申君是战国末期人，当时越国已被楚国灭掉好几十年了，哪还有越军需要春申君去抵御?

其实并非没有这种可能。因为越国被楚国灭亡后，越王勾践的子孙就辗转迁移至南方海滨一带。到战国晚期，有个叫"无诸"的子孙占有了今福建一带及周边地区，自称闽越王。《吴地记》里的那段文字所说的

“越”，有可能就指“闽越”。春申君被杀17年后的公元前221年，秦朝统一天下，在闽地设闽中郡，无诸被降为君长，但闽越之地的实际控制权仍掌握在无诸手里。可见，春申君时期，防“越”还是很有必要的。

综合以上两种记载和分析，我的观点是：蛇门应该还是阖闾、伍子胥建造的。很可能是吴国被越国灭掉后，越国觉得这城门对越国不吉利，就把她封闭了；到春申君的时候，因为战备的需要，又重新开辟了蛇门，《吴地记》只是把重新开辟误以为新建了。

夫差在蛇门外放虎归山？

说蛇门是阖闾、伍子胥所建，还有《吴越春秋》的另一段文字佐证。

这段文字在《吴越春秋·勾践入臣外传第七》的最后部分：“于是遂赦越王归国，送于蛇门之外，群臣祖道。”祖道是古代为出行者祭祀路神和设宴送行的礼仪。上面这段话的意思是，于是（夫差）赦免了勾践，让他回自己国家，（夫差）把他送到蛇门外，吴国的大臣们为勾践饯行。

由此判断，春秋时期确实已有蛇门。既然如此，蛇门最早只能是阖闾、伍子胥所造。

只是，夫差为什么要从蛇门送走勾践？这还得从吴越两国交战说起。

这段故事已经被炒烂，这里不做展开，大体意思是：春秋末期，吴越两国因为领土之争等原因，发生了一系列战争。公元前496年，吴王阖闾率军攻越，结果负伤而死，夫差继位为王。两年后，越国派水军攻吴，越军战败，主力被歼。吴军乘胜追击，占领越国都城会稽（今浙江绍兴）。越王勾践率余部5000人被围在会稽山上，无路可走，只好乞求投降。夫差被胜利冲昏了头脑，忘记了杀父之仇，再加上接受了贿赂的伯嚭帮越国说好话，夫差就接受了勾践投降，只是要求勾践到吴国作为人质。勾践夫妇到吴国后，为夫差驾车养马，甚至还舔舐夫差粪便来判断夫差的身体状况，赢得了信任，三年后获释回国。于是就有了夫差送他到蛇门外的一幕。

在评弹艺人嘴里，勾践真的尝了夫差的粪便。但苏州民间文艺家潘君明从他父亲那里听到的故事却是，勾践其实是用一个指头蘸夫差的粪便，然后舔了另一个指头，再胡诌夫差身体即将好转，足以证明勾践的狡猾。

这个民间故事很可能是真实的。碰到这样老谋深算的对手，夫差怎能不失败？

回到主题。照我看，之所以夫差把勾践送到蛇门外，一方面是因为，越国在吴国的南面，出蛇门回去比较方便；另一方面，很可能夫差想让勾践牢记臣服于吴国这一点，而蛇门上方悬挂的木蛇，最能表达这层意思。

没想到，这一送竟是放虎归山。勾践回到越国后卧薪尝胆，奋发图强。在谋臣文种、范蠡的辅佐下，制定了十年生聚、十年教训的长期战略：内政上实行发展生产、奖励生育及尊重人才等政策；军事上加强训练，严格纪律，提高战斗力；对吴国表面上忠诚无比，还献上西施等美女，让夫差放松对越国的戒备。经过一系列准备，越国翅膀硬了，就开始向吴国进攻。公元前473年，越国攻破吴国都城，夫差被擒自杀，吴国就此灭亡。

在我国民间，野蛇一直被认为是不祥之物。夫差在蛇门外放虎归山，最终果然自尝苦果。

不过，《吴越春秋》带有小说成分，里面的记载未必完全真实，夫差放走勾践的时候有没有送行？如果送行，是否从蛇门出去？这些问题都还有待进一步考证。

【附】

《吴越春秋·勾践入臣外传第七》

越王勾践五年

于是遂赦越王归国，送于蛇门之外，群臣祖道。吴王曰：“寡人赦君使其返国，必念终始。王其勉之。”越王稽首曰：“今大王哀臣孤穷，使得生全还国，与种蠡之徒愿死于毂下。上天苍苍，臣不敢负。”吴王曰：“于乎！吾闻君子一言不再。今已行矣，王勉之。”越王再拜跪伏，吴王乃引越王登车，范蠡执御，遂去。至三津之上，仰天叹曰：“嗟乎！孤之屯厄，谁念复生渡此津也？”谓范蠡曰：“今三月甲辰，时加日昳，孤蒙上天之命，还归故乡，得无后患乎？”范蠡曰：“大王勿疑，直视道行。越将有福，吴当有忧。”至浙江之上，望见大越山川重秀，天地再清。王与夫人叹曰：“吾已绝望，永辞万民，岂料再还，重复乡国。”言竟掩面，涕泣阑干。此时万姓咸欢，群臣毕贺。

到底是南门还是东南门?

蛇门的位置，也是一个谜团。

如果蛇门是因为越国地处巳位，也就是南偏东方位而开辟的，那么，蛇门应该在苏州的南偏东方向，算下来应该在今天南园桥一带的沿河地带。

不过，根据《越绝书》的记载，蛇门似乎和平门在一条直线上：

> 邑中径从阊门到娄门，九里七十二步，陆道广二十三步；平门到蛇门，十里七十五步，陆道广三十三步，水道广二十八步。

结合民国时期平门的位置，再加上上面提到的《吴地记》说“蛇门，南面”，似乎证明蛇门应该就在正南方向，也就是今天的人民桥位置。

明朝洪武年间卢熊编撰的《苏州府志》，却认为蛇门是东南门，赤门才是正南门。也就是说，蛇门应在苏州城的东南角、赤门的东面，这跟传统观点正好相反。

如果蛇门还保存着，那弄清具体方位很好办。可惜，这座城门早就废弃了。《越绝书·吴地传》记载蛇门有水门，但唐代的《吴地记》却说蛇门“有陆无水”，证明最晚到唐朝，蛇门的水门就已经没有了。南宋的《吴郡志》则说“门已废，不可考尔”，可见，那时候蛇门已经连陆门都废了。专家分析，蛇门可能也毁于金兵南侵，那场战火让苏州城几乎成为废墟，居民大量被杀或逃走，过后当然就没人弄得清蛇门的具体位置了。

在1229年绘制并镌刻的《平江图》上，也找不到蛇门的任何信息。据说，之前也曾有人重开过古蛇门，比如苏州郡守中最有政绩者之一的范仲淹。南宋时，也有多人建议重开蛇门，如乾道（1165—1173）初的直秘阁沈度，淳熙二年（1175）的修撰韩彦古，“皆欲开辟之，不果”。

关于韩彦古想辟蛇门而未成的原因，《吴郡志》记载说是韩因职务调动离开苏州，才没有动工。该书中，韩彦古的职务并非“修撰”，而为“郡守”。原文如下：

> 乾道甲申冬，直秘阁沈度守郡，与舜申旧同僚，知其说，心善之。明年春，邦人以为请，度即命官吏行视其处，将以十二月乙丑启蛇门。部置已定，会属邑，辄呼带郭民户悉具畚锸克期赴役号召，隐然有异意者，以为扰民，度避谤乃止。淳熙乙未春，秘阁修撰韩彦古起复为守。其秋，邦人申前请，彦古欣然从之，卜以九月十二日庚寅差役，八月彦古罢。是时舜申年八十五矣，慨然惋惜，谓天时人事难合如此。

讲述胥门时提到的徽州人胡舜申，认为蛇门水是“贪狼之水”（贪狼就是天狼星，阴阳先生认为主管文笔官职），因此在建议重开胥门的同时，也建议重开蛇门，可这一建议同样没得到批准。

不过，蛇门开设前，苏州文笔不兴旺；倒是蛇门封闭后，苏州文运畅通、文官辈出。可见风水之说也只能作为谈资而已。

说了半天，这蛇门的位置到底在哪里似乎还是没讲清。别急，根据行文需要，这里暂且卖个关子，答案请到本篇的《孙坚、孙策坟何时遭破坏》里去找。

中华人民共和国成立初挖出的“蛇门”碑哪去了？

也巧，中华人民共和国成立初，人民桥北侧城墙位置挖出了一块刻有“蛇门”字样的碑刻。

苏州文史专家钱正是挖出这块碑刻的见证人之一。那是1952年9月，苏州承办苏南区第三次城乡物资交流会。为此，苏州事先排出了三条迎接措施：一是开辟公共汽车，方便交通；二是平整三元坊以南直到城墙边的农田，然后搭设简易棚作为会场；三是挖开南面的城墙，建造人民桥，目的同样是方便交通。

当时钱正作为公安系统的代表参加了筹备会。不久，他去现场踏看，结果看到，人民桥北侧的城墙已经被挖开，口子宽度大约在二三十米，拆下来的砖石被临时堆放在路边的泥堆上，其中一块长约1.3米、宽约40厘米的花岗石上，竖刻着“蛇门”两个楷体大字。钱正清楚地记得，这两个大字是雕凿起来很费工夫的阳文。

事后这块碑刻就不见了踪影。2002年钱正在撰写的文章里提到了这一情况，发表后得到一位叫“吉利”的读者的回应。吉利说，她原在市第二十五中学工作，学校里有一位姓李的同事，家住南门一个叫“大河北”的地方。20世纪80年代初期，她曾因工作关系到过这位同事家，就在他家客堂间，见到了放置在墙脚边的这块碑刻。一开始她并没有引起太多注意。80年代末，她和刚从文化局退下来的老伴邱协耕讲起此事，老伴认为这是一件文物，应该交文物部门保护，要她陪着到现场去看一下。可惜等他们到李家时，李说，这块石头已于一年多前被人取走了。但取走此石的人是谁，在什么单位工作，李却回答他记不清了。

吉利认为，取走这块碑刻的人肯定知道它有历史文物价值。她估计，这块碑现在应该还在此人手中，希望此人能从大局出发，将此石献给文物部门保管，做一件有益于苏州历史文物保护的事。然而，此事后来并没有下文。

“蛇门”碑到底哪里去了？钱正觉得，只有这块碑刻重见天日，才能更好地揭开蛇门之谜！于是我在报上发表的文章里提到了这一情况。

2011年10月，时年77岁的李金根联系上了我，称他就是吉利所说的李姓同事，原先在市二十五中总务科工作，以前自己确实看见过“蛇门”碑。不过他说，他只是看到而已，那块碑并没有被他家收藏。

原来，李金根的老家在南园桥东北面、城墙外侧，当时属娄葑乡青旸村9组。青旸村和北面的南园村不是以护城河为分界线，而是以城墙为分界线的。小时候李金根在苏纶小学读书，从家里到学校必须路过蛇门原址，所以看到了刻有“蛇门”字样的碑刻。

那块碑刻竖着镶嵌在人民桥东面约500米处的城墙上，也就是今天东一路1号小区传达室东面一点的地方，面向护城河，离地面的高度大约有3米多；拆除的时间应该是1958年大炼钢铁、大毁城墙的时候。不过，当时李金根已参军去了，所以不知道这块碑的下落。

至于吉利说在李金根家看到此碑，李金根认为，可能是他当时曾跟吉利说起蛇门的情况，让吉利误记了。李金根说，他家的那块碑是岳父家坟上的，上面写的是“钟氏”字样，动迁时没有拿走，现在也不知下落了。

“蛇门”碑是一块还是两块？

继李金根老人指认“蛇门”碑刻位置之后，市民戴学文又拿出了蛇门方位示意图。在这张示意图上，蛇门就在相王坟北侧，也就是今天人民桥东北堍、紧靠人民桥的位置。这一说法，和钱正回忆的情况倒不谋而合。

在这张示意图上可以看到，最下面画着两条线，线里写着“大运河”字样；上面一点写着“相王坟石碑”五个字；再上面一点画着鱼鳞一样的图纹，中间竖写着“蛇门”两字。纸张的右下角写着“2001.7草图”，证明是2001年7月绘制的。

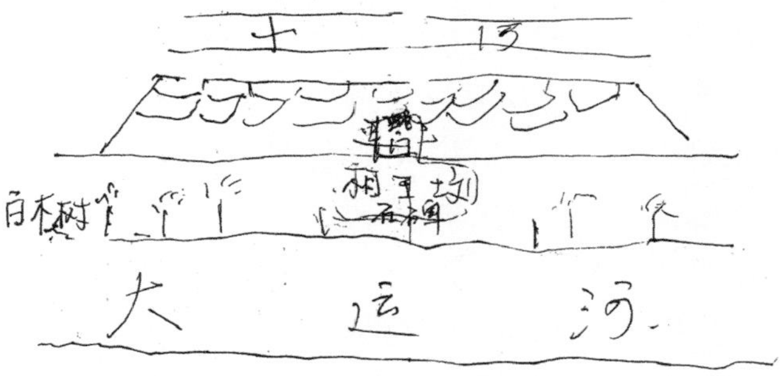

戴学文提供的蛇门方位示意图

戴学文介绍，这张示意图是一位人称“毛阿爹”的人画的。这位毛阿爹年纪要80开外了，原先也住在大河北，跟李金根是一个村的，对蛇门一带情况十分熟悉。大河北拆迁后，毛阿爹搬到了人民桥东南堍的永安里，成了他的邻居。后来他去四川工作，20多年前才回到苏州，所以对苏州城墙的情况了解得不多。2001年7月，他想写点回忆文章，就去向毛阿爹请教，于是毛阿爹画了这张图，并告诉他，相王坟就在人民桥北堍东侧，紧挨人民桥；“蛇门”碑刻嵌在城墙上方的砖头里。

不过，永安里很快也拆迁了。因为戴学文既不知道毛阿爹的大名，又不知道他的新住处，所以我无法和毛阿爹联系，以便进一步核实情况。

时年70高龄的读者王传华也打来电话，说“蛇门”碑刻应该在人民桥东面约500米处的城墙上，并拿出了两个传说作为证据。

王传华说，他小时候家住盘门，经过南门路孙坚、孙策坟一带时，经常看到河对岸城墙上的这块碑刻。虽然因为距离远，看不清上面写了什么字，但大人们告诉他，那块碑上写的是“蛇门”两字，还跟他讲述了两个传说。

一个传说是，孙坚、孙策的墓不知怎么一年比一年高，一旦高过城墙，苏州城就会被洪水淹没。无奈之下，苏州人在对准孙坚、孙策墓的城墙上做了这块碑，来镇住墓的地气，不让它继续长高。

另一个传说是，孙坚、孙策坟上有一条大蛇，身子很长，有时候会爬到护城河里喝水，看上去很吓人，蛇门的得名可能和这条大蛇有关。

传说当然不足为据，但两个传说都把“蛇门”碑刻的方位跟孙坚、孙策坟联系在了一起，说明两者的关系应该很密切。明代《姑苏志》也有蛇门与孙坚、孙策墓关系的记载（详见本篇下）。而1981年3月发掘清理的孙坚、孙策坟，就在今天的内马路北段西侧。如果情况确实这样，那么，河对岸城墙上的“蛇门”碑刻，应该在人民桥北堍东侧约500米处。

钱正对此认为，有可能“蛇门”碑原先有两块，其中一块面向护城河，另一块面向城内，他看到的碑跟李金根所说的碑不是同一块。

抗战时期曾想重开蛇门?

蛇门位置到底在人民桥东北堍还是北堍东侧500米处？正当我无法决断时，苏州市地学会秘书长朱剑刚发来1940年出版的《吴县城厢图》照片，给出了蛇门的具体方位。

从这张地图看，蛇门确实标在今天人民桥北堍东面较远处，不过城墙上的豁口并不明显。蛇门南面护城河上画有虚线，看上去像是个渡口，再南面是日本租界的一条南北向道路——“四条通”。日本租界共有七条南北向通道，“四条通”恰好居中。蛇门北面的蛇门路则呈曲尺形，其中南段大致在今天的养蚕里一村一带，西段大致在今天的竹辉路西段一带。

朱剑刚介绍，这张地图是中华人民共和国成立前标得最精确的苏州城区地图，因此，蛇门的位置应该是可靠的。不过这位专家认为，这个位置对着日租界的中间，因此很可能是日本人为方便自己进出苏州城而专门修建的，属于抗战版蛇门位置。至于历史上的蛇门到底在哪里，因为南宋的《平江图》和其他地图都没有标，看样子还要做进一步研究。

另一个问题是，照地图看，抗战时期蛇门应当曾经开辟过。但“蛇

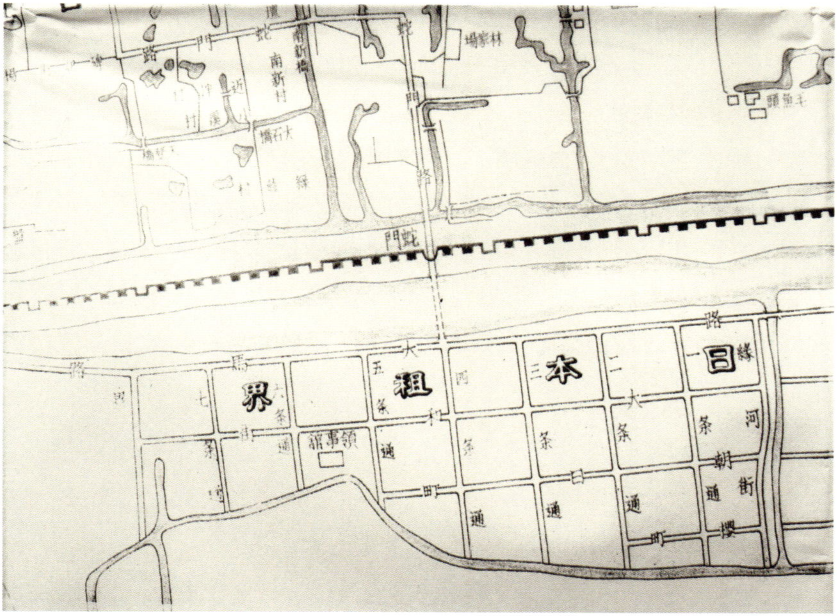

1940年《吴县城厢图》上的蛇门、蛇门路

门”碑刻见证人之一的李金根却坚持，他小时候并没有看见过蛇门城门。摆渡倒是有的，那是一个住在租界里的日本人，在护城河北岸开辟了一块地种西红柿，所以会乘着皮划艇摆渡过来干活。

我又采访了时年（2011年）94岁高龄的尢玉淇等文化人，他们也说不清抗战时期蛇门到底有没有开。尢玉淇说，因为蛇门外是日本人的租界，所以普通市民很少经过那里，自然就不清楚了。

除朱剑刚外，时年63岁的李金元提供了抗战时期国民政府设想开蛇门、造蛇门桥的线索。他说，父亲是民国时期吴县建设局的晒图人员，他小时候家里还藏着一大箱图纸，其中有蛇门桥的效果图，还有一些看不懂的施工图。因为当时他家就住在南园，所以他对蛇门桥效果图印象特别深，可惜这些图纸到“文革”期间被他父亲自己烧掉了。事后他才知道，大概在1935年前后，国民政府曾想开辟蛇门、建造蛇门桥，因此设计了那些图纸，没想到不久就爆发了全面抗战，原先的计划就搁浅了，图纸则藏在了他家。在李金元的印象中，国民政府准备建造的蛇门桥，位置也在今天的养蚕里一村南面，和1940年地图上的说法一致。

据1987年编撰但未正式出版的《沧浪区志》记载，蛇门城额在1942年现过一次身。日寇占领苏州时，因城市的正南面没有桥梁，想在租界上的孙坚、孙策坟对河处搭桥通行。在拆除城南的城墙时，曾挖到过一块刻有“蛇门”字样的石碑。日本的文化背景原本就源于华夏，挖到这碑后日本人认为是不祥之兆，就打消了建桥梁的念头；还把已经拆掉的城墙重新修好，只在那里开了一个小城门，并把蛇门城额放置在城门门楣上。

下：蛇门风物与历史遗迹

别看蛇门似乎不太起眼，但在蛇门内外，也有着众多的风物和历史遗迹。

相王庙和相王坟

关于相王和相王庙，在第一篇中已有涉及，有人说相王是伍子胥；也有说相王姓桑名湛璧，又叫桑荣，相传是伍子胥手下的一员大将，因城墙屡建不成而投水身亡；第三种说法是指赤阑将军，本名黑莫郝，奉命筑城，因延误工期被处死。

相王坟的位置倒没什么争议，就在人民桥东北堍东侧。但相王坟和相王庙为何不在一条直线上，让人心生疑窦。可惜坟已不在，挖掉的时候有没有挖出什么，也无从考证。扑朔迷离的相王之谜，从此沉于历史深渊。

孙坚、孙策坟何时遭破坏?

与盘门外一样，蛇门外也曾有众多墓葬，其中最著名的要数孙坚、孙策坟。

这个坟又被称为“孙王坟”，一般认为是孙权父亲孙坚、母亲吴夫人、哥哥孙策的合葬墓。该墓东西长50米、南北宽60米、高5米，为椭圆形土墩，曾立有民国10年（1921）吴中保墓会会长吴荫培题写的墓碑，上面写有“汉破虏将军孙坚、吴夫人、子讨逆将军孙策墓”，1963年被列

孙坚、孙策墓

为苏州市文物保护单位。

1981年3月因建设需要，经申报同意，由苏州博物馆对该墓地发掘清理，共发现东汉晚期墓3座、南朝墓2座，均为砖室墓。其中一座东汉墓较大，墓室前原有甬道，石门楣上刻青龙、白虎、羽人图案，随葬品中有较为少见的釉陶五联罐等。西侧一南朝墓将东汉大墓后室墓壁打破大半，说明孙坚、孙策墓早在南朝时期就已遭破坏。

我查阅了不少志书，发现明代《姑苏志》的记载与考古发掘相互印证。

《姑苏志》孙王墓相关记载：

孙王墓在盘门外，晋张悛代吴令，谢询求《为诸孙置守冢人表》……国朝卢熊《孙王墓辩》：古汉豫州刺史孙坚、坚妻吴夫人及其子会稽太守策三墓，并在盘门外三里，即今齐升院东南，面势据古蛇门，正与府治相向。《祥符图经》云：孙坚墩方，俗称为孙王墓。按《吴书》，坚死于初平二年（191），年三十七；策死于建安五年（200），年二十六；吴氏死于建安七年（202），合葬坚墓。黄龙元年，权追尊坚为武烈皇帝，庙曰始祖，墓曰高陵；吴氏为武烈皇后；策为长沙桓王。太元元年（376）八月，朔风拔高陵松柏，石碑蹉动。

《晋阳秋》云：惠帝元康中，吴令河东谢询表为孙氏二君置守冢五人，修护扫除，有诏从之，其文张悛所作，今载《文选》。

陆广微亦云：盘门东北二里有吴武烈皇帝并长沙桓王等三墓。前志云，宋政和六年（1116）村民发墓，其砖侧皆有“万岁永藏”四字，得金玉奇器甚多，有东西银椁，初若穊花，良久化为腐土，并金搔头十数枚，金握臂二，悉皆如新……

洪氏《三庚志》云：盘门外大冢，绍兴二年（1132）秋雨隤圮，牧童入其间，得铜器数种，持卖于市，乡人往视，圮处盖其隧道，有石刻隶书云：大吴长沙桓王之墓，赤乌三年（240）。凡十二字。知府沈揆亟命掩塞，仍立石表其所，縢宬为记……

由此可见，孙坚、孙策墓历史上曾多次遭破坏。

顺便说一下，这段话提到孙坚、孙策墓在蛇门—府治（即今苏州公园一带）一条线上，据此似乎就可锁定蛇门的位置了。但我觉得，这锁定的还是明代以来或南宋以来的蛇门位置，至于春秋时期的蛇门位置到底在哪里，情况还很难说。当然，这座门的位置不在觅渡桥北面是肯定的。

南园与南园村

蛇门内有一个地名也值得一提，叫南园。

最早的时候，南园是一个私家园林。那是五代时期，苏州属于吴越国，国王钱氏家族三代治理苏州80余年，这期间兴建了大量的府宅、园林，其中就包括南园。

这个南园具体位置在今天的苏州文庙一带，从诗人罗隐的诗中可以看出，这个园林以广袤、空旷和多野趣为特色。《祥符图经》也记载，南园中有“安宁厅”、“思远堂”和“清风”、“绿波”、“近仙”三阁，“清涟”、“涌泉”、“清暑”、“碧云”、“流杯”、“沿波”、“惹云”、“白云”八亭。此外还有“龟首亭”、“旋螺亭”、茅亭、茶酒库、易衣院等景物。园在北宋初逐渐荒芜，后来地块大半改为他用。苏州文庙就是范仲淹以南园旧地的一部分创立的。

后来所称的南园，与作为私家园林的南园相邻，是苏州古城区南部的一大片农田。这一区域东、南、西都到城墙为止，北面大致到今天的竹辉路—新市路一带。相传这一区域原先大多是建筑，南宋初年金兵入侵时化为废墟。元朝末年张士诚割据苏州，朱元璋派兵围攻，苏州城内缺少粮食蔬菜，张士诚就下令军民把南园开垦为农田，满足吃饭吃菜需求。

结果是，苏州城里有吃有用，朱元璋的军队足足围了10个月才攻下来。据说就是这个原因，让朱元璋对苏州人恨之入骨，认为苏州人死心塌地帮张士诚，所以后来就对苏州人征以很重的赋税。正德、嘉靖时上海人陆深对明初全国和苏松税粮做过一个计算，发现全国一年征收税米二千九百四十三万余石，其中浙江全省二百七十五万二千余石，苏州府二百八十万九千余石，比浙江全省还多，是天下最重的地方。

不过，南园作为农田就此保留了下来。明清时期，到南园看菜花曾是苏州城里一道风景。

南园看菜花

（清）陈笠生

满地黄花锦织成，百番时高哶新晴。
路于绛雪堆中见，人向春风暖处行。
四面穿渠通略约，十绳分罫（guǎi，方的网眼）错棋枰。
携饼挈榼（kē，古代盛酒的器具）知多少，醵饮偏余话旧情。

（范广宪《吴门园墅文献》）

南　园

（清）朱惠元

隐居城市若乡村，钱氏南园旧址存。
鸡犬桑田随处有，何须世外觅桃源。

南园旧址在葑盘二门之间，其地半村半郭，风景绝佳。

（范广宪《吴门园墅文献》）

20世纪80年代初南园仍可见大片农田

城墙内有农村，也算苏州的一道独特风景吧！

中华人民共和国成立后，这里成立南园村（大队），属郊区娄葑乡（公社）管辖。20世纪80年代起，这里的农田陆续被征用，建造新村、商场等建筑，如今已看不到农田了。

两大租界与九条弄

在蛇门的南面曾有两个租界：一个是居西的日本租界，这是近代中国五个在华日租界之一（其余四个是天津日租界、汉口日租界、重庆日租界和杭州日租界）；另一个是居东的公共租界。按照洋人哈尔定所绘地图丈量划分，日本租界面积共483亩8分7厘6毫，公共租界面积共432亩8分3厘2毫。

之所以设立日租界，还得从1894年爆发的甲午战争说起。在这场战争中，中国吃了败仗。1895年4月17日（清朝光绪二十一年三月二十三日），清政府与日本政府签订了《马关条约》，这一丧权辱国的条约除规

青旸地日本租界旧影

定清政府赔偿大量银两外，还规定开放苏州等城市为日本的通商口岸，允许日本人在通商口岸设立领事馆和工厂，输入各种机器。

此后，日本驻上海总领事官珍田舍己来到苏州，声称奉日本内阁指示，要繁华的阊门地区作为日本租界区。清政府则希望，把租界放在尹山湖边，今吴中区郭巷街道集镇一带。双方僵持不下，后经晚清外交家、“日本通”黄遵宪周旋，双方最终决定，把日本租界选在盘门外青旸地。当时盘门就已经比较荒凉，青旸地离盘门又有一段路，而且有许多乱坟岗，算得上是个偏僻地方。不过，对人口远不如中国多的日本和西方国家而言，这地方已经不算冷落了。

具体的设立依据，是1897年3月5日中日签订的《苏州日租界章程》。章程共14条，主要内容包括：

①中国允将苏州盘门外相王庙对岸青旸地，西自商务公司界起，东至水绿泾岸边止，北自沿河十丈官路外起，南至采莲泾岸边止，作为日本租界；

②界内道路、桥梁以及巡捕之权，由日本领事官管理，其道路、桥梁由日本领事官设法造修；

③界内地价，每亩议定租价洋银一百六十元，自盖印之日起，十年内不得涨价；

④界内地税，每亩每年应完纳税钱四千文，但从盖印之日起，十年内每年每亩只能完纳税钱三千文；

⑤凡租契以三十年为限。满限后准其换契续租，以后永照三十年一换契之例。

租界于1896年9月26日（清光绪二十二年八月二十五日）正式开埠。开设之初，界内商业不发达，建筑稀少。当局为了促进租界内的繁荣，1903年修建了一条贯穿东西的大道和七条南北的小道，并在两旁种植杨树和樱花树。此后，有些日商在界内开设了商店、旅馆等。

不过，中国人并不愿到日本租界进行商业活动（一作不允许中国人去日本租界经商）。租界内的建筑物也仅有面向洋务局的一排房屋及面向大运河的一片住宅公寓，共20余栋。居住在日租界内的日本侨民，据说最多也只有100多人。可以说，苏州日租界自始至终都没有真正发展和繁荣起来。

1943年，日本将租界交给汪伪政府管理；1945年日本战败，租界被收回，苏州日租界的历史彻底结束。

如今，苏州革命博物馆还收藏有苏州日本租界界碑和地图。其中界碑长170厘米，宽36厘米，厚13厘米，正反面都刻有“日本租界”字样，侧面分别刻有“大清光绪二十三年四月上浣”和“苏州洋务局立”字样；地图长67厘米，宽45厘米，标注内容清晰。

青旸地日本租界界碑

这两件物品原先

保存在苏州博物馆。2009年6月，经江苏省文物局批准，统一调拨到苏州革命博物馆收藏。

至于公共租界（又称公共通商场），是因为欧洲各国有个最惠国条款，所有与中国签订条约的国家，都自动获得原本只许给日本的权利。但可能是因为距离太远，当时的交通方式又不发达，欧洲各国对苏州不太感兴趣。在青旸地的公共租界里，德国人没来，英国曾来了一名领事，但在1900年被召回，第二年干脆就关闭了领事馆。德国、英国是欧洲的大佬，他们都不起劲，其余国家自然就更不积极，所以这个公共租界最后也没能兴旺起来。

苏纶厂亮起苏州第一缕灯光

在签订《马关条约》的同时，洋务运动代表人物张之洞致电总理衙门，要求马上投资建设现代化的丝织工厂，强固苏州经济，以利于跟在苏日本工厂竞争。光绪皇帝批准了张之洞的想法。张之洞立即动用苏州商家为甲午战争筹集的军费，共计60万两，加上地方财政的23万两，成立了苏州商务局苏经、苏纶股份有限公司。

两家工厂的地点，都选在了日租界西侧。有人认为，这可能是苏州将当时的开发区设在了那里。但我觉得，这更可能是想跟日本租界“别别苗头”（苏州方言，暗中争风头的意思）。

建设时，工地发现了一个夏姓人家的墓，出土的墓志铭记载，夏氏的两个儿子恰好也叫经、纶，与两公司的名字巧合。

两家公司是苏州最早的近代民族工业企业。其中，苏纶厂更受关注。这家公司引进了世界纺织大国英国道勃生公司1896年生产的全套纺纱机器，这在当时是全世界最先进的。苏纶厂也是当时中国为数不多的机器纺织企业，创办之时即有2200多名工人，与南通大生纱厂、无锡勤业纱厂一起，被称为“中国纱业之先进，亦新工业之前导”。公司筹建者、第一任经理是苏州最后一位状元陆润庠。

作为苏州最早的机器纺织企业，苏纶纱厂亮起了苏州第一缕灯光。很长一段时间里，这里一直是苏州南门地区的一个标志。苏纶厂沉浮商海100多年，到2004年停产，让人不胜唏嘘。但这里保留了苏州近现代工业发展的痕迹、脉络，因此成为苏州工业发展一个不可多得的“样本”。

苏纶厂雕塑、水池

停产后我曾进入苏纶厂，还拍下了入口处的水池、雕塑、发电车间房子等照片。

2007年7月26日，浙江一家房地产企业以16.1亿拍下苏纶地块。经过几年的建设，这里已成为一个融居住、商业、休闲等功能于一体的大型城市综合体。

苏经丝厂位于苏纶厂西侧，产品曾在1915年的“巴拿马赛会”上获一等奖。可惜后来因经营亏损，于1929年停闭。1957年12月，政府将原苏州纱厂全部厂房基地调拨给了苏州针织内衣厂（1979年改名为苏州针织厂，2003年11月退出历史舞台）使用。

苏州洋关到底是啥玩意？

觅渡桥西南堍有个苏州洋关，这又是个什么“东东”？

苏州原先有“六门三关五鼓楼”的说法，其中三关指青龙关（一般认为即浒墅关，在浒关镇）、铁铃关（在枫桥堍）、白虎关（在枫桥路白

苏州洋关西式别墅（有烟囱者）和办公楼（左上方两层楼）

莲桥堍）。洋关和这“三关”有什么不同？

其实，“三关”是明代设置的防御倭寇入侵的三座设施，而洋关相当于今天的海关，正式名字叫“苏州关税务司署”，成立于清光绪二十二年（1896）八月，是国内较早的近代海关设施。

苏州洋关管辖范围南到嘉兴，北至丹阳，东到昆山，设税务司总领其事，分内外两班办理报关、纳税及查禁走私业务。首任苏州关监督（也就是海关关长）是钦命二品衔、江苏督粮道、杭州人陆元鼎，清政府同时任命英国人孟国美（P.H.S.Montgonmery）为首任苏州关税务司（关税掌门人）。

关于洋关，百度上的资料说：

> 现存三栋西式别墅式建筑，建筑南向，均为红瓦尖顶，红砖外墙。占地2436平方米，总建筑面积1774平方米，东为二层楼，平面近凹字形，西为三层，中为平房。建筑内设壁炉，屋顶烟囱高耸，东西两楼南北立面变化丰富，为较有代表性的英国风格的近代建筑，相传曾为当时税务司署高级公寓。

到现场看看可以发现，三栋别墅式建筑东面那栋是两层楼，屋顶耸着五个烟囱，看样子是分割成五套的；中间一栋是平房；西面那栋其实应该算两层带阁楼，屋顶共有三个烟囱。

在三栋别墅的西北面，还有一栋办公楼式建筑，从东西两面看被立柱分成七跨，南北两面看则被分成八跨。

市城投公司工作人员的说法跟百度资料有所不同：三栋别墅是公共租界英法领事馆的帮办楼，可能是供帮办们居住、使用的，中华人民共和国成立后曾被中国外运江苏集团公司苏州公司作为民居。2009年经维修，交苏州团市委管理使用，成为苏州市青少年活动中心的一部分。

而办公楼式建筑才是洋关，不过是复建的，跟帮办楼是两家单位。本来洋关在觅渡桥西南堍，大约在“文革”时期已毁灭。后来市城投公司得知，当年杭州洋关和苏州洋关的办公楼是一模一样的，而杭州洋关的图纸还保存在杭州的档案馆里，就去复印了过来，2009年进行了复建。

2004年，以三栋别墅为主体的建筑，被冠以“苏州关税务司署旧址”的名称，列为苏州市控制保护建筑，2009年被列为苏州市文物保护单位，2011年11月又升格为省级文保单位。如今，“苏州关税务司署旧址”文保标志碑竖在了办公楼式建筑的西侧。

苏州首条现代马路十苏王公路

伴随着租界的开辟，苏州出现了第一条现代马路。

这条马路与护城河相伴相依，原先是中国官府建造的简易道路，兼作大运河的纤道。日本租界的划定、洋关的设立和近代工业的创建，对陆路交通提出了要求，为此，这里建设了马路。

日本人一开始想把路基划进租界，这样他们就不但得陆路交通之便，还可以尽享水路交通之利。但中国人坚持租界北界为“自沿河十丈官路外起”，最终粉碎了日本人的阴谋。

后来，这条马路还成为十苏王公路（即从长江边的十一圩经苏州到嘉兴王江泾的公路）的一部分。

奇怪的是，中华人民共和国成立后出版的《苏州市志》《沧浪区志》等志书，对这条马路都没有做详细交代，甚至连始建时间都语焉不详。为此，我多方寻找资料，终于在归纳整理陆允昌所编的《苏州洋关史料（1896—1945）》的基础上大致弄清了相关情况。

据《苏州洋关史料》记载，孟国美清光绪二十三年（1897）正月二十四日呈报的《光绪二十二年苏州口华洋贸易情形论略》说，中国“地方官于沿河造马路一条，长与租界等，马车及东洋车均已开行”。

1898年的“苏州关”第二任税务司客纳格（C.C.Clarke）呈报的报告里说道：“沿河马路现已造至胥门。”1899年的报告里说道：“沿河马路，则已造到阊门矣。”

可见，这条马路是1896年或稍早时开建的，从青旸地租界段开始，陆续向胥门、阊门方向延伸，1899年前已造到阊门。

这条马路在十苏王公路的总帽子下，还有一些小名称，如青旸地、大马路（南段）等。1980年青旸地、大马路（南段）合并，定名为南门路。

2002年，环古城风貌保护工程在这里率先启动，改造后的南门路成为双向六条机动车道，路面平坦、风景秀美的景观道，城市快速路。

这里还是苏州第一条非机动车道统一设在道路同一侧（路南侧）的道路。但由于许多非机动车主不懂交通标记或没注意，由东向西前进时仍然靠右（即在道路最北侧）行驶，结果开到了快车道上，与快速行驶的机动车穿插在一起，弄得险象环生。我粗略统计过，这样的非机动车主大约要占总量的五分之一。要改变这一现象，除增加交通标记外，如何让公众全部接受交通法规学习、考试，是亟待研究的课题。

经过城南的铁路为啥改道了？

鲜为人知的是，当时蛇门外曾有建设铁路的动议。

1911年成书的英文版《姑苏景志》里，刊登了一张清末的《姑苏城图》。地图上，苏州城南、城北都有一条铁路。

其中，城南的铁路从青旸租界南侧经过，向东到运河边后，在河道西侧折向南面，朝杭州方向而去；向西在盘门外折向西北。在盘门南侧设有“铁路码头”，按配套标注的英文看，这个“码头”就是“车站”的意思。文字显示，这条铁路的名称叫“苏杭铁路”。

城北的铁路一头朝上海，另一头朝南京。线路旁的文字表明，这条铁路叫“上海苏州南京铁路”，与后来的沪宁铁路是一回事，只是线位略有不同。

城南城北的这两条铁路，在阊门和留园之间交汇，交汇的地方设有“铁路总码头”。

而苏州民间流传着这样一个说法：100多年前清政府开始谋划兴建沪宁铁路，于是日本人企图让沪宁铁路绕道苏州城南，从租界旁经过，并在租界附近设置车站，从而让租界兴旺起来。然而，全国上下特别是苏州百姓一致反对，最后迫使当局改变了主意，让沪宁铁路从苏州城北经过，结果日本人的如意算盘落了空。

对于这张地图，我专门请教了苏州文史专家徐刚毅。他认为，尽管这张图不一定是官方的，但至少表明，当时确实流传着苏州城南要通铁路这一说法，反映了苏州开埠后对现代交通的迫切要求。

而《胡雪岩与南浔丝商十二家族》一文披露，有一个叫周庆云的人，1905年曾投资兴建苏杭铁路，反对向英借款，出卖路权。由此证明，历史上确实有建设苏杭铁路的打算。

《姑苏城图》上所标的苏杭铁路后来没有变成现实，但到20世纪30年代，当局还是建造了一条苏嘉铁路（1945年被日寇拆毁），再借助沪杭铁路嘉兴—杭州段，把苏州—杭州紧紧联系在了一起。因此，这条苏嘉铁路其实就是苏杭铁路的一部分，但它的线位绕开了青旸租界，而从苏州城东、运河东侧经过，这样的线位让日本人的阴谋彻底破产。

这里顺便说一下苏嘉铁路。周国荣副教授7岁时亲眼看见过这条铁

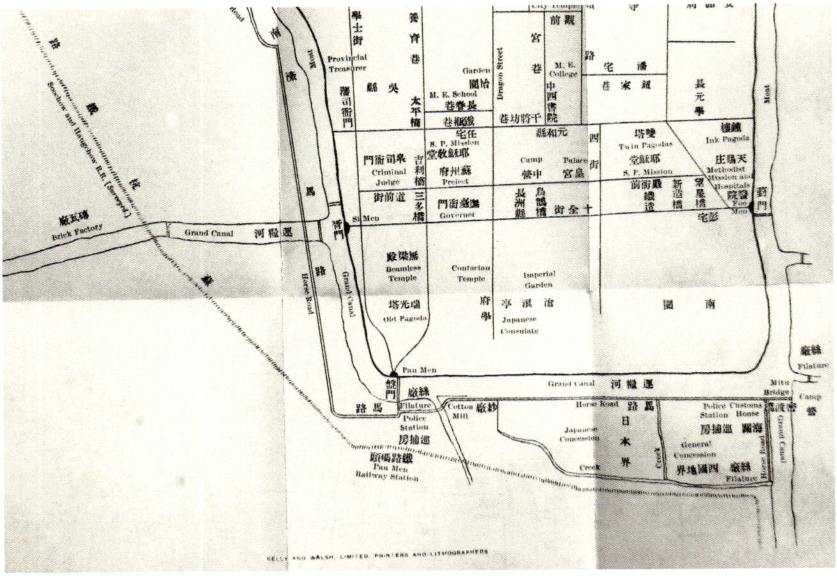

清末标有苏杭铁路的《姑苏城图》

路。他清楚地记得，当时铁路是单轨的，火车要调头可不容易，为此，当时采用了旋盘式的调头方式。

因为没有亲眼见过，我实在难以想象这种方式究竟是怎样的。后来在网上查到一个视频，总算弄清楚。原来是先在地上挖个圆坑，直径大于火车头长短，圆坑中间有一条活动铁轨。火车开到这条活动铁轨上，工人通过手工操作，让这条铁轨顺时针或逆时针转动，转过180度，火车头就完成了调头，然后就可以沿着来路开回去了。要朝其他方向开，也只要转得对准其他方向的铁轨就行了。

至于上文提到的“沪宁铁路要走城南，最终被民众否定”的说法，很可能是人们把苏杭铁路当成了沪宁铁路。理由有两条：一、沪宁铁路绕道苏州城南不但兜远路，而且当时城南向东地势低洼，都是茭白田、荷花地，建设难度大大增加，根本犯不着，也不现实；二、苏州城南要建苏杭铁路的说法，知道的人很少，连《苏州市志》也没有记载，在这样的情况下，一说起反对铁路走苏州城南，人们自然就只想到沪宁铁路了。

觅渡桥旁的飞机场

在许多人印象中，苏州没有机场，其实，苏州先后出现过3个机场：第一个叫觅渡桥机场；第二个是曾经开通民航班机的空军驻苏某部机场；第三个是2009年起在工业园区唯亭镇阳澄湖大道北侧兴建、2014年9月启用的直升机场，一期可起降30架直升机，为苏州及周边地区提供航空旅游、飞行培训、医疗救援、紧急公务、空中护林、政府公务及私人商务飞行等服务。

其中，觅渡桥机场就在蛇门外。

这一机场被国民党军队称为“老六团机场”。但因为靠近觅渡桥、长桥（宝带桥），老百姓习惯上称之为“觅渡桥机场”、“长桥机场”，也有人将它称为“葑门机场”的。但我还是放在蛇门部分介绍，因为从地

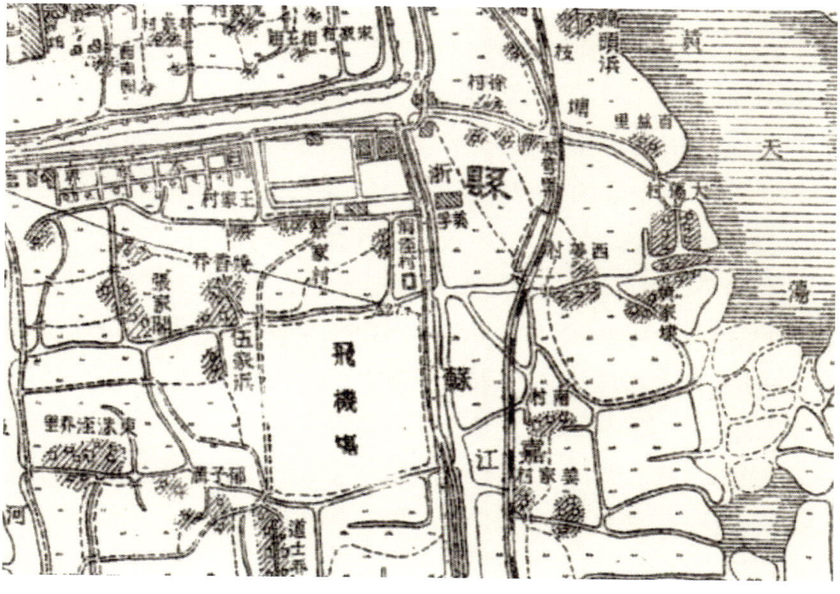

觅渡桥机场位置图

觅渡桥机场旧影

理位置上看，它确实更靠近蛇门，只是当时蛇门不复存在，所以才跟“葑门”扯上了关系。

这个机场资料很少。我几经采访，才得知这个机场的跑道平面呈曲尺形，标到地图上是个“」”。南段从如今的吴中东路长桥新村开始，向东一直到冬青路（即十苏王公路的一部分），长约600米；接着折向北面，直到杏秀桥下的仙人大港为止，长约900米；南段和北段的宽度都在300米左右。

苏州建造飞机场的倡议1928年6月就开始了，当时的国民政府军事委员会还专门派人到苏州组建航空同志分会。经过调查，选定了地点，但因为经费等问题，建机场之事被暂时搁置。

1929年10月1日，由中国航空公司沪蓉邮航机构在苏州筹设的觅渡桥机场开始施工，当时定性为民用机场，到1932年2月完成。据说，真正建设的时间只有13天。那是1932年1月28日爆发“一·二八事变”后，当局意识到，一旦上海失守，苏州无疑将成为日寇进攻的第一个目标，必须增建军事设施，增强军事抵抗能力，因此2月4日赶工兴建，其主要作用是停放军用飞机，目标是容纳二百架。2月16日，占地约500亩的觅渡桥机场赶筑竣工。

当时平整地面的方式是铺设石板，用石辊碾压，再铺上煤屑，然后再辊压。

机场建好仅6天，1932年2月22日16时许，日军小谷大尉、生田大尉分别指挥3架侦察机、战斗机赴觅渡桥机场及附近村庄上空侦察、轰炸。这时，美国飞行员罗伯特·肖特驾飞机由南京飞往上海参战，经停觅渡桥机场。发现这一情况后，激于义愤的肖特立即驾机向日机发起进攻。经过三次攻击，小谷大尉被击中三发，炮手一等航空兵佐佐木左腿负伤，飞机在逃往上海杨树浦机场时坠毁，小谷第二天伤重毙命。

那场空战持续近十分钟后，日军机群转向东南逃跑，肖特紧追不放，结果所驾飞机被日军飞机炮弹击中，坠于附近的高垫镇镬底潭，年仅27岁的肖特义士壮烈牺牲。

次日早晨8时20分，日机又派出9架飞机轰炸觅渡桥机场，炸毁我国飞机3架，机场也受到了破坏。

出于备战需要，不久这一机场又进行了修复。1937年8月16日下午3时15分和落日时分，觅渡桥机场再次遭到日军飞机的严重空袭。

在难以计数的轰炸中，不但机场遭殃，我国军民也时有死伤。我曾采访过机场旁箬帽浜村的庞根元老人，他说，他的嫡亲哥哥在村边放牛，就被日寇飞机丢下的炸弹击中，不幸丧生，当时还不满10岁。

1948年，这一机场因场地狭小、工程简陋、使用价值不大，被国民党空军司令部最终撤废。

中华人民共和国成立后，觅渡桥机场遗址一部分恢复成了农田。由于机场的地坪厚度在20厘米左右，非常结实，恢复成农田时，参加刨地的村民手上都刨出了一串血泡。

觅渡桥机场遗址还有一部分用来建造了村庄、工厂。其中建造的村庄主要是葑门街道联青社区的建新村。该村村民原先住在无锡硕放，因当地建机场需要，1955年集体搬迁到了这里。当时一共37户，后发展到100户出头。截至2015年2月，建新村已基本完成动迁。

遗址上建造的工厂主要有苏化厂（集团）等。2007年，苏化集团已完成搬迁，原厂址已腾空。

苏南城乡物资交流会催生新公交线

中华人民共和国成立初，蛇门内还有一件值得一提的大事，就是举办“苏南地区第三次城乡物资交流会”，并配套开通了苏州自中华人民共和国建立后的第一条公交线路。

配合这一大会，政府组织了失业和半失业工人1000多人，在文庙南面的碑记街开展平填工程，平出了大会的场地；还成立了由苏州市和吴县政府联合组成的“筹委会”，为交流会开幕进行各项组织、准备工作，特别是号召全市工商户发掘自由资金，积极参加交流。工商界人士也积极响应政府号召，组成了下乡交流团，采购了7万元的农副产品。

现在一般对外宣传，1952年9月22日，私立苏嘉湖汽车公司为方便这一大会的顺利进行，开通了苏州最早的两条公共汽车路线，其中一路自火车站经北寺塔、临顿路、拙政园、狮子林、旧学前、玄妙观、察院场、乐桥、饮马桥、三元坊、沧浪亭到达人民桥；二路由火车站经新民桥、石路进金门，再经察院场到人民桥。

其实，这并不是苏州城区最早的公交。苏城最早的公交由华中都市公共汽车公司（日本商人经营，总公司设上海）于1938年11月29日开通，共4辆汽车。运行线路共三条，一条从火车站经金门至观前街玄妙观正山门，一条从石路经老阊门至观前街玄妙观正山门，另一条从石路经胥门至二马路（今人民南路）。

1952年9月25日，为期两周的苏南区第三次城乡物资交流会拉开帷幕，苏南各市及苏州城乡与会者达35万人次，购销总额338.7万元，为苏州地产商品在福建、江西、陕西、河北、辽宁及新疆拓宽了销路，打开了市场。

交流会结束后，此地成了固定的商贸区，苏州人称为“新市场”。后来原地名“篦箕街（碑记街）”反倒被人淡忘了，有关部门在编定地名时就将这里改为“新市路”。但这段历史演变很有记一笔的必要。

新市场的出现，也让南门这个中华人民共和国成立初仍是农田的区域，很快崛起为苏州三大商圈之一。这虽说有地理位置关系，有区划关系（苏州城区长期划分为三个区，平江区有观前商圈，金阊区有石路商圈，沧浪区自然也要培育个商圈了），但苏南城乡物资交流会打下的基础，也不容忽视啊！

人民桥改名“蛇门桥”被否定

2003年，因为重建人民桥的关系，苏州还差点恢复了“蛇门”这个地名。

人民桥位于人民路南端，跨护城河、南门路，1950年7月开辟人民路三元坊以南段时破城兴建，1951年9月30日落成；1977年重建；2003年5月再次完成改扩建。三个版本的人民桥，一座比一座宽阔，一座比一座牢固，一座比一座漂亮，一座比一座更能展现苏州古城的风貌和苏州人的聪明才智。我为此还发表过《三造苏州人民桥》一文。

第三版施工时，有人认为，“人民桥”这一名称许多城镇都有，缺乏个性，不能体现其地理位置和历史沿革。为此，2003年3月，苏州规划部门公开征求桥名，并提供“南门桥”、“卧龙桥”、“蛇门桥”三个方案供参考。整个活动共收到107张有效选票，其中南门桥、卧龙桥得票数均为49票，蛇门桥不足10票。

苏州规划部门认为，虽然“南门桥”、“卧龙桥”的得票数相同，但人民路不再恢复“卧龙街”的旧称，而苏州环古城不少桥梁都带有“门”字，如平门桥、相门桥、娄门桥等，如果改称南门桥，既能突出其地理位置，又能与其他桥梁名称相一致，因此提议将人民桥改名为“南门桥”。这一方案上报地名委员会后，地名委员会的工作人员进行了检索，发现人民桥北堍、原苏州汽车南站南侧的一座小桥早在1997年就被命名为南门桥了，因此人民桥改称“南门桥”的方案没有被通过。

出现这样的尴尬现象，与南门桥桥名长期未予标注有一定关系。不过，2014年上半年我经过那里，发现桥栏上已经用红漆标上“南门桥”三字了。

赤门到底有没有?

需要说明的是，在环古城风貌保护工程中，觅渡桥北面恢复了一座城门，有人说是蛇门，其实应该是“赤门”，景点名称为“赤门堞影”。

赤门是一座比蛇门更传奇的城门，因为有关她的记载实在太少了，也没留下什么痕迹。但从众多记载看，赤门应该是存在过的。

南宋的《吴郡志》卷第三（城郭部分）记载：

赤门、平门，《续经》（注：即《吴郡图经续记》）谓不在八门之数……今犹有赤门湾，近葑门。《吴地记》又云：又有葑门、赤门、栗门、鲂鲟门。葑、赤已见上，鲂鲟之类，皆无所据。

《吴郡志》卷第三引用的“新苏州人”胡舜申《开胥蛇门议》，更把赤门的位置搞得云里雾里：

如今的赤门堞影景点

蛇门……故门虽已塞，然皆刻石于右以识。今石刻具存，但袭府图之误，以蛇门为赤门尔。蛇门在城之巳方，故以蛇名，赤门以在城正南至阳之地，其义可考。况蛇门直南正对吴江运河。

在这段话里，时年85岁的胡舜申认为，蛇门和赤门的位置搞错了，蛇门应该在东面（对准觅渡桥、通吴江的运河），赤门在正南面。

我倒觉得，应该是胡舜申自己搞错了。因为从其他资料的记载看，觅渡桥北面的应该是赤门，而不是蛇门。

比如，南宋《吴郡志》卷第二十七（人物八）记载：

徐奭……市泾以北、赤门之南筑土石堤九十里，起桥梁十有八，计（工）七十万。舟徒无垫溺之忧，堤上下复良田数千顷，苏人德之。

由此可见，赤门南面是水道，因此绝不会是苏州的正南门。

明代《姑苏志》卷第十九（桥梁上）、卷第二十七（坛庙上）也分别记载：

灭渡桥，赤门湾南，旧以舟渡……

赤阑相王庙在府治东南赤门内……

民国《吴县志》卷二十三下（乡镇六）记载：

二十九都三图，离城五里，外城湾……赤门坛……

这些记载都说明，赤门在灭渡桥（新桥名觅渡桥，详见第六篇）北面。此外，南宋的《平江图》上，赤门湾也在灭渡桥正北面。

但很可惜，对赤门本体进行记载的书，能找到的只有《吴门表隐》。书中说：

赤门自燕家桥直南，唐时塞，门外接灭渡桥，今盘葑间有赤门湾。

如果这段记载属实，那赤门应该是唐朝之前出现的城门，而且存在时间不会很长，绝对不会超过1000年。

至于为什么叫赤门，唐代的《吴地记》说：

陆无水道，故名赤门。

全国没有水道的城门多的是，为何很少有也叫赤门的？我的判断是，赤门很可能因附近的赤阑将军坟、赤阑相王庙而得名。

【附】

《苏州市志》中的蛇门

蛇门 位于城南，门朝向越国。据传，在方位上，越国处于“巳”的方位；而“巳”在生肖中代表蛇。该门筑成后，还制作一条象征越国的木蛇，蛇首西北向，表示臣服于吴，城门因此得名。宋初此门被填塞废毁。

第六篇　葑门漫步

十全街向东，跨护城河的地方，就是葑门。

关于“葑”的意思，历来众说纷纭，有说起源于封禺山，有说起源于江豚或茭白，莫衷一是。

“葑”字的读音也让人费思量。按照普通话，这个字的发音应该是“丰”或“凤”，苏州人却偏偏读作“夫”。这葫芦里到底卖的什么药？

疑问归疑问，葑门外的物产、名胜和葑门内外的大量名人，却足以让葑门熠熠生辉，也足以留住人们的脚步。

葑门水城门旧影

上：葑门城门

葑门城门，最吸引人的地方也许在她名字的起源，不要说外地人搞不清，许多本地人也未必能说出个子丑寅卯。

城门名字起源封禺山?

对于“葑门”得名的由来，北宋朱长文编撰的《吴郡图经续记》认为，这里实际叫“封门”，“取封禺之山以为名”。这本书同时认为，只是方言把“封”说成“葑”，所以才叫“葑门”了。

奇怪的是，葑门外哪来的封禺山?

《吴郡图经续记》说：

封山故属吴郡，今在吴兴。

《吴郡志》记载：

葑门，《续经》曰，当作封门，取封禺之山以为名，故属吴郡，今属吴兴，今但曰葑门。葑门陆路尝塞，范文正公开之，今俗或讹呼富门。

吴兴是浙江省湖州市的古称，三国吴甘露二年（266），吴主孙皓取“吴国兴盛”之意，改乌程县为吴兴县，并设吴兴郡，辖地相当于现在的湖州市全境、钱塘（今杭州）、阳羡（今江苏宜兴）。隋代因地濒太湖而更名为湖州，吴兴为下辖县，现湖州市设有吴兴区。

查考下来，封山、禺山其实在今湖州市德清县的三合乡。不过，封山唐朝已改叫防风山了，原因是，这一带据说曾是原始社会防风氏部落的聚居地。防风氏又叫“汪芒氏”、“汪罔氏”，是当今汪姓人氏的祖先。大禹治水时，通知各地诸侯开会商量对策，结果防风氏首领迟到，被大禹诛杀，以此杀一儆百。这个首领是个巨人，相传身长三丈，就按商代一丈折合1.695米计算，防风氏首领身高也超过5米，姚明见了也要甘拜下风。据说，防风氏首领倒地后身体占据了九亩地。

至于禺山，现在已改叫大山，在封山东南两里的地方。《吴兴志》记载，因为大禹的第12代孙帝禺巡狩时驻扎在这里，所以就叫禺山了。

我觉得，且不说这些记载和传说是否准确，也不管历史上行政区划如何变迁，单是葑门离封禺山直线距离上百公里看，用封禺山为葑门命名的可能性就不大。民国苏州学者王謇在他的《宋平江城坊考》中说得好："封禺之说，疑望文生义。"

只因江豚而得名?

唐朝中期的张守节，在为《史记·伍子胥列传》进行注解的时候，对葑门的得名给出了另一种说法："东门，鱄（zhuān）门，谓鲟门也，今名葑门。越军开示浦，子胥以涛荡罗城开此门，有鱄鲟随涛入，故名。"也就是说，"葑门"原先叫"鱄门"。

有古籍称，越军进攻吴国的时候，因为阖闾大城十分坚固，久攻不下。后来伍子胥托梦给越国，说可以从大城的东门攻入。于是越国军队就从东面通过水路进攻，最终从葑门这个地方杀进了阖闾大城。

这样的说法显然属神话。不过从中可以看出，越灭吴主要是靠水军从东面水道进攻的。《史记》说，伍子胥被杀时让随从把他眼睛挖出来，挂在东门，看越国军队消灭吴国。这确实是史实的写照。

周国荣副教授分析，越军总攻吴国时，极可能借助了大台风。当时城墙还是泥土一层层版筑而成的，根部终日浸泡在水里，很难抵挡巨浪的冲击，结果就被台风掀起的巨浪冲毁，越军就乘势而入了。

那跟越军一起进城的鱄鲟又是什么东东呢？南朝时期的文字训诂学家、史学家顾野王考证后认为，它们就是江豚。

江豚是一种生活在西太平洋、印度洋、日本海和我国沿海等热带至

江豚

暖温带水域的动物，在我国见于渤海、黄海、东海、南海和长江等水域。其中，长江江豚是这种动物唯一的淡水亚种，在地球上已生活了2500万年。它们全身呈铅灰色或灰白色，头部钝圆，额部隆起稍向前凸起；头部较短，近似圆形，吻部短而阔，牙齿短小，眼睛也很不明显。只有在死亡后，它们的体色才会变黑。作为哺乳动物，江豚用肺呼吸，在大风大雨到来之前，因江面起雾气压变低，它们需频繁露出水面“透气”。在没有天气预报的古代，渔民视江豚为“河神”，只要江豚朝起风的方向“顶风”出水，俗称“拜风”，就意味着有大风暴要到来，这几天渔民是不敢出门捕鱼的。

让人心生疑惑的是，苏州城区离长江有好几十公里远，江豚有可能游过来吗？当然能！因为古代江豚数量很多，再加上当时苏州通长江的水道如吴淞江、娄江等都很宽，江豚完全有可能逆流而上，再通过其他河道进入苏城。

“葑”字是指茭白根？

不过，“葑”的字面意思似乎说明，“葑门”是因为“葑”而得名的。上面提到的《吴郡图经续记》，就在认为方言把“封”说成“葑”的同时，提出了这一观点。

《吴郡图经续记》卷上“门名”部分：

> 方言谓封曰葑。葑者，茭土摎（liáo，物相交）结，可以种殖者也。其事或然。

这个“葑”到底指什么？在字典、词典上，“葑”有两个读音，第一种读“丰”（fēng），指芜菁，也就是俗话说的大头菜；第二种读“凤”（fèng），意思是茭白的根，用现代眼光看，这是标准的草根。《吴郡图经续记》认为，“葑门”的“葑”，就跟茭白、茭白田有关。

但草根也能长出金果果。茭白在古代被称为“菰”，它的种子叫菰米或雕胡，有人把它归在“六谷”里，唐代以前一直被当作粮食作物栽培。后来人们发现，有些菰居然不抽穗，茎部却不断膨大，逐渐形成纺锤形的肉质茎，这就是现在所说的茭白。这种蔬菜不但吃口柔嫩、味道鲜美，而且还有药用

葑门外茭白田

茭白

价值，可以去烦热、解酒毒、利小便等。从此，人们就专门用菰生产茭白了。

发噱的是，一些国家曾引种我国的茭白苗，结果只开花不长肉质茎。后来才弄清楚，原来他们那边的土壤里缺少一种叫黑粉菌的菌种。于是再从我国引进这种菌，这才解决了问题。

应该说，我国茭白分布面积很广。如果“葑门”的得名跟茭白有关，那么，为什么这个名字只有苏州使用，其他产茭白的地方却不用呢？

我请教了苏州市蔬菜研究所退休的高级农艺师鲍忠洲。鲍忠洲认为，那是因为苏州葑门外的茭白名气最响。他说，历史上，葑门外娄葑、斜塘、郭巷、车坊等地地势低洼，到处都是烂田，最适合茭白等水生作物生长。这里的茭白，无论是品种还是效益，都是全国闻名的。以品种为例，葑门外的茭白光秋种两熟茭就有大头青种、两头早、小蜡台、中蜡台、大蜡台、中秋茭、杨梅茭、吴江茭等，一熟茭则有青种、白种、群力种、寒头茭等；就种植效益而言，苏州的秋种两熟茭每年8月种植，10月份和次年5—6月各收获一次，加起来亩产可达5500—8500斤。10个月时间的产量能达到这样的水平，其他地方哪里比得上？而且，5—6月上市的茭白不容易遭虫蛀，品质一流。

鲍忠洲觉得，就凭这些，苏州最有资格取“葑门”这个名字！

按照与茭白有关这个说法，葑门的“葑”普通话应该读第四声，但现在大家都读第一声，看样子都读错了。

葑门为啥读"夫门"?

在许多外地人甚至本地人看来,"葑门"还有一个不好理解的地方,那就是她的读音。

上面已经提到,字典、词典上"葑"要么读"丰",要么读"凤",老苏州们却偏偏读成"夫",跟苏州话的"富"读音也差不多。这到底是怎么回事?

第一种说法是老苏州们读错了,是以讹传讹。南宋范成大就在《吴郡志》里说:"今俗或讹呼富门。"

对苏州文化颇有研究的王梦沂先生认为,苏州一些地名的读法和常音不同,并不都是讹称,其中主要有两种情况:一是通用语音发生了变化,但某些地名苏州人仍用古音读,所以和今音有了差别;二是一些地名更改了,但苏州人的习惯没改,叫法一仍其旧,于是也造成了字面和读音的不同。

他的观点是,江豚苏州古人俗称"䲖鱼",古代没有唇齿音,"䲖"字和"夫(富)"读音很相近。苏州人所说的"夫(富)门",其实是"䲖门",或者就是上面提到的"鱄门"。后来"䲖门"、"鱄门"更名为"封门"、"葑门",但苏州人仍按春秋时代的老习惯,叫作"夫(富)门",并不是讹读。

也有老苏州认为,如果读成"封门",那听起来就会觉得把门封起来,而历史上葑门确实封闭过,害得老百姓进进出出只好兜圈子,很麻烦,所以大家很忌讳读"封",就改读"夫(富)门"了。这种情况在苏州话里有许多旁证,比如老苏州们忌讳说"死",读到发音跟"死"相同或接近的词语,都会改读,像把"尸"、"诗"读成"书"等。

苏州吴都学会研究人员何鉴之则持第四种观点。他认为,葑门曾经叫过"封门",这个"封"的本意是祈求农副渔牧的丰收,和"富"的意思相通。所以古代说某户人家很富裕，就说“家素封”，《诗经·周颂·桓》也说：“绥万邦（安抚各地的意思），娄封年（一作‘屡丰年’）。”何鉴之觉得，苏州娄、葑二门，出典就在《诗经》这里，把葑门读成“夫（富）门”，就是根据它的本意——富裕。

众多的说法都有各自的道理。我觉得，第一种和第四种观点其实是差不多的，我更倾向于这两种说法，这里寄托了人们的一种美好愿望，让“葑”从草根一下变成了土豪。

葑门城门的历史变迁

如果葑门真是越国伐吴时所开的城门，那她的始建时间应为公元前473年，至今已有2480多年，与2500多岁的苏州城一样饱经风霜。唐末葑门的陆门曾一度堙塞，范仲淹出任苏州知州时才重新开辟。

元朝初年，葑门和其他城门一起被夷平。元末重建、明清重修的葑门仍是水陆城门，外有瓮城。陆门上有重檐歇山式城楼三间两层，曾悬挂有清代翰林顾嗣立所书“溪流清映”横匾。

葑门最后一次维修，是太平天国战争平息后的同治年间。到民国25年（1936），葑门拆除年久失修的城楼，继而于1953年拆除陆门和瓮城，仅存的水门也于1978年被拆。

粗粗看，葑门和盘门的水城门很像。要区分其实有个办法，就是看拱券所用的建材，葑门水城门是砖头砌成的，盘门水城门用的是石头。

1953年拆葑门瓮城时，曾在南墙中发现一堙废的拱门。葑门水门遗址在城内第三横河与第四直河汇合后通往外城河的口子上，也就是葑门桥西北堍，该处现建有南北向平桥一座。陆门遗址位于水门之南，葑门桥西堍，瓮城遗址在葑门桥与安里桥之间。

如今葑门以南的护城河被一分为二，在长岛花园小区的东西两侧流过，到觅渡桥附近再合流。这一现象，在苏州护城河段是独一无二的。这是为什么？

原来，长岛花园东侧的较窄河道是过去的护城河，西侧的河道是1968年开挖的。当时由交通部投资18万元，开展葑门航道工程，工程全长1275米，河面宽35—43米，其中南段利用城墙土地，中段利用内城河拓宽，北段征地33.16亩。这样的裁弯取直，使得原先经常拥堵的葑门航运一下变通畅了。

中：葑门风物

在葑门一带的物产中，最有代表性的当属“水八仙”，也就是上面提到的茭白之类的八种水生作物。而葑门一带的景观，除现代人熟知的网师园、金鸡湖等之外，还有灭渡桥、葑门敌楼、张七公庙、荷花荡、陈鹏年祠、天赐庄、二郎神庙、红豆树等。

“水八仙”栽培的其实只是“七仙女”

葑门外地势低洼，大小河流纵横交叉，水沟渠道星罗棋布，给水生蔬菜的种植、生产创造了良好条件。千百年来，葑门劳动人民勤劳耕作，培育了水生作物中的“七仙女”——茭白、莲藕、芡实、慈姑、荸荠、水芹、菱，再加上野生的莼菜，合称“水八仙”。

茭白又名菰、茭瓜、茭笋，就是“葑”的肉质茎。因为上文已经提及，在此不做展开。

我想重点交代一下的是莲藕和芡实。莲藕为多年水生草本植物，又称荷、芙蕖等，果实称莲子，肥大的地下茎就是藕。葑门外是苏州塘藕的著名产地，《姑苏小志》称：“荷莲之根为藕，出于葑门南塘（原娄葑乡群力村一带）最佳。甘嫩白脆，远近争购”。我在苏州图书馆查阅《苏州明报》时发现，1935年8月21日的报纸报道，大名鼎鼎的冯玉祥将军也特意托人买了42斤苏州塘藕，供自己享用。

芡实属睡莲科，果实整体呈圆形，顶端还有一个尖尖头，看起来很像石榴，又像鸡的头，所以俗称“鸡头”。这种植物经济价值最高的要数种子，去壳后的芡实肉俗称“鸡头米”，可煮熟食用，细腻糯黏，香气浓郁，美味可口，也可用于酿酒，晒干的种子可以入药，有补中益气、

剥鸡头米

剥好的鸡头米

滋养强身的功效。

烧鸡头米很简单，水烧开后，把鸡头米放下去，煮上两三分钟即可食用。我第一次煮，因为没有经验，烧20分钟后尝尝，感觉还不酥，以为还要烧，烧了一个多小时再尝，感觉像在吃木头。奇怪之余，我赶紧请教马大嫂，才知道自己是烧过了头。

群力村是芡实的集中产地，所产芡实被称为“南荡鸡头”，又称“南芡”。清朝苏州诗人沈朝初《忆江南·咏鸡头》词云：“苏州好，葑水种鸡头，莹润每疑珠十斛，柔香偏爱乳盈瓯，细剥小庭幽。”如今，群力村已经动迁，变成了社区，居民们到周边乡镇甚至苏北、江西等地包田继续种芡实，让苏州人的口福得到延续。有人认为，鸡头米种到外地去吃口就变差了，其实这种理解是不对的，鸡头米对水土、营养要求不是太高，影响吃口的主要是它的品种，正宗的南芡吃口很糯，北芡和杂交品种就比较粳了。

金鸡湖为啥叫“金鸡”？

金鸡湖位于葑门以东3公里处，通过葑门塘等河道与苏州护城河连通。东西最大宽度为2.9公里，面积7.18平方公里，是我国最大的内城湖泊，比杭州西湖还要大0.8平方公里。

金鸡湖的得名是许多人津津乐道的话题。这里有许多传说故事，比如说湖底有金鸡会报晓，说为纪念吴王夫差的女儿琼姬而用了谐音等，这些都不足为据。

过去金鸡湖水面大部分归娄葑管辖。我因为参编《娄葑镇志》的关系，对金鸡湖得名的由来进行了专门的考证，发现金鸡湖古代又称金泾渰（“渰”同“淹”，是河流“淹没”之地）、金镜湖。从第一个名称看，得名应该与葑门塘东段一条叫金泾的河道有关。不过，明代中期沿河卢姓人家崛起，有一个叫卢珪的义士出资在河上造了桥，被人们称为“卢家桥”，金泾就被改称为“卢家港”了（中华人民共和国成立后被误读为“路港港”）。但金泾渰的名字得到保留，后来才演变成了“金鸡湖”。

从第二个名称看，可能因湖面比较平静，阳光照在上面金光闪闪，就像一面金色的镜子，所以被称为了“金镜湖”，后来再被讹为“金鸡湖”。

说到金鸡湖，不能不提一下曾经伫立在葑门塘入金鸡湖口处的石拱桥——黄石桥。这座桥又名葑溪二堰桥，民间有“懊恼已到黄石桥”的说法。说的是城里人去黄石桥东面村庄看庙会演出，走到黄石桥才知道还有不少路，这时后悔已经来不及。这座桥相传始建于东晋（317—420）时期，曾多次重建。清同治十一年（1872）重建的黄石桥呈拱形，花岗石质，雄伟气派，垒砌整齐，可与著名的吴门桥相媲美。长约40米，其中桥面长约4米，跨度约8米，宽约5米，桥顶距正常水位时的水面约8米，一般船只过桥洞均不需倒桅；桥洞近乎半圆，顶端刻有双龙戏珠图案。桥坡每侧各有三十六级阶石。

20世纪60年代末，为便于拖拉机行驶，黄石桥被改建为平桥。1976年8月为通行汽车，自锁口石以上全部重砌。1988年拓宽桥面，在旧址西侧加砌了6米宽的新桥。1997年11月，黄石桥桥面被拆除，仅存桥墩，以及刻有“葑水”字样的桥联残碑。

金鸡湖南部有一条东西向的堤岸，叫李公堤，全长约2公里，原宽约8米。关于这条堤的得名，前些年曾有“纪念新加坡内阁资政李光耀”

之类的传言。其实，李公堤的历史可追溯到100多年前，那时李光耀还没出生呢！

清光绪十五年（1889），当时管辖苏州城东地区的元和县县令李超琼（字惕夫，又字紫璈），见金鸡湖水势浩瀚，经常发生翻船事故，就以工代赈，组织民工将太平天国战争中被毁民房剩下的砖瓦屑运至金鸡湖中，筑成长堤，并在堤上种植杨柳树千株巩固堤防，以后大小船只依堤航行，不再受风浪威胁，百姓均称便利。为纪念李超琼的功绩，百姓把这条长堤称为“李公堤”。1907年、1918年和1931年，这条长堤又进行了重修，中华人民共和国成立后归苏州渔牧农工商公司，建起数间房屋，用于养殖家禽，我还看见过那里养的鹅、鸭。

经改造，新的李公堤于2006年12月开街，成为集高端特色餐饮、娱乐、观光、休闲、文化为一体的国际性风情商业水街。后来又经过三期开发，李公堤已成为苏州的一张靓丽名片。附录诗歌一首，以助游兴：

“记得”诗之十五

陈希濂（1867—1945）

记得来游金镜湖，湖分南北水平铺。

李公堤上临流望，可是杭州苏白无？

为消灭摆渡船兴建的灭渡桥

灭渡桥是我十分熟悉的桥梁，从小到大经常走过那里。

经常有人认为，写“灭渡桥”是写错了，其实，老桥最早就叫灭渡桥，后来有人写白字，才写成了觅渡桥。现在两个名字分别用在一座桥上，老桥用“灭渡桥”，新桥用“觅渡桥”。

原来，灭渡桥所在的地方是护城河南段、东段及苏州城—吴江段运河交汇处，属水陆要津，没有桥的时候只能靠摆渡，但船工敲诈勒索，昆山僧人敬修也深受其害，想必是激于义愤，同时为百姓考虑，他

轻盈秀丽的灭渡桥

发起了造桥的募捐活动，最后居然建成了。给桥梁取名“灭渡”，意思是“消灭摆渡”。

古桥始于元朝大德二年（1298）十月，至四年三月竣工，现存桥梁的桥身用武康石、青石、花岗石混砌，显示了多次重修的历史痕迹。长系石上端有兽面纹浮雕，估计为始建时遗物。全桥为薄型单孔拱式，东西走向，通长81.3米，净跨19.3米，矢高 8.5米；原两坡各设53级石阶。该桥采用增大跨度而不作多孔设计，以适应水流湍急、过往船只体量大、往返频繁的需要；在拱顶与面石间不加填层，并尽量增加桥身坡长，所以高而不峻，走起来不感到吃力，看上去又轻盈秀丽，是江南古桥梁中的成功作品，2002年10月被列为省文物保护单位。

2004年，苏州请著名雕塑家钱绍武在环古城风貌保护带里做了几组雕塑，其中一组以敬修和尚化缘为题材，放在灭渡桥西面的绿地旁。这座雕塑中，敬修和尚盘腿而坐，身前放了一个钵，还有一张“纸”，“纸”上按古代的排列顺序，从右到左用繁体字写了“化缘”等文字。一次我父亲路过那里，看到一对情侣模样的年轻人站在那里，姑娘问小伙，“纸”上写了什么。男孩回答是“绿化”，原来他是从左到右看，再加上“缘”和“绿”比较接近，读错了。幸而女孩似乎有点水平，纠正了他的读法，古桥畔上演了颇有生活情趣的一幕。

古桥旁的觅渡桥有两个版本。一个是1975年版，位于古桥的北面，平面呈“人”字形，一头朝东北，一脚朝南，一脚朝西，为单孔钢筋混凝土桁架拱桥，宽15米，长75米，跨度60米，是第一座由苏州自行设计、施工的大型桁架桥梁，该桥于1975年6月竣工通车，2003年拆除；另一个是2003年版，位于古桥的南面，平面呈圆弧形，一头朝东北，一头朝西，全长337.4米，总宽36米，除车行道、人行道外，还设有专用人行道，以方便人们上下桥观景、散步，2003年6月竣工通车。

但因为新桥平面呈弧形的关系，车辆在桥面上行驶速度过快，很容易发生侧翻等事故。前几年路过那里，经常看到桥面上隔离栏被撞坏的现象，一位熟人的侄子还在事故中丧生。最近几年多数人经过这里时都注意放慢速度了，再加上严厉查处酒驾，桥上的事故就减少了下去。

因“村官”出殡被毁的葑门敌楼

葑门外曾有一座赫赫有名的敌楼，又作堞楼、叠楼，在横街与七公堂弄交叉口，是一座高约8米的砖石构筑方形堡垒，顶端四周砌有凹凸有致的雉堞（女墙）；底边各长5米左右，四角与房屋相接；四面各辟宽约2米的拱券门，内部形成十字交叉的孔道；四门原有门扉，必要时可以关闭，以阻断交通。敌楼顶上还曾置有两尊铁炮，可填充石、铁炮弹，点燃火药轰击，东面的小巷因此被称为“石炮头”。

清朝《吴门表隐》记载，葑门敌楼和枫桥敌楼（铁铃关）、木渎敌楼都建于明嘉靖三十六年（1557），是巡按御史尚维持为抗御倭寇而建的。但民间传说，葑门敌楼是元末刘伯温所造，比枫桥敌楼、木渎敌楼要早近200年。

《明史·徐达传》证实了葑门炮楼的建筑时间，只是修筑者不是刘伯温，而是徐达：

达军葑门……筑台三层，下瞰城中，名曰敌楼。每层施弓弩火铳，于上又设襄阳炮击之，城中震恐。

当然，造这座敌楼时，刘伯温说不定出过主意，他是军师嘛！

民国14年（1925），当地图董（相当于现在的社区居委会主任、村长）殷礼蕴出殡，因敌楼妨碍仪仗通过，于是殷家事先将敌楼拆除殆尽。一座著名的建筑，躲过了五六百年的风风雨雨，最后竟因一个“村官”而被毁，真让人无话可说。

后来敌楼遗址所在的十字街口曾钉有地名牌“叠楼口”，俗呼“叠楼头”。转弯处民居墙根还曾嵌有“古叠楼故址”金山石碑，据说是李根源手书，毁于“文革”期间，今已没有遗迹可寻。

纪念西晋超级吃货的张七公庙

在葑门外七公堂弄北首，即今葑门路北侧苏州大学东校区南便门外小河畔，曾有一座小庙，叫张七公庙，又称七公堂、张步兵庙，祭祀被奉为“东吴下乡土谷神”和“七公明王”的西晋文学家张翰。张翰是苏州人，在京城洛阳做官，他是个超级吃货，刮秋风的时候，他思念家乡的莼羹和鲈鱼脍，竟连乌纱帽也不要了，直接辞职乘船归来，被传为美谈。后人常以“莼鲈之思”比喻思乡归隐。如果苏州哪家养鲈鱼的水产养殖场和莼菜加工厂要请形象代言人，张翰是个不错的选择，而且还是免费的呢！

为啥要在那里建庙纪念张翰，又始建于什么时候，目前还是未知数。一般来说，在一个地方为某人建庙，原因不外乎以下几个：一、这人出生在那里或祖居在那里；二、这人对那里做出过重大贡献；三、这人的子孙住在那里。分析下来，在七公堂弄建张七公庙，第三种可能最大。不过，张姓人口实在太多，谁是张翰的子孙很难搞清，反正到目前为止，我还没有碰到自称是他子孙的人，也没找到相关记载。

清宣统二年（1910）起，张七公庙里开办了小学。中华人民共和国成立后，这座庙又曾被郊区第三中心小学用作校舍。20世纪70年代末，庙宇被彻底毁坏。不过，直到今天，仍有人在遗址上烧香膜拜，以致墙壁都被熏黑了。

张翰像

荷花荡与黄天荡是一回事吗？

上面已经提到，葑门外盛产“水八仙”，这就不能不提一下，那里曾有个地方叫荷花荡。有人认为，荷花荡就是黄天荡。事实果真如此吗？

清朝乾隆《元和县志》记载：

> **朝天湖　葑门东南出瓦屑泾、过荷花荡为朝天湖，即黄天荡，旧注分为二，失考也。**

也就是说，黄天荡又叫朝天湖，她的西面才是荷花荡。具体位置就在今天的金鸡湖大道（原苏沪机场路）跟东环路交叉口西面一带。

明清时期，每逢农历六月二十四日，苏州市民就会倾城而出，到荷花荡观荷纳凉。这时正值荷花盛开季节，幽香四溢，一时大小船只蚁集，热闹非凡。

清代顾禄《清嘉录》说，民间认为这一天为荷花生日：“旧俗，画船箫鼓，竞于葑门外荷花荡观荷纳凉。”荷花荡畔原建有葑门水亭，为观荷最佳处。

可太平天国战争后，荷花荡盛景不再。清末诗人袁学澜（1804—

1879）在《荷诞日葑门荷花荡观荷并序》里说：

荷花荡在葑门外二里许，其东南接黄天荡。旧俗：郡人以六月廿四日于此观荷纳凉……今世异时移，游客皆舣舟虎阜山浜，以应观荷佳节……余忆昔之盛，而慨今之衰……

可见袁学澜亲眼见证过荷花荡观荷的兴衰变迁。

荷花荡后来荷花也看不到了，变成了水面，而且还明显缩小。黄天荡则于1974年被围垦成鱼塘，用于放养各类鱼虾。进入20世纪90年代中期，随着娄葑新区的开发建设，内塘水面逐渐被填土，建造学校、机关、商店、住宅，黄天荡原有风貌已经完全消失。我亲眼见证了黄天荡从鱼塘到城镇的历史变迁，在这里记一笔，也算为后人了解荷花荡、黄天荡留点资料吧！

陈鹏年祠和肉身菩萨

黄天荡内原有一个小岛，岛上有个荡里村，中华人民共和国成立后改名为群力村，人口达五六千，据说是江苏第二大村，苏州评弹学校也一度落户在这里。村里庙桥西南原有一座陈公祠，村民俗呼为“陈太爷庙”，中华人民共和国成立前，各地香客纷纷到祠中烧香跪拜、求签问药。这个陈太爷是谁？原来是清朝康熙年间的苏州知府陈鹏年（1663—1723）。

我查阅过《吴门表隐》，找到了建庙的原因：

陈公庙在葑门外荡里村，神即恪勤公鹏年……公守郡时，曾于此乡给药治疫，全活五百余家，民感之立祠。

当时是康熙四十七年（1708），陈鹏年劝富户出钱，换来药品，救济患瘟疫的荡里村村民。为表彰出钱的富户，陈鹏年还亲手书写匾额赠送。荡里村南面不远处的郭巷镇上，有一户施姓富户，堂号“笃行堂”，就因认捐而得到过这样一块匾，上书“济世先赈”字样。

正因为陈鹏年有这样的义举，所以被当地老百姓视为掌医之神。

村民集资建造的陈公祠，最盛时占地9亩多，有大小房屋40余间。生病的人或家属在这里求签后，有解签的人指导抓药服用，据说就可以药到病除了。

求到什么签，跟病情好像没必然联系，果真能治好病么？其实，解签人给出的药都是中药，即使抓错了，吃了对人体也没太大危害，抓对了就更有效。抓错了，人们往往会第二次求签、第三次求签，总有抓对的时候。再加上求神的人会得到某些心理暗示，增加治疗信心，身体自然就容易好了。

中华人民共和国成立后陈公祠主房、附房被用作娄葑供销社群力分社店面、仓库及群力小学一至三年级教室，后不慎被火烧毁。1994年村民募资在原址重建，有房屋9间，庙中有红木轿板、光绪二十五年（1899）石碑等旧物，后随群力村动迁而移建他处。

在庙桥东北面，原先还有一座钟灵佛堂弥勒大殿，起初是一个叫章三福的村民的小房子。章三福吃素修行，死后葬荷花缸，三年后打开荷花缸，发现尸体未腐，其子章全心为他塑了肉身菩萨，各地香客都来烧香拜佛。潘状元（世恩）后人的妻室程夫人为此于民国5年（1916）出资2700银元，捐建大殿三间及披屋、厨房；吴状元（廷琛）府某太太则捐来檀香木三十担，用于雕一尊弥勒佛。其余香客送来十八罗汉、天神天将、地藏王菩萨等雕塑。中华人民共和国成立后雕塑被毁，肉身菩萨移送天池山寂鉴寺。弥勒大殿高大轩敞，高度跟新建两层楼房相仿，殿中有碑刻数块，可惜在21世纪初的动迁中，大殿被拆毁，碑刻不知下落。

群力村里还有一棵苏州市区的厚壳王、一棵硕大的蜡梅。厚壳树原先属村民周建康家所有，传到周建康已是五代，胸围1.86米，距地表1.5米高处分出南北两枝，南枝较粗。整株树高约10米，树龄150年（2014年）左右，是苏州市区年纪最大的厚壳树，动迁后已移至斜塘一处绿化基地。

如今，群力村地块已改造成群星苑动迁小区，原先的农家小楼变成了高层住宅，真可谓天翻地覆。

天赐庄原是韩世忠庄园？

经过整治的葑门横街，已经成为葑门一景。而已经启动的天赐庄历史文化街区保护整治工程，也位于葑门地区。这个地方在十梓街望星桥以东，古称姜家巷，五代时为广陵王钱元璙与其子钱文奉的别墅“东圃”。据说，南宋初宋高宗赵构曾将这里赏赐给大将韩世忠（1089—1151），因为是天子赏赐的庄园，所以后来就叫作“天赐庄”了。

但查下来，宋高宗赏给韩世忠的地为吴越钱氏南园（今沧浪亭一带）和陈满塘官地。陈满塘到底在哪里，我检索了苏州多套方志的电子版，只查到这样一句话：“江南有万春圩，吴有陈满塘，皆积水之地，今悉治为良田，坐收苗赋，以助国用。”由此只能判断，这块围湖造田形成的田地位于吴地，但天赐庄不是围湖造田形成的，因此两者不搭界。

针对天赐庄这个地名，清朝《红兰逸乘》卷二引述了南朝刘敬叔《异苑》里的神话故事。大致意思是，临淮有个叫张汎的人，二十多岁得病死了。到阴司地狱后，因为阴司天曹主录是他的表兄，于是让他还阳，一个叫秋英的女子通过行贿的手段，也跟张汎一起起死回生。后来张汎与秋英结为夫妻，住在姓徐的主人家里。不久，他们生了个孩子，取名“天赐”（应该姓张），这徐家所在的地方，后来渐渐变成了天赐的“庄园”，因此被称为“天赐庄”。

神话故事当然不足信。其实，天赐庄应该跟明代官员韩雍（1422—1478）有关。民国《吴县志》卷二十四上（坊巷上）说：“都宪坊，姜家巷，今天赐庄，为韩雍立。”卷二十四下（坊巷下）又说：“天赐庄即韩衙前，旧名姜家巷。”这些话的意思是，都宪坊是为韩雍建造的，地点在姜家巷，现在那里叫天赐庄，也就是韩衙前。

我查了多部地方志，发现所谓“天赐庄原是韩世忠庄园”的说法，最大的可能是，韩雍也在军事上做出了贡献，受到了皇帝的赏赐，如将天赐庄一带的土地赏赐给他（所以牌坊也建在那里，韩宅也造在那里），他又姓韩，结果被后人讹成了韩世忠。

或者，这里曾经出现过的东庄，是天子赏赐给明代状元、礼部尚书吴宽（1435—1504）的，所以得名“天赐”。但因为韩雍的宅子、牌坊也在那里，最终缠到了韩世忠头上。

真相到底如何，因资料有限，不敢轻易下结论，只是先提出这两种可能，供大家参考。等日后发现新资料后再做探讨。

之后天赐庄一带又几经变迁，到清末，美国基督教卫理公会来此传教，创办了圣约翰教堂、东吴大学、博习医院等教会事业。民国时期，这里更是洋楼林立，名流出没，成为千年古城近现代文化的发源地。

此外，这一带还有其他类别的历史遗存，如苏州城内现存最老的桥梁——寿星桥，以及官太尉桥、盛家带33号葑湄草堂、望信桥（今望星桥）北堍23号程小青故居茧庐、清末诗人袁学澜故居双塔影园（根据篇幅，放在第七篇介绍）等。

二郎神庙真能治疡病？

葑门外陈鹏年祠可求签问药，葑门内二郎巷内曾有的二郎神庙，也是这样的一座建筑。

这座庙又称清源妙道真君庙、杨三（山）阿太庙。《吴门表隐》称：

二郎神庙在葑门内西营，向在水中，突起一阜。宋绍兴初建庙，古名溪山第一祠。凡患疡者，祀以白鸡即愈，久废。国朝嘉庆二十年重建，顾承记。神姓赵名昱。

《清嘉录》也有记载，说农历六月二十四日“为二郎神生日。患疡者拜祷于葑门内之庙，祀之必以白雄鸡。先夕，土人于庙中卖萤灯、荷花、泥婴者如市”。

这些话的大体意思是，葑门内有一座二郎神庙，南宋绍兴（1131—

1162）初年就建造了，荒废了很久，到清朝嘉庆二十年（1815）重建，祭祀的神仙叫赵昱。患疡病的人用白公鸡祭祀神仙，就能痊愈。

疡是疮、痈、疽、疖等的通称，这个赵昱是何方神圣？能有魔力让用白鸡祭祀他的患者治愈？

《清嘉录》对此考证：

赵真君，名昱，灌洲人，仕隋，大业为嘉州太守，有蛟患，入水斩之。卒后，嘉州人见雾中乘白马越流而过者，乃昱也。因立庙灌江，号灌口二郎神。

看来这赵昱应是四川灌州人，跟苏州没什么关系。在这里建庙，也很可能是因为有他的子孙迁居苏州，或者是有人崇拜他。而所谓用白公鸡祭祀就能痊愈，跟陈鹏年祠里的求签问药一样，只是得到心理上的某种暗示，增加治疗的信心罢了。可惜，该庙已毁于“文革”。庙基一带现有碧云精舍（含1992年干将路改造工程中移建而来的紫竹庵）。

红豆树主人到底是啥人？

相　思

（唐）王维

红豆生南国，春来发几枝。
愿君多采撷，此物最相思。

红豆树又名花梨木、花榈木，原产岭南，种子红色心形。苏州的气温并不太适宜红豆生长，因此在靠自然条件培育的过去，红豆树数量十分稀少，目前土生土长的古红豆树还不到十棵，其中城区两棵，一棵位于葑门迎枫桥弄13号苏州市教育装备与勤工俭学管理办公室内，另一棵位于凤凰街王长河头周瘦鹃故居内。

迎枫桥弄13号古树原属吴衙场37号，最早的主人到底是谁？不少文章称是清初经学家惠周惕，其实应该是吴之佳，惠周惕的红豆山庄位于相门内，树已被砍伐（参见第七篇下）。

吴之佳，字公美，是明代万历八年（1580）进士，做过官，他住所前面的街巷因此被称为“吴衙场”。

他家的这株红豆树现为一级保护古木（这一等级要求树龄300年以上），主干需两个成年人合抱才能抱过来，但腹部已经中空，长势并不好。开花很少，最近两次开花是2012年和2002年，我都报道过。2011年、2001年绿化部门都曾为这株红豆树杀菌消毒、防烂防腐、松土施肥，这两次开花，除了气候因素外，可能与前一年受呵护有关。

看来，植物和人一样，都是有感情的，你对她好一分，她就用盛开“相思花”的办法回报你十分。

下：葑门人文

葑门一带风土清嘉，人文荟萃。在众多的名人中，有明末著名文学家冯梦龙、崇祯皇帝之妻周皇后、清初天下第一清官张埙、文学家尤侗、祖孙状元彭氏家族、诗人沈德潜、一代名妓赛金花、国家体育总局原局长袁伟民等。

冯梦龙故里在哪里？

一则《杜十娘怒沉百宝箱》的故事，让很多人记住了苏州才子、杰出文学家、戏曲家冯梦龙。

这位大文学家一生创作了“三言”等近3000万字作品，创下中国历代文人文学“爬格子”数量之最，而且作品质量也很高。毛主席读过他的《东周列国志》《智囊》后，对这两部书赞赏有加；鲁迅对冯梦龙也十分景仰。

清朝道光《浒墅关志》说，有一个叫冯昌的处士，字世昌，靖难（明成祖朱棣抢夺侄儿建文帝皇位之变）时避兵乱隐居姑苏，为葑溪冯氏始祖，冯梦龙等人都是他的后代。冯昌去世后，葬在当时属浒墅关辖区的高景山。原文如下：

处士冯昌墓在高景山，永乐十九年（1421）葬。昌字世昌，靖难兵起，隐居姑苏，为葑溪冯氏始祖。贡生其盛、知县梦龙、本朝翰林勖皆其后。

冯梦龙在《曲律·序》中也说：

天启乙丑春二月既望，古吴后学冯梦龙题于葑溪之不改乐庵。

古代许多文人喜欢用“庵”作为书斋名的最后一个字。像南宋著名诗人陆游书斋名为“老学庵”，明末清初文士冒辟疆书斋名为“影梅庵”，所以可以推测，“不改乐庵”不是尼姑庵，而是冯梦龙的书斋名，葑溪正是冯梦龙的住处所在地。

只是，这葑溪究竟在哪里？

根据众多提到葑溪的诗文可以发现，葑溪还是在葑门一带，但不是指确切的河道，而是泛指水系与葑门相通的河流。

明末董斯张（1586—1628，浙江乌程人，礼部尚书董份曾孙）在《吹景集》卷五中说：

予入吴，饮冯若木（即冯梦龙哥哥冯梦桂）斋头，酒次语若木曰：“兄所居葑门，今俗伪为傅音，何也？”

证明冯家确实住葑门一带。

来自民间的说法，冯梦龙故居有葑门内滚绣坊苍龙巷7号、盛家带螺蛳桥等版本。

我在编写《娄葑镇志》的时候，提到了冯梦龙哥哥冯梦桂的曾孙、康熙年间进士冯勖，曾在葑门外今娄葑境内造了一个园林——葑水园，为此，我还为冯勖立了传。后来审稿的人问，既然冯勖都收录了，为何不收冯梦龙？我说，我没有发现资料证明冯梦龙跟娄葑有关，所以暂时不收，以免误导后人。

近些年，苏城西北面有两个乡镇都跳出来，说他们那里有冯姓人聚居的村庄，是冯梦龙的故里。其中一个乡镇还搜集了不少与冯梦龙有关的民间传说，还说冯梦龙出生在他们那里，后来才迁居葑门。

一开始，我觉得仅凭《浒墅关志》《曲律·序》和《吹景集》的三段资料，是难以推倒这个乡镇的观点的，因为“葑溪冯氏始祖”可以是冯昌就住在葑溪，也可以是后代才住到葑溪，所以只是提醒他们多搜集资料，不要匆忙下结论。

2014年11月16日，我在翻阅清代《吴门表隐》时，找到了下面一段话：

明处士冯昌墓在高景山，昌靖难兵起隐葑溪。

由此可见，葑溪冯氏自冯昌起就已住在葑溪。这则资料和上面引述的两则资料构成了一个完整证据链，证明冯梦龙家世居葑门，哪可能出生在苏城西北乡村？

有人重视冯梦龙了，这是好事，但要认定他的故里、恢复他的故居，必须要有依据。近日碰到苏州博物馆原副馆长钱公麟先生，他说，对历史不负责，即使离开这个世界了，也还会被人骂。这话值得回味。

崇祯皇帝丈人家今何在?

苏州自古多佳人，被选入宫中的不在少数，其中影响最大的可能要数明末的周皇后（1611—1644）。

周皇后是嘉定县娄塘镇人，当时嘉定属苏州，所以算苏州人。她出身平民家庭，根据《吴门表隐》记载，她的曾祖叫周三槐，祖父叫周文学，父亲叫周奎。后来周家购下葑门内一所房屋，就此迁居苏城。

起初崇祯皇帝（朱由检）被封为信王，周皇后比他小一岁，十六岁被选为信王妃。

那时主持为信王选妃的是天启皇后张氏。明代为防止外戚干预政事，不许从贵戚和官宦之家选妃，只选身家清白的平民百姓姑娘，这种姑娘叫“良家姑娘”。在备选的良家姑娘中，周皇后美艳沉静但身体单薄，张皇后担心她不能担当重任，母仪天下，幸而陪同的刘昭妃说，现在她还小，以后还会长的，这才册封为信王妃。

后来天启皇帝（朱由校）病死，没有儿子，就让弟弟信王继承皇位，这就是崇祯帝，周氏因此成了皇后，上演了真实版的灰姑娘传奇。

由于从小家境清寒，周皇后很能操持家务，她性格文静，品德端庄，言语很少，笑不露齿，崇尚节俭，受到人们的好评。在明朝灭亡的时候，她毅然决然地以身殉节。

明朝灭亡后，顺治三年（1646），周皇后娘家被改建为织造署，次年落成，就是今天的市十中所在地。在本书的娄门部分（第八篇），还要提到周皇后的祖坟。

“天下第一清官”张埙

提起“天下第一清官”，大家也许会想到包公、况钟、海瑞等人，其实，苏州也出过一个“天下第一清官”，他的名字叫张埙（1640—1695），家住葑门外黄石桥畔。可惜因为很少有人提及，也没有文学作品渲染，所以他的知名度远不如包公、况钟、海瑞。

我最早是因为参与编写《娄葑镇志》而关注张埙的。民国《吴县志》记载，张埙从小聪明好学，但屡试不第，后以明经（清代对贡生的别称）身份任八旗官学教习，分教镶蓝旗，学生成才的很多。后经铨试，于康熙十七年（1678）被选为河南省登封县知县。登封就是少林寺所在地。

张埙是个注重接地气的官员。他在登封县衙门前设立柜子，让百姓把自己的冤枉写下来投入其中，然后根据情况断明冤屈；又修复了境内曾被誉为天下四大书院之一的嵩山书院，并请当时的著名学者主持，重振了学风；他还设立了21处学宫，增加了百姓受教育的机会。当地百姓多不懂法律，又喜好争讼，于是他每月召集百姓学习法律，添置善恶簿进行奖惩记载，并召集善士制定乡约，还亲自编写了劝民俗语，让民俗大变，路不拾遗，狱讼一天天减少，最后狱吏竟因无事可做而回家种田去了。

此外，张埙还革除私敛，招徕流亡百姓，督促他们耕种。按照旧例，官吏常向百姓征集珍禽异兽、名贵中草药材，张埙认为这是剥削下级、献媚于上的行为而坚决不干。他还经常骑驴到各乡里的“问苦所”探听民情，遇有民间纠纷就随时予以解决。

在他的辛勤治理下，登封出现了历史上少有的盛世局面。康熙二十二年（1683），张埙被推荐担任南宁府通判（正六品）。临别时，登封百姓遮道哭泣送行。张埙离任后，登封又“立祠于四乡”，挂肖像以纪念他，并榜为“天下清官第一”。张埙去世后，一些官员到他的寓所吊祭，见到他家境清贫而又缺乏子嗣，“无不泣下沾襟”。

张埙墓在黄石桥堍“其居之旁”，墓前也有“天下第一清官”之碑，墓旁有张公祠，可惜现在都已找不到踪影了。不过，工业园区开发建设前，黄石桥西南堍娄葑乡金库村七图里自然村还聚居着不少张姓人家，他们与张埙应该属同一个家族。

文学家尤侗故居的变迁

我国一些诗文札记提到这样一则故事：清朝康熙皇帝南巡到苏州，正好天降大雪，康熙在大小官员的簇拥下踏雪赏梅，一时诗兴大发，就吟出了“一片两片三四片，五片六片七八片”两句诗，但因为一下凑不出下句，很是尴尬。这时，旁边一位老先生接过去说：“九片十片千万片，片片飘入梅花间。”不但让康熙摆脱了尴尬，而且诗意盎然。康熙十分高兴，连称老先生是“老名士”。而在此之前，这位老先生已经被顺治皇帝称为“真才子”，他做官所在地的老百姓，则纷纷称赞他是个“好官”。

尤侗像

这位受到两代皇帝推崇和百姓拥戴的老先生，就是极富才情的清朝文学大家尤侗（1618—1704），字同人，晚号西堂老人。而尤侗的老家，就在葑门外斜塘镇东北面几百米处的尤家园（已动迁）。

斜塘尤氏是南宋四大诗人之一尤袤（今相城区北桥镇迁无锡支尤氏后裔）的后代。《北桥镇志》说他幼居长洲西禧里（即今相城区北桥），后迁至苏州城区，再迁到斜塘，那是误记。相城区编区志，要把尤侗也收进去，我提了个建议——写尤侗祖籍相城区北桥，也算巧妙解决争端吧。

我查过《尤氏宗谱》，看到了里面的尤侗自编年谱，这资料当然十分权威，我也因此对尤侗的祖先情况有所了解。先是元末明初，尤袤的七世孙尤臣从无锡回迁苏州，定居斜塘，以耕读传家，到尤侗已是第十代。尤侗8岁时跟父亲一起搬迁到葑门内带城桥，11岁又迁居新造桥宅，27岁时其父筑亦园。

对于亦园的具体位置，因为清末民初尤家式微，房子转手，所以一时难以弄清楚。1929年8月出版的《姑胥》称尤侗住宅在滚绣坊内，“至今尚有御书所赐的‘鹤栖堂’匾额。后面有园叫作亦园”，所以我对滚绣坊一带的房子进行了排摸，推测应该在南林饭店位置。后来苏州市地方志办、市政协文史委联合编选的《苏州史志资料选辑》（2010年刊）登载了滚绣坊文士赵善昌（1890—1973）的《拙斋纪年》，内中提到，赵善昌14岁时在尤侗故居随设帐于此的卫顾德先生读书。此后尤侗故居先夷为花圃，后与南林村合辟为南林饭店，附设中国国际旅行社苏州支社。由此，我的推测似乎得到了证实。

但看民国《吴县志》及尤侗诗文，亦园应在新造桥。而尤侗《亦园十景竹枝词》的自注中提到“东有二郎庙”，“苏家巷（今相王路）在园左”。根据古代左东右西的方位推测，亦园应在今十全街南侧、苏州饭店一带。《姑胥》和赵善昌的记载，很可能是尤氏子孙后来迁居滚绣坊，并将“鹤栖堂”等匾额搬过去的缘故。

尤侗从小就聪明伶俐，博闻强记，成年后才华横溢，被著名诗人吴伟业称为“才子骚坛盟主”。但尤侗的科举道路走得并不顺，一直没能中举。30多岁的时候，他以贡生的身份担任了直隶永平府（今河北秦皇岛市、唐山一带）的推官，掌管七个县的司法刑狱。在任职的4年时间里，他主持正义，梳理旧案，使无辜百姓的冤狱得到平反。

当时永平府许多土地被清朝贵族和八旗官兵圈占，大批百姓衣食无着，生活贫苦。尤侗在上报的材料中，愤怒地指出了这个根源。对于继续圈地的不法旗丁，他毫不顾忌地进行了鞭挞，结果自己受到降级的处罚。面对这样的不公待遇，尤侗愤然辞职，回到老家。做了4年官，他身上依然是一身旧衣，十分清廉。

康熙十七年（1678），尤侗被选入翰林院任“检讨”，专修《明史》，并因此多次受到康熙皇帝的嘉奖。康熙还亲自为他书写“鹤栖堂”匾额。闲暇之余，尤侗还创作了大量剧本，如传奇《钧天乐》及杂剧《桃花源》《读离骚》《吊琵琶》《黑白卫》《清平调》等，大多为历史上不得其遇的才士贤人鸣不平。尤侗自己的人生经历，让他对这些人特别有感触，因此奋笔疾书，写下了那么多的动人戏剧。

彭氏祖孙状元让某人很受伤

在葑门地区众多的名门望族中，彭氏值得大书一笔。

清代苏州城里有四大家族，被称为“彭宋潘韩”，其中彭家、宋家（宰相宋德宜家族）都住葑门，韩家（状元韩菼家族）住娄门，只有潘家（状元宰相潘世恩家族）住古城中心。

彭家的房子在十全街东段，门前原先竖有8根旗杆。一时间，“旗杆里彭宅”无人不晓。清代彭家出了两个会元兼状元，1个探花，另有14名进士，36名举人（包括后中进士者），7名副榜，附贡生达130多名，而且是全国唯一的祖孙连中会元、状元的一家，因此，彭宅大厅对联上写有“昭代科名第一家”之句。同时，彭家还出过军机大臣、尚书、督抚等高官显宦，堪称贵不可言。

如今的彭状元府

彭家的第一个状元是第十世彭定求（1645—1719），康熙十五年（1676）连中会元、状元，被授予修撰的职务。他生性恬淡又耿直，与同僚们处不来，前后做官不到10年就借口身体不好回家了。后被皇帝任命主持校刊《全唐诗》，两年完工，总计900卷。

彭定求的第二个儿子叫彭正乾，彭正乾的长子彭启丰（1701—1784）27岁也中了会元，殿试时被推荐为第三名，雍正皇帝钦点为状元，后来做官一直做到兵部尚书，相当于现在的国防部部长。

据说，彭定求曾批彭正乾没有出息，说：你的父亲，你的儿子都能显功扬名，唯独你无能。这让彭正乾很受伤。不过彭正乾也不是等闲之辈，立马回答：父之父不如儿之父，父之子不如儿之子。意思是说，你不要小看我，你的父亲（不是状元）不如我的父亲（是状元），你的儿子（不是状元）不如我的儿子（是状元）。言外之意：状元生我，我生状元，有什么好惭愧的？！

葑门彭氏状元府几经变迁，2003年由一家房产公司进行了移建、修复，形成门厅、轿厅、大厅、楼厅4进建筑群，总建筑面积458平方米。维修时我多次进去看过，应该说修得还不错，可惜都是圆作梁建筑，不像扁作梁那样气派。如今这一建筑群被公布为苏州市控保建筑，门口有“状元第”匾，被屋檐罩住，不容易看见。苏州人就这么低调，不喜欢大张旗鼓显摆。

沈德潜死后有没有被戮尸?

在清代的苏州，有一位活了97岁的长寿诗人，叫沈德潜。他17次参加科举考试，直到66岁才考中举人；政绩平平，官阶却在半年间从从（zòng）七品升为从四品；致仕（退休）后又被封为礼部尚书；去世9年后再卷入《一柱楼编年诗》案……充满了传奇色彩，也给后人留下了诸多历史之谜。

沈德潜的故里在葑门外竹墩村，但具体位置文化圈长期没人弄清。通过查阅民国《吴县志》的地图可以发现，这个村就在黄天荡西南侧、葑门东街朝天桥东南。20世纪90年代我反复走访当地老人，终于弄清了该村具体位置——就在今天的苏大杨枝塘教工住宅区一带，中华人民共和国成立前就已荒弃。中华人民共和国成立后平整土地，曾在地下发现墙基、排水沟等物，可以证实以前确为村庄。至于这个村荒弃的原因，可能是因为中华人民共和国成立前频繁的战乱和盗抢，也可能是因为驻扎在附近（葑门东街欧阳公馆）的水军需要操练场地而征用。沈德潜做官后，在网师园西面（今阔家头巷26号）建了个新居，部分建筑

沈德潜像

保存至今，其中大厅为楠木厅。

沈德潜政绩平平，晚年为何大红大紫？分析下来，主要是因为诗写得好，还兢兢业业为乾隆校刊《御制诗集》，为乾隆的诗润色。碰巧乾隆皇帝喜欢附庸风雅，因此特别重用他，封建时代嘛，反正皇帝说了算。

去世9年后，东台发生徐述夔《一柱楼编年诗》案，乾隆看过诗稿后定性为"逆案"。沈德潜因曾替徐述夔作传，并称他"品行文章皆可法"，又兼写过《咏黑牡丹》诗句"夺朱非正色，异种也称王"而受到牵连。乾隆大怒之下，下令对沈德潜进行追夺封衔、仆碑、罢祠、磨平碑文等处分。

对此不少书籍、文章称，沈德潜被开棺戮尸、全家治罪，所有荣华顷刻间化为泡影。周国荣副教授在他的《说吴·道苏州》一书中写道："乾隆帝就说沈氏恶意诽谤清夺明权且骂为异种，下令发沈墓毁棺戮尸（仅次于族诛的重刑，即苏州老闲话中的掘祖坟），子孙因进原稿免死遣戍黑龙江服苦役，苏州家产自然没收。"

不过民国《吴县志》和之前官方修的府志、县志都没有说沈德潜被戮尸。我查了乾隆皇帝所作的《故礼部尚书衔原侍郎沈德潜》诗，里面明确说："用是追前恩，削夺从公议……盖因髦而荒，未免图小利。设曰有心焉，吾知其未必……"这些话说明，乾隆分析沈德潜"犯错误"的原因是年老糊涂，兼贪小利（贪图作传的润笔费），而不是明知徐述夔"反动"而给他作传的，因此只是"追前恩"（追回之前的恩赐）而已，并没有治罪。处分只是行政处理，治罪那可是上升到刑事案件了。再说，如果真要追究刑事责任，乾隆写有关沈德潜的诗，还可能用"故礼部尚书衔原侍郎沈德潜"做标题吗？

《钦定四库全书·皇朝通志》卷五十三也说：

礼部侍郎加尚书衔赠太子太师沈德潜谥文慤……乾隆三十四年十月谥，四十三年十一月夺……

乃沈德潜所作传内称其《一柱楼编年诗》已付梓，并云品行文章皆可法。是沈德潜于徐述夔所作悖逆不法诗句皆曾阅看，并不切齿痛恨……且伊为徐述夔作传自系贪图润笔为囊橐计，其卑污无耻尤为玷辱缙绅，使其身尚在，虽不至与徐述夔同科，亦当重治其罪。今伊业已身故，不加深究，然竟置而不论，俾其身后仍得永受恩荣，则凡在籍朝绅又将何以警惕乎？著照所请，将沈德潜所有官爵及官衔谥典尽行革去，其乡贤祠牌位亦一并撤出，至所赐祭葬碑文现派阿弥达前往，同杨魁查明仆毁，以昭炯戒，将此通谕中外知之。

这里同样没有说将沈德潜开棺剖尸。

赛金花曾住葑门肖浜巷

在晚清至民国众多的名妓当中，赛金花应该是最具传奇色彩的一个，除"清末四大谴责小说"之一的《孽海花》影射她外，还有多部笔记和小说涉及她的故事。这个赛金花，初名赵彩云，又名傅彩云，安徽人，但与葑门也有关系。

网上拍卖的赛金花照片

《民国档案·北平卷》中的《赛金花狱中自述》称，赛金花出身在大户人家，母亲生下她不久就死了，后来家道中落，父亲就带她到苏州投奔姑妈，住在葑门外的肖（萧）浜巷。那里开门出去是一条很宽的河，河边停满木排。沿河边拐过去，再过一座桥就是横街，后门外还有一大片油菜地。

由于姑妈一个人要负担4个小囡，姑父又生病，傅彩云12岁就被卖到阊门花船上唱小曲，当时她的父亲已经去世。后来她遇到了状元洪钧。洪钧虽是苏州人，老家也在徽州，而且还是父亲一代才搬来的，跟傅彩云可谓“老乡见老乡，两眼泪汪汪”，再加上傅彩云长相可人，又聪明机灵，洪钧就花银子把她赎了出来，纳为小妾，这一年洪钧48岁，傅彩云年仅15岁。

赛金花

不久，洪钧奉旨担任驻俄罗斯帝国、德意志帝国、奥匈帝国、荷兰四国公使，他的原配夫人何氏对西方的礼仪、风俗心存顾忌，就让彩云陪洪钧出洋。在德国时，傅彩云曾给洪钧生过一个女儿，取名德官，19岁病死于苏州。

1893年洪钧在北京病逝，傅彩云还给他生了个遗腹子，但11个月大时即夭折。可能因为这个变故的关系，洪钧留给傅彩云的巨额钱财被洪氏族人扣下，生计无着的傅彩云在送洪氏棺柩南返苏州途中，潜逃至上海为妓，改名“曹梦兰”。后来又到天津，改名“赛金花”。1900年八国联军攻陷北京时，她在北京石头胡同为妓，曾与部分德国军官有过接触，也曾改换男装到皇家园林西苑（今中南海）游玩。1903年在北京因涉嫌虐待幼妓致死而被抓，解返老家徽州后又前往上海。晚年生活穷困潦倒，1936年病死于北京。

洪钧遗体葬在苏州七子山南部支脉宝华山宝华寺西北面约500米处，今为旺山公墓四工区范围（吉祥一区东北面）。几经打听，2013年12月，我与洪钧曾孙洪传心找到了当年的看坟人周小妹（1927年生）。她说，洪状元坟东面还有个小姐（应该指德官）坟，但赛金花有没有上过这个坟，她就说不上来了。

苏州城里最后的蛇郎中

葑门的平头百姓中，也出过一些奇人异士。

彭状元府西面的巷子里，有位叫朱雪根的蛇医，被称为“苏州城里最后的蛇郎中”，他的父亲朱松官就是其中一位奇人，老一辈苏州人几乎无人不知。

认识朱雪根事出偶然。当时有住在石炮头的读者打来电话，说家里发现了蛇，希望请人去捉一捉。我立即想到了朱松官家属，就找了过去，结果一下就找到了。然后带着他一起去读者家。可能是蛇听到了动静，等我们赶到时，它已经逃之夭夭了。

事后我和朱雪根聊起了他父亲。他告诉我，中华人民共和国成立前，地处江南湿热地带的苏州饱受蛇毒之害，不知多少人因此丧生，这自然就催生了一批蛇郎中，朱松官也是其中一位。他20世纪20年代出生在浙江嘉兴农村，3岁死了娘，13岁那年父亲又病故。成了孤儿的他浪迹于江、浙一带，以讨饭为生。17岁那年，一位“捉蛇叫花子”——常熟梅李人“王三爷”收留了他，迫于生计，他随“王三爷”学了一手捉蛇、玩蛇、配制蛇药、治疗蛇伤的本领，还娶了“王三爷”的女儿王小荣为妻。

20岁时，朱松官和妻子来到苏州，晚上住在葑门城门洞里，白天在玄妙观玩蛇、卖蛇药。他常常抓出长蛇任意耍弄，甚至伸出自己的舌头，让毒蛇吐着信子去咬，直咬得舌尖鲜血淋淋，随后他掏出一些粉末，往伤口上一抹，人就安然无恙了。朱松官使这样的苦肉计，目的只有一个，就是推销自己的粉末——蛇药。

但苦肉计有时候会带来危险。在朱雪根记忆中，朱松官先后被毒蛇咬伤过（指比较大的伤）六次，一只无名指因此无法伸直，有一次更是险些送了命。

苦难的生活逼出了一个几代人都靠蛇吃饭的家族。直到今天，朱家的墙上仍挂着书法家黄骏赠送的一幅字，上面写有“蛇医世家”几个大字。

朱雪根虽然继承了朱松官的事业，但现在毒蛇减少，他每年接到的蛇伤病人不过10来个，只能把诊疗项目向相关疾病延伸，诸如癣、湿、疹、蛇胆疮（带状疱疹）之类的病，甚至毒蚊子叮、蜈蚣咬，他都可以帮着治。以蛇胆疮为例，这是一种神经性皮炎，得了这种病，伤口处经常发痒，搔了以后又作痛，病人痛苦不堪。朱雪根用蛇药治，一般10来天就可以好了。捉蛇也是他的看家本领，这让医院里的许多蛇伤医生都自叹不如。

对社会有用，就是这个行当存在的理由。

龙舌嘴上出生的体坛骁将袁伟民

说到葑门的当代名人，最让人津津乐道的可能要数国家体育总局原局长袁伟民了。

葑门内有个地方叫龙舌嘴（又有人称为龙船嘴），就在苏大老校区东南角，袁伟民家原先就住那里，后来才搬到吴衙场。袁伟民生于1939年，毕业于南京体育学院，1958年进江苏省男子排球队，1962年入选国家男子排球队，任主力二传。1976年6月出任国家女子排球队主教练，指挥中国女子排球队，分别于1981、1982和1984年取得第3届世界杯女子排球赛、第9届世界女子排球锦标赛、第23届洛杉矶奥运会女子排球比赛冠军，使中国女排在世界排坛上首次取得“大满贯”、“三连冠”的历史性突破，所创导的女排拼搏精神被誉为全国人民学习的榜样，袁伟民也得到国内外同行的赞誉。

那时候，电视里经常看到他指挥中国女排比赛的镜头。父亲说他是苏州人，孙晋芳也生在苏州，据说郎平的外婆家也在苏州……当时我还小，虽然不太懂事，但听了以后，自豪感也油然而生。

袁伟民出身菜农家庭，是我国体育史上第一位运动员、教练员出身的体育最高级官员，还当选过中央候补委员、中央委员，人生经历颇具传奇色彩。我觉得，袁伟民的人生之路，再一次验证了“三百六十行，行行出状元”的老话，也证明当代苏州依然不但出文人，而且出武才（体育理应归入武的行列），葑门也因哺育了袁伟民这样的体坛骁将而更添风采。

【附】

《苏州市志》中的葑门

葑门 位于城东，相门之南。初名封门，以封禺山得名，因附近河中有鱄鲟（江豚）出没，又名鱄门、鲟门。又以周围多水塘，盛产葑（茭白），遂改为葑门。该门经历代多次重建。清初重建门楼，题以“溪流清映”额，并增辟水门。民国25年门楼被拆除。50年代拆除城门。

（根据平面图，葑门为两道陆门、两道水门）

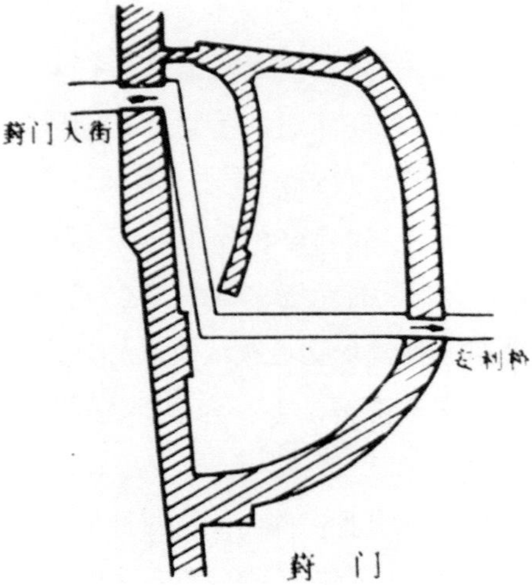

《苏州市志》葑门平面图

第七篇　话说相门

2012年9月，相门和相门段城墙得到修复，从相门大桥向北望去，城墙及遗址一直延伸到东园。修复的相门城门结构精巧、雄伟壮丽，不过，历史上曾长时间封闭的这座城门到底是什么模样，现在已难以考证。她的名字，历史上也不叫“相门”，而叫“匠门”或“将门”。

2012年9月修复后的相门城门城墙

上：相门城门城墙

这是一座、一段与干将紧密联系的城门城墙。直到今天，干将路还与相门相偎相依。以传说中的干将妻子莫邪命名的道路，也与相门隔河相望。

与苏州其他几座城门相比，相门的变迁不算复杂，倒是她的得名由来，颇让人搞脑子。

干将炼剑催生“匠门”名？

吴王阖闾剑

相门最早叫匠门，几乎已经成为历史学家们的共同说法。

他们的依据是，唐朝成书的《吴地记》记载：“匠门……阖闾使干将于此铸剑。”因为干将是工匠，所以这个门就叫匠门了。

原来，春秋时期，锋利的宝剑就跟今天的导弹、核弹一样，属于高精尖武器，受到各国君臣的追捧。那时候，有人甚至用1000匹马、大量土地来交换“纯钧”或“湛卢”这些著名宝剑。

《吴越春秋》等古籍记载了一个带着哀伤的故事：

越国曾派人献三把宝剑给吴王

苏州金海鸥大师近年重铸的干将莫邪剑

阖闾，阖闾非常喜欢，但他并不满足。于是，以“武功”著称的他，命令当时的著名炼剑工匠干将再铸两把宝剑。

接到命令后，干将和妻子莫邪立刻“采五山之铁精、六合之金英”，启动炼剑工程。但炼了三个月，金铁之精还是没有熔化，两人一筹莫展。后来莫邪自己投身熔炉（一说向冶炉内投入头发、指甲），干将又派三百个童男童女拉风箱、加烧炭，终于让金铁熔化，铸成两把著名的宝剑，一把是阳剑（雄剑），称干将剑，另一把是阴剑（雌剑），称莫邪剑，其中干将剑献给了阖闾。

英国的中国科技史学者李·约瑟、苏州大学物理系副教授张橙华对此认为：干将实际已炼出了钢剑，这是世界上最早的炼钢记录。他们分析，一开始金铁之精不肯熔化，说明炉温不够。后来投入头发、指甲，增加了炉内的磷含量，可降低生铁的熔点。再用炭作燃料，这样可比烧木柴达到更高的温度，鼓风则让炭的燃烧更充分，可进一步提高温度。

金铁之精就是这样熔化的。

干将剑到底怎么锋利，现在已经不得而知。民间传说，虎丘山上的试剑石，就是阖闾在试这把宝剑时一下劈开的。这当然只是传说而已。

在相门一带的陆地、河道里，曾出土过一些青铜宝剑，以及其他一些青铜器。如1986年4月，相门内江苏省第三监狱工地，在距地表1.8米的黑淤土层中，发现青铜鼎、罍、壶、盘、洗、剑和编钟等共10件青铜器。其中3件编钟保存完好，形制与江苏六合程桥春秋后期吴国贵族墓出土的有“攻敔”铭文的编钟完全相同，铜器纹饰也具有明显的地方风格。

此前的1975年10月，在相门南面1.2公里处的葑门内程桥河底淤泥1.4米深处，也出土了青铜剑2把、镞2件、樽1件、斤2件、锯镰4件、锛4件、锄1件、铚2件等器物。其中一把剑的暗格纹饰，跟山西出土的吴王光剑、湖北出土的吴王夫差剑和越王勾践剑相似。

1977年9月，城东北新苏丝织厂挖水池时，距地表约1.5米深的淤泥中则出土青铜鼎1件，鼎口盖一红陶罐，鼎内盛放青铜杯、锛、锄、镰、斤、矛及镞等共56件器物。这只铜鼎与江苏六合程桥春秋后期吴国贵族墓中所出的铜鼎也完全相同。鼎内所盛器物，部分已碎断，似乎是因为事发突然，仓促之间有意打碎的，以免被人拿去，占了便宜。

根据纹饰和形制分析，这些掩埋地下的铜器，都是春秋战国之际的吴国遗物。

因为苏州地下水位高，铜器容易烂掉，所以可以肯定，古代埋在苏州地下的青铜器数量应该远不止以上提到的这些。

宋朝方志记载为“将门”

按照上面的说法，匠门是因为干将而得名的。那为什么不叫干将门呢？

周国荣副教授独家提出，干将不是一个人，而是一群人，是干国的一大批俘虏。他说，干国的历史可追溯到4千年前，春秋时被吴国所灭，故址在今扬州市东北。

干国人擅长手工技艺，尤其精于兵器制造和屋宇建筑。直到今天，我国的语言、文字仍留有干国的历史文化遗迹，如兵器、战争叫作“干戈”，盾牌、防卫叫“干城”，河网地带在水上立柱建屋叫“干栏”。

周国荣分析，干国的俘虏被安置在苏州城东炼剑，被称为“干国匠人”，后来简称为“干匠”，于是人们就把这里称为匠门了。至于莫邪，也不是干将的妻子，而是磨剑时发出的号令“磨呀”的谐音，也是用来借代一群工匠的。

问题是，历史上一直是低洼地的相门外，适合作为一大批人炼剑的地方吗？如果不适合，那么，匠门因一大批工匠而得名的说法就难以成立。

对于这个问题，张橙华认为，江南一带缺少富铁矿，许多矿石需要外地运来。而在古代的吴地，对外交通主要依靠水路。这一方面是因为吴地多水；另一方面，水运的运载能力相对更强。

干栏式建筑模型

相门外这个地方有河道与护城河、官渎、吴淞江等相通，是古代苏州的出海道，外地的金属矿产用船运到这里很方便，因此，2000多年前这里完全可能成为吴国的工业区。再加上相门外曾建有一座欧老爷庙，相传纪念铁匠祖师欧冶，地下曾发现大量铁渣、煤渣等打铁痕迹，足以证明历史上这里曾聚集了大量冶炼工匠。

那炼剑为什么不放在苏州城里呢？我的推测是，这很可能是因为，生产宝剑属于军事工业，应该带有保密性；同时，炼剑会产生大量的烟雾、声音，也不适合放在城里。

对于这一点，周国荣副教授认为，先秦时手工奴隶被看重，他们都按工种而集中居住、生产，“匠门”就是工匠集中居住、生产的地方。“西施”这一名称也可作为旁证。“施”是彩旗，“西施”是生产彩旗的工匠集居地的地名，献给夫差的“西施”，全称应为“西施女”，是西施这个地方生产彩旗的某位工匠的女儿。

以上对“匠门”因工匠们得名的解释完全合情合理。不过，确实有方志认为匠门也叫干将门的，因干将独自在这里炼剑而得名，南宋的《吴郡志》就持这一观点。该志同时引述其他方志认为，称匠门是发音上以讹传讹。

北宋方志《吴郡图经续记》则认为，匠门其实应该叫“将门”。明朝的《姑苏志》认为，“将门”可能是一种省称（简称）。

个人推测，“将门”的“将”很有可能指武将。理由有二：第一，在古代，无论是干将也好，还是其他工匠也好，身份都十分低微，哪可能用他们的名字来命名一座城门？第二，别看现在苏州人比较文弱，但在古代，这里的人却非常崇尚武力，出现了许多武将、刺客，像春秋时期吴国第一勇士庆忌、秦末项羽的八千江东子弟、三国时期的陆逊、西晋时的骠骑将军顾荣等。不过，这一猜测目前尚未找到佐证资料。

1980年底，在相门桥西南堍南侧发现了距今2000年前的汉代匠门水门基础，这说明汉代匠门依然是座水陆城门。挖出的两块巨大门臼石，现在陈列在苏州城墙博物馆内。

干将遗迹今天在哪里?

不管干将是一个人还是一群人,一个事实不容否定:历史上,干将留下了许多遗迹。

苏州城内的干将坊、干将路,就都因干将而得名。城外还曾有干将墩,堪称最有代表性的干将遗迹。

这个墩位于原娄葑乡葑塘村田庄河自然村,其实更靠近葑门。我刚到附近一所中学任教的时候,曾去现场看过。当地村民许水生告诉我,干将去世后就葬在这个土墩里;土墩西面的河叫田庄河,田庄河再西面的水田里,原先有个陈姓珠宝商的坟,干将就是在那里炼剑的。

1953年春,著名历史学家顾颉刚在其他几位专家的陪同下,步出相门寻找干将遗迹,最后在干将墩掘到了一些古陶范(铸造青铜器的陶质模型),这些陶范和泥土还送到南京博物院化验,发现含铁量特别高。结合大量历史资料,顾颉刚认定,相门外南到干将墩、北到官渎里一带的大片土地,曾是当时吴国的兵器"工业区",生产兵器的"工兵",正是干将他们。

历史上,干将墩留下了许多传说。南宋《吴郡志》引述《中吴纪闻》说,曾有人在干将墩耕种,忽然有一条青蛇缠在他脚上,这人吃了一惊,用刀砍断了青蛇。青蛇的前半段跃进草丛,不见了踪影,这人再看剩下的半截青蛇,竟然是一段折断的宝剑。傍晚这人想带这段宝剑回去时,突然又找不到它了。

这样神神叨叨的记载,与陶渊明《桃花源记》发现桃花源后又找不到了的写法如出一辙。

清朝中后期的《红兰逸乘》记载,嘉庆丁丑(1817)秋,干将坊疏浚井水,在井里发现了巨人的骨头,当时有人推测,这来自干将的身上。但《红兰逸乘》的编纂者认为,如果干将葬在匠门外,那么,井里的巨人

干将墩旧影

骨头就跟干将无关了。

工业园区启动前，干将墩上已被当地村民造了房子。1995年干将墩被挖除，我特意冲到现场去看，没有发现棺木遗骨。如今，干将墩原址上已建起了欧尚超市。

2011年初，一张干将墩老照片浮出水面，为我们还原了干将墩的旧貌：一个高低起伏的土墩，上面长了10来株树木，还竖着两截石头；周围是水田，里面长着鸡头米、茭白，依稀可见水光倒影。

根据照片中树梢长着绿叶、水田冒出鸡头米圆叶这些情况，获得这张照片的老照片收藏家谭金土判断，应拍摄于春夏之际。再从照片的陈旧性分析，谭金土断言：它的拍摄年代应当在20世纪50年代初。而从拍摄的角度看，拍摄者很可能是位专业人士——懂得从低处取景，突出干将墩的高大。

啥辰光开始叫“相门”？

那匠门、将门又是什么时候开始叫相门的呢？答案是民国时期。

原来，唐代的时候，匠门陆路已经废弃。当时的《吴地记》记载：“水陆两路，今陆路废。”宋朝的时候，不知是不是因为海潮倒灌的原因，匠门连水门也封闭了。因此，在南宋雕刻的《平江图》上，已经找不到匠门的任何痕迹。

到了民国年间，因为战备的需要，建造了一条从苏州到嘉兴的苏嘉铁路，1936年7月15日正式通车，并在苏州城东设立了一个车站，位置在今天的东环路跟干将路交叉口西北侧约100米处。为方便交通，1936年8月在古代匠门的位置动工重开城门，并建造了一座跨护城河的木桥。老人们回忆，重开的城门其实并没有专门建造城门、城楼，名字也变成了相门，跨护城河的桥梁则叫相门桥，城东的那个车站跟着叫了相门车站。

相门火车站旧影

至于民国开始为什么这里改叫相门，没有人能够给出标准答案，可能是当时的当权派看不起工匠，觉得叫“匠门”跌身价，就改用高大上的谐音“相”来命名了。好在历史上苏州地区出过至少61位正宰相、副宰相级人物，像三国时期的顾雍，北宋的范仲淹，明朝的王鏊、申时行，清朝的潘世恩、翁同龢等，再加上苏州古城的缔造者伍子胥也曾被封为吴国的相国，所以，选一座城门命名为“相门”一点也不过分。

因为是“宰相”，所以“相”要读“xiàng”，苏州轨交1号线报站报了第一声，弄错了。

值得一提的是，苏嘉铁路开通不久，相门站附近还发现了疑似西汉时期吴国国王刘濞的宗庙遗址。

那是1936年秋，苏州图书馆协同上海博物馆，对位于相门与相门车站之间的汉代古祠遗址进行了发掘。历史学家顾颉刚在《苏州史志笔记》里记载了相关情况：

获得护墙地脚砖数十块，长方形，有图案。其墙根延展处直达农民房屋基下，工事因而中止。砖块外有当时泥工陶镘两柄。砖移至吴县图书馆（按：在今苏州公园内），计划重新陈列……在祠后得一厨房废址，地较低于祠址，有一大陶锅烹饪器，圆腹无足，径二尺以上，及石磨二层，一已断碎。

这次发掘所得的部分器物，如汉砖、瓦当、版瓦、残陶器等，以及绘制的《相门外之汉代建筑残迹图》和拍摄的残迹照片等，曾在次年2月开幕的吴中文献展览会上公开展出。鉴审委员会的审定意见是，相门外的古祠遗址，原为汉初吴王刘濞时的宗庙。

但我觉得，这个审定意见可能不靠谱。因为刘濞忌讳江南，所以国都定在了广陵（今扬州），他的宗庙怎么会建到苏州呢？倒是之前的荆王刘贾常住苏州，这处古祠遗址如果真是汉代王室宗庙，那更可能是刘贾的。

“肚子”里建起城墙博物馆

苏州城墙博物馆

2011年9月20日启动的苏州古城墙保护修缮一期工程已于2012年9月27日结束，总长超过1400米的阊门北码头段、平门段、相门段古城墙，再现昔日的古朴宏伟面貌。

相门段位于平江历史街区东部相门桥北侧，南起相门桥，北至耦园段，长度近650米，其中新建城墙370米，其余为恢复的城墙遗址。城墙底宽12米，顶宽9米，高8.45米。城楼高23.8米，是市区最高的城楼；南北两端残坡的设计让城墙更具沧桑感；两个水城门与东面约3.5公里外的东方之门正好连成一线，古今相融。

城楼是采用香山帮传统建筑营造技艺造起来的，大构件全部用榫、卯和竹钉等连接和咬合。一般古建立柱采用杉木，但杉木硬度不够，容易开裂变形，所以这个城楼的立柱全部采用硬度更高的菠萝格。菠萝格一般用于打制高档家具，可以达到准红木的程度，成本也比普通

苏州城墙博物馆里陈列的相门水门门臼

杉木高十倍以上。但为了牢固，政府部门下了血本。和立柱不同，横梁需要更好的柔韧性，所以全部采用高质量的松木。城楼题有“钩邑相徽”四个大字。“钩”指吴钩，吴国的一种兵器；“邑”，城邑，这里指苏州城；“徽”是美好的意思。

这段城墙与其他修复的城墙不同，“肚子”是中空的，面积7439平方米，南段的“肚子”建设了一个城墙博物馆，由苏州文旅集团负责实施。

2013年11月23日，这一博物馆正式对外运行。里面分上下两层，面积近1400平方米，分“序厅”、“城纪千年”、“城门故事”、“城里城外”、“城头记忆”和“城墙复现”六个展厅，展示了苏州城墙的历史变迁和考古成果，其中包括上文提到的相门水门遗址挖出的两块巨大门臼石。

下：相门风物与人文

相门一带的风物、人文，可以说的有宋代的甲辰巷砖塔、清代冷香溪（今读书湾）经学家惠周惕的红豆山庄（红豆树已于太平天国战争时期被砍伐）、苏州大学内的文星阁（方塔）、今平江实验学校里的长元县学、狮子口的江苏省苏州监狱（原称江苏省第三监狱）、官太尉桥的双塔影园等。这里点一下后四者。

钟楼指的哪座楼？

靠近相门的地方，有一个老新村叫钟楼新村，是苏州最早的新村之一。这个钟楼指的是什么楼？

原来就是苏大校区内的文星阁。因为藏身校园，外人接触不多，有必要单独说一下。

“阁”一开始指下部架空、上层高悬的建筑，一般平面近方形，两层。后来，可以登高望远的风景游览建筑往往也用阁为名，如滕王阁等，层数就不一定只有两层了。

文星阁始建于明万历十七年（1589）至万历二十五年（1597），距今已有400多年历史。万历四十年（1612）重建，四层方形，通高28米左右。最下面是高6.5米的三层台基，底层边宽14.4米，逐级向上递减。

文星阁里还悬有大铁钟，钟上有“文星宝阁”铭文，所以又被称为钟楼，西面的新村也因此被命名为钟楼新村。

文星阁还有一个名称叫方塔，这是因为她看起来比较“胖”，形状跟虎丘塔、瑞光塔、北寺塔等苗条型宝塔都不一样。

长元县学大成殿的歪脖子柱子

长洲、元和县学是古代的官办学校。长洲县学建于南宋，曾设在玄妙观北面，明嘉靖二十年（1541）搬到现在的平江实验学校那里。为表示区别，这一县学前面的街道被称为“新学前”（1982年与狮子口、濂溪坊、松鹤板场、干将坊合称干将路），玄妙观北面的街道被称为“旧学前”，这个名字至今保留。

清雍正二年（1724）从长洲县分出元和县，但县学没有另外建造，而是附于长洲县学，称为“长洲元和县学”，简称“长元县学”。两个县合用一座学校，倒也新鲜。根据雍正皇帝比较吝啬的性格、严惩贪腐的做法分析，可能是当时下面不敢乱用钱搞工程，于是就两县共用一座学校了。

这所县学的大成殿曾毁于火灾，现存大殿是清朝光绪八年（1882）重建的，面积544平方米，在苏州现存古殿中排在玄妙观三清殿（1125平方米）、西园寺大雄宝殿（672平方米）、苏州文庙大成殿（630平方米）之后，居第四位。

10多年前我曾参观过这座大殿，印象最深的是，其中一根柱子顶部是弯曲的。为什么会出现这样的情况？是屋顶太重？当然不是，如果是，那屋面肯定要坍塌了。最大的可能是，重建大殿已是晚清时期，国势衰微，资源不足，地方财力也有限，又要赶工期，最终，买到的歪脖子柱子也只能将就着用上去了。如今，经过维修，歪脖子柱子已经变直了。

七君子曾被关在第三监狱吗？

干将东路跟仓街交叉口的一座桥，栏杆上标有“七君子桥”字样，很是醒目。据说，1936年沈钧儒等七名抗日民主爱国人士（“七君子”）

被捕后，曾被关押在这座桥附近的第三监狱。为纪念这一事件，这座桥就于1995年取名为“七君子桥”了。

那七君子果真曾被关押在第三监狱吗？

其实，七君子中的史良是被关在司前街看守所女监的，其余六人则拘押在江苏高等法院吴县横街看守所，也就是今天的养育巷古吴路那里，跟第三监狱浑身不搭界。监狱关押的是已经判刑的人员，而七君子获释前并没有被判刑，只是进行了开庭审理，怎么可能被关进监狱？

陈公博

视线转到第三监狱。这座监狱又称江苏省苏州监狱，前身是清朝宣统二年（1910）建于仓街小柳贞巷的“苏州模范监狱”，是清王朝狱制改良的产物。后来几经变迁，1940年搬迁到仓街南口、清末军械局旧址。因为当地地名“狮子口”，所以俗称“狮子口监狱”。东面靠河边的狱墙上有个小洞，叫作“拖牢洞”，凡被处死及病死的犯人，都从洞内拖出。狱内东北角设有刑场。

抗日战争胜利后，第三监狱被国民政府列为甲种监狱，监禁对象以判处无期徒刑和较长刑期的罪犯为主，也监禁过共产党人和爱国人士，以及300余位汉奸。其中大汉奸陈公博、褚民谊、缪斌被判处死刑，并在该监狱刑场执行枪决，汪精卫之妻、头号女汉奸陈璧君也曾被关押于此。正是因为如此，苏州狮子口监狱名声在外，和南京老虎桥监狱、上海提篮桥监狱并称为“民国三大监狱”。

中华人民共和国成立后，苏州监狱由苏州市军管会接管。此后，监狱的建制、名称发生过几次变化，1994年起称为江苏省苏州监狱，归江苏省司法厅领导。

位于仓街10号的原苏州监狱大门

因为该监狱围墙外围警戒隔离空间较小，有的甚至与民居相连，安全隐患较大。为更好适应苏州市城市总体规划和城市建设的需要，更好保护古城面貌，同时也为了更好改善苏州监狱监管条件，拓展发展空间，2006年8月，经上级批准，苏州监狱启动迁建扩容工程。

搬迁前，江苏省苏州监狱占地约9万平方米（135亩），里面关押犯人2000余人，其中死缓、无期人员占八成左右。由于戒备森严，我只是乘搬迁开通气会的机会，才怀着好奇的心情进去看过一次，但也就是看看里面的民国建筑之类，没有和在押人员接触。

原苏州监狱远眺

2009年5月20日上午，蒙蒙细雨中，在荷枪实弹的武警官兵及监狱警察的押送下，江苏省苏州监狱在押服刑人员全部用大巴车安全、顺利地迁押至新址——相城区黄埭镇蒋杏浜。一时间，路上警灯闪烁，车队成龙，场面很是壮观。

江苏省苏州监狱搬迁后，原有建筑大多进行了拆除，并在东侧恢复了相门城门及城墙。

双塔影园主人是袁水拍高祖？

在干将路与官太尉桥巷交叉口，有一处坐西朝东、规模宏大、颇具特色的古建筑，现有建筑面积3276平方米，分南北两路。其中北侧有高达三层的更楼（一作小姐楼，供小姐登高远眺），这在苏州现存古建筑中很少见。因为园子临近双塔，取名双塔影园，曾归清末诗人袁学澜所有。

有资料称，袁学澜是现代诗人袁水拍的高祖，即祖父的祖父。因为一开始未找到袁氏家谱，这样的说法一时无法认定。我经过20多年的资料搜集，特别是2015年2月找到了袁氏家谱，最终基本弄清了这一袁氏的家族史，考证出袁学澜其实是袁水拍的高叔祖，即高祖的弟弟。

袁学澜祖上是河南人，南宋初年袁珦跟随宋高宗南渡，子孙就此定居今吴中区郭巷街道东部的赭墩，几经迁徙，明末袁有明（字见昇）定居赭墩南面三里的渡桥村（又名袁村，今属郭巷街道马巷社区），子孙从此被称为渡桥袁氏。

这支袁氏以耕读传家，出过不少读书人、达官贵人，其中第五世袁易（1262—1306）是元朝的知名诗人，著有《静春堂诗集》（四卷）及《静春词》（一卷）。袁学澜（1804—1879）为第二十世（一作二十二世），目前国内可见到他创作的诗词近3000首，其中1200多首是吟咏吴地风俗民情、节令时序、名胜掌故之作，故被人们誉为“风俗诗人”。因许多诗能反映现实、针砭时弊，所以人们又称袁学澜为“诗史”、“诗虎”。

而著有《马凡陀的山歌》《沸腾的岁月》《人民》《冬天、冬天》《向日葵》《解放山歌》《政治讽刺诗》等作品的袁水拍（1916—1982），是袁学澜哥哥袁学潮的玄孙。

1996年，随着苏城37号街坊改造工程的启动，沧浪房地产公司（新沧浪房地产开发有限公司前身）对双塔影园进行了全面修复，特别是恢复了园子，里面亭台楼阁、假山池沼一应俱全。如今，这里已成为新沧浪房地产开发有限公司所在地，以及致力于苏州传统建筑文化研究的吴都学会驻地。

【附】

《苏州市志》中的相门

相门 原名匠门，位于城东。因曾是各种手工工匠聚居之地而名。据传吴王阖闾曾命铸剑高手干将于此设炉铸剑，故又名干将门。后称“相门”是音的转变。门在宋初被填塞。民国23—25年重辟，中华人民共和国成立后被拆除。

第八篇　娄门旧影

从娄门桥向西南望去，那高高的牌楼上所写的“江海扬华”字样，就是历史上娄门门额上的题字。

2013年实施的娄门段城墙修复工程从娄门桥西北堍开始，修缮完整古城墙110米、遗址城墙91米。城楼为五开间两落翼两层歇山式建筑，上面也题有“江海扬华”字样，与娄门桥西南堍的牌楼形成了“两个‘江海扬华’夹一桥”的有趣景象。

重修后的娄门

上：娄门城门城墙

历史上的娄门什么模样？为什么叫娄门？修复前进行的娄门段城墙考古有什么发现？本部分将分头讲述。

娄门名字源于妇女头顶竹器？

关于娄门名字的出典，唐代的《吴地记》载：

娄门本号疁门，东南秦时有古疁县，至汉王莽改为娄县。

这段话的意思是，娄门原来叫疁门，娄门的东南面，秦朝的时候设置了疁县，到王莽的时候改称娄县，城门也因此改称娄门了。

这种说法成为历代方志上的唯一正统说法，但也存在一个致命伤——根据先秦史料编撰而成的《越绝书》记载："邑中径从阊门到娄门，九里七十二步。"可见娄门在伍子胥的时候就命名了，比王莽时期要早五百年。

那娄门的"娄"字是怎样来的呢？周国荣副教授认为，极可能会是这样的——

娄门东面有娄门塘，又称娄江，向东经昆山、太仓入长江（太仓段称浏河）。娄江在古代很宽阔，在宋明时代，海外大船可直达娄门口——此口成一湖泊，可泊多艘船只，名气很响。可知娄门的"娄"字应该来自娄江的"娄"。

而"娄（婁）"字最早的形与义是"妇女头顶竹编之器"。这种形式，在如今的朝鲜族、南亚和南美妇女那里依然可以看到。她们从小就学习用头顶东西的能力，长大后，不论是水罐、粮袋、包袱，还是其他东西，她们都不用肩挑、背背或手提，而是放在头上顶着，重量可达几十斤。顶东西时，先在头上放一个用毛巾或布做成的垫圈，又松又软，这样可以防止硬东西直接与头部接触，磨坏头部。另外，这种垫圈还有固定物体的作用，使物体不容易从头上掉下来。

古时苏州农夫田里劳作很艰辛，妇女们从家里送饭食，用头顶着运过去，如果有收获物，也用头顶着运回来。当时娄江两岸及四周的大片"婁"状之女成千上万，久而久之，这里就被称为"婁"地、"婁"江了。

周国荣觉得，这一说法要优于"娄"源于"畱县"的说法。

这样的说法虽有一定道理，但历史上妇女头顶竹编之器这一现象肯定不只出现在娄江一带，为什么其他地方就不用"婁"命名呢？

个人觉得，"娄"是由"畱"转变而来的。畱读作liú，意思是火耕之田。《说文解字·田部》："畱，烧种也。"春秋战国时期，苏州一带耕种方式还比较原始，每到冬天，人们将田里的野草焚成灰，作为肥料，促进来年的丰收，因此被称为"畱"地。

这一结论的依据有两个：一是浒墅关原名"虎畱"，到五代十国时期，钱镠（852—932）成为吴越国国王，人们为避"镠"的音讳，才将那里改称为"浒墅"；二是直到中华人民共和国成立后，苏州地区部分农村还流行"点田财"的风俗，即农历腊月二十三晚上，烧掉田里的枯草，这正是苏州先民"畱作"风俗的延续。

娄门水陆城门都曾有三道

跟其他城门城墙一样，娄门及娄门一带城墙历史上也几经兴废。清初重建门楼后题以"江海扬华"额。城门分外、中、内三重，内城门上方筑有城楼，三重城门之间有空地和闸门装置，十分坚固。水门三道也有闸门装置。她们的位置，就在今天的娄门桥西堍。

《苏州市志》称，娄门外城、中城及内城门上的城楼可能在1948年被拆除。1958年，内城门和水门也先后被拆除。

让人困惑的是，娄门外城、中城及内城门上的城楼被拆除的时间前用了“可能”一词。按理，编《苏州市志》距1948年也就40多年时间，这个年份应该弄得清的。可能是市志的编写者没能找到目击者，或目击者回忆不清，因此用了这个不确定的词。

幸而我市文史爱好者沈兰生2010年元旦发现了一块“娄门”碑，为弄清这一年份提供了依据。这块碑长约1米，宽约40厘米，厚约20厘米，花岗石质地，但颜色较深。“娄门”两字是横着写的，繁体，笔画很工整，刻痕很深，看上去很清楚。碑刻的右侧还竖刻着“民国卅七年苏州重建”字样；碑刻的左侧是书写者的落款，依稀可看出此人姓王，姓名一旁还刻有一枚方形印章。

这块碑上所写的“民国卅七年”就是1948年。看来，娄门当时进行了改造，外城、中城及内城门上的城楼被拆除的时间就在这一年。

这块碑曾放在东北街128号灵迹司庙院子的地上，2009年因为修庙，碑刻被工人运到市立医院北区（原三院）东面对岸的护城河边，据说后来被苏州碑刻博物馆收藏了。我去核实，没结果。工作人员说，他

娄门水门旧影

娄门“江海扬华”牌坊（正面）

们得到信息后，于2010年1月4日一上班就赶去现场查看，没想到当时这块碑已经不翼而飞了。

2004年，苏州在娄门桥西南堍兴建了一座牌楼，上面题有“江海扬华”四字，以此呼应当年城门题额。她高达13米，是目前苏州地区“身材”最高的牌楼。

考古发现娄门段城墙特别厚

为配合2013年4月开工的苏州古城墙保护修缮二期工程，苏州市考古研究所对娄门桥西北堍原东风丝织厂内的娄门城墙遗址开展了考古发掘，结果发现，娄门段城墙特别厚实，基础宽度达18米左右，比阊门—胥门段城墙宽6米左右。

同时，考古人员在一条探沟里发现，城墙基础中部的地下有一处

娄门城墙遗址地下发现的地坪（持锹工人脚下）

地坪，按上北下南的方位看呈“┛”形。

铺设地坪的地方应该是人行通道或房子的基础。既然如此，它们怎么会出现在城墙“肚子”里呢？考古人员分析，可能是因为一开始筑的城墙基础比较窄，后来发现娄门段城墙地势较低，容易遭水淹，必须筑得更厚实才牢固，就进行了加宽，于是把人行通道或房子的基础砌进城墙了。

我觉得，也可能是战争时期为防遭冲击而加宽的，具体情况还要做进一步考证。

下：娄门风物和人文

提到娄门，人们也许想得最多的就是拙政园、狮子林。其实，娄门内外风物、人文远不止以上这些。以下讲述的主要是已经淡出我们视线的内容。动物园的斑鳖因为影响实在大，我又亲历过长沙“迎亲”，因此也记录于后。

吴王筑坟相中娄门外土山

吴国第22位国君余昧的墓，做在娄门外的唯亭。因为他又被写作“夷昧”，所以后来人们把他那个6丈多高的坟墓称为“夷陵山”。著名的重元寺原先就在这里。

夷陵山

夷陵山与草鞋山只有一路之隔。来到夷陵山，你会看到，山顶是萋萋芳草，苍劲老树；山体北侧裸露的土层，像山体褶皱一样斜展着，土层与土层之间有一层一层的砖瓦碎片……一种历史的深沉感油然而生，让人仿佛看到2500多年前，为余昧修墓的工匠挥汗夯土的镜头，听到他们雄浑苍凉的劳作号子。

对于余昧墓，清朝道光年间成书的《元和唯亭志》有一段记载，意思是：夷陵山顶有一只关帝阁，关帝阁的阶石下有一条又深又黑的缝隙，有人用绳子系了东西往下坠，但绳子接了100多丈，挂的东西还是没有到底。

崇祯皇帝周皇后祖坟

娄门外原先还有一处“王坟”，那就是明朝崇祯皇帝丈人家的祖坟。《吴门表隐》记载：

> 明周烈皇后祖墓在娄门外木香港内，赠光禄大夫三槐（后曾祖）、文学（后祖）、奎（后父）所葬，都督、崇祀名贤祠镜、铉、镙、钺、现铭、钟、铎、鉴皆祔，前有“圣善发祥”坊及石香炉甚大而工。

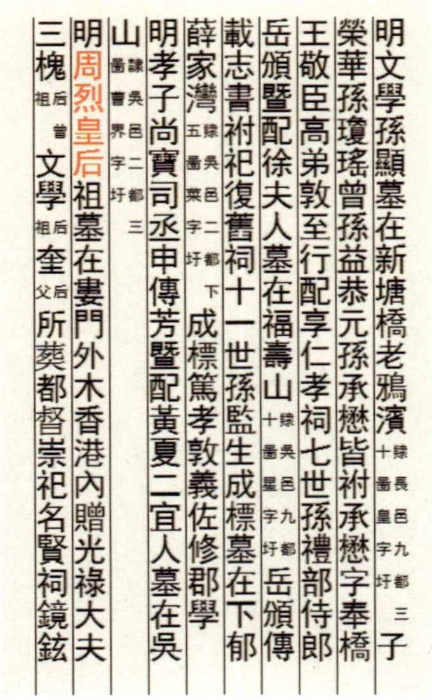
明文學孫顯墓在新塘橋老鴉濱（隸長邑九都三十圖皇字圩）子
榮華孫瓊瑤曾孫益恭元孫承懋皆祔承懋字奉橋
王敬臣高弟敦至行配享仁孝祠七世孫禮部侍郎
岳頒暨配徐夫人墓在福壽山（隸吳邑九都十圖星字圩）岳頒傳
載志書祔祀復舊祠十一世孫監生成標墓在下郁
薛家灣（隸吳邑二都下五圖菜字圩）成標篤孝敦義佐修郡學
明孝子尚寶司丞申傳芳暨配黃夏二宜人墓在吳
山（隸吳邑二都三圖曹界字圩）
明周烈皇后祖墓在婁門外木香港內贈光祿大夫
三槐（后曾祖）文學（后祖）奎（后父）所葬都督崇祀名賢祠鏡鉉

《吴门表隐》周皇后祖坟记录

这段话的意思是，崇祯皇帝周皇后的祖坟在娄门外木香港旁，周皇后的曾祖父周三槐、祖父周文学、父亲周奎都葬在这里，周皇后的兄弟、堂兄弟周镜、周铉等8个人，也都祔葬在这里。坟前有一座牌坊，上面写有“圣善发祥”四个字；还有一只大而做工精细的石香炉。

这个坟就在今天的现代大道新加花园一带，动迁前称“王坟头”，属娄葑乡新湖村。周边绿树成荫，感觉很是幽邃。“王坟头”村东面约400米处还有个地名叫“下马浜”，据说是以前官员到那里就得下马。

我在参编《娄葑镇志》的时候，曾想办法去找王坟的老照片。后来打听到一农户曾在“圣善发祥”坊前拍过一张照片，可找到当事人时，对方说，已经在动迁的时候弄丢了。当时离她家动迁也就三四年时间，真是十分可惜。

900多年历史的娄门永宁桥

娄门永宁桥位于娄门桥东南堍，南北走向，跨于娄江河（娄门塘）上，为单孔石拱桥，全长28.5米，跨径12米，总宽4米（其中两侧栏杆各宽0.45米，桥面宽3.1米）。

民国《吴县志》记载，娄门永宁桥始建于北宋崇宁（1102—1106）初年，也就是说，娄门永宁桥已有900多年历史。明朝弘治十一年（1498）重建，以后多次重修，最后一次时间为清朝同治年间（1862—

2008年9月拆除中的永宁桥

1874)，由善后局所修。

民间把永宁桥称为永林桥，一旁的新村也因此被命名为“永林新村”。因受通航船只撞击，到21世纪初，永宁桥西南侧桥台处侧墙已严重外鼓，镶面石脱落，楹联石、锁石移位，严重影响结构安全，被列为危桥，管理部门不得不采取封闭、定期检查等措施。

可惜的是，该桥停止使用后，又出现了桥面石头被偷盗的现象，进一步影响了桥梁的安全。鉴于桥梁所在娄江河段已失去通航功能，且永宁桥未被列为文保和控保建筑。为此，市市政设施管理处于2008年9月对该桥实施了拆除。

拆除的是永宁桥的桥拱部分，基础仍保留在原址；同时，拆下的石块只要不是严重风化、断裂的，都被运到安全的地方妥善保管，可总量已经只剩约60块，大概只有原先的十分之一。看来，老东西还是尽量不要有大动作，否则它们说不定就彻底毁掉了。

另外，永宁桥以东1.3公里（今苏嘉杭高速公路东侧约100米处）原先还有座永安桥，俗名里跨塘桥，又称新造桥，南北走向，横跨于娄门塘上，与永宁桥遥相呼应。这座桥始建于南宋庆元年间（1195—1200），至今也有800多年历史。后多次重建、重修，为单孔石拱桥，跨度12.5米。大概在1994年前后遭受船舶撞击，桥面受损，就改建为木板平桥，如今已被彻底拆除。

这两座有着“两岸夹明镜，双桥落彩虹”之誉的古桥，历经风雨沧桑，却消失在越来越重视文物保护的21世纪，真令人不胜唏嘘，其间的教训，值得全社会反思。

蛇王庙究竟纪念谁?

在娄门“江海扬华”牌坊西侧，原先有一座蛇王庙，前后两进，里面有蛇王和蛇的雕像，20世纪60年代被拆除。

过去每逢农历四月十二蛇王生日，四方香客就会到蛇王庙进香、乞符，回去后贴在门窗上，说是可以远离毒蛇。

这个蛇王是谁？根据清代的《清嘉录》，他就是赤胆忠心、拒不为篡权夺位的明成祖朱棣写即位诏书，结果被灭十族（九族加门生、朋友）的方孝孺。民间有这样一个说法：方孝孺虽然是浙江宁海人，但曾在苏州居住过，后来他的房子被拆，在地基里发现了大量毒蛇，从此人们就把方孝孺尊为蛇王了。

苏州人尊崇方孝孺，这是苏州人的正义感使然。

不过，清朝《红兰逸乘》还记载了另一个说法："或曰士诚之弟士信死于蛇门，后人思其惠爱而祀之。"意思是说，有人称，蛇王庙纪念的是张士诚的弟弟张士信。

娄门韩氏也曾出状元

与葑门一样，娄门地区历史上也是人才辈出，其中最著名的当数韩氏家族。

韩氏是清朝苏城四大家族之一，跟彭家、宋家、潘家齐名，也出过状元。这个家族原籍安徽凤阳，后来移居长洲县陆墓韩家村（今属相城区元和街道），被称为"云东韩氏"。到明朝后期，韩世能考中进士，做官做到礼部左侍郎，就此迁居苏州城里。

韩世能的一个曾孙韩馨是个书法家，神童式的人物，山塘街五人墓景点内的"五人之墓"四个大字就是他写的，据说当时他才8岁。韩馨13岁成为郡庠（府学秀才）中的第一名，相当于全市的中考状元。他家住娄门内迎春坊，也就是今天的东北街，后迁居南显子巷洽隐园。

韩馨的堂侄韩菼（1637—1704），字元少，号慕庐，清朝康熙年间考中状元，官至礼部尚书，是当时的大文豪，连蒲松龄的《聊斋志异》里也有记载。他也住娄门内迎春坊，今东北街41-51号。祠堂在娄门唐家巷，

沧浪亭五百名贤祠里的韩菼像

称韩文懿祠。

太平天国时期，韩氏子孙受战争冲击，有的被杀，有的流落外地，其中不少迁居河北、山东。

1929年，韩氏后裔韩奕卿将东北街韩菼故宅卖给上海某交易所陈宽（一作宪）华。韩文懿祠临街石库门于1924年街道拓宽时拆除。1950年起宗祠先后为派出所、居委会、漳绒合作社等使用，1966年起为长风总厂量具分厂，原屋陆续拆除，改建为传达室、厨房、饭厅等。其中一座花篮厅移建到了狮子林原荷花厅位置。

如今，韩氏子孙中有一个叫韩同文，家住山东济南，是位作家，曾参与《苏州名门望族·苏州韩氏》的撰写，也和我通过信，交流过韩氏资料。

娄关蒋氏进士人数超彭潘

除韩氏外，娄关蒋氏也是了不得的大家族。

清乾隆《元和县志》中有一篇陆桂馨撰写的《明天津兵备道蒋公祠堂记》，文中写道："吴中甲族，云礽蕃衍，人材辈出，百五十年不替者，首推蒋氏，而皆自明天津兵备道雉园公启佑之。"这里所说的蒋氏，因明代中期起就居住在苏州娄门外附郭，故被称为"娄关蒋氏"；而文中提及的天津兵备道雉园公，就是娄关蒋氏第五世蒋灿（1593—1658）。

我因为参编《娄葑镇志》的关系，四处搜集葑门外、娄门外的文史资料。后来得知苏州大学图书馆珍藏了一套《娄关蒋氏本支录右编》，就赶去查阅。发现该家谱记载，蒋氏原居葑溪，始祖叫蒋道元，七传至蒋杲（字文曜，号可竹），于明成化（1465—1487）初赘于娄门外杭氏（浙江慈溪主簿杭焕之女），但子孙仍姓蒋，成为娄关蒋氏始祖。蒋杲的第二个孙子蒋二南（1527—1588），字道化，号佩弦，乡绅，曾出资重建娄门外永安桥，并倡修永宁桥。二南长子蒋育馨首先考中举人，此后蒋氏家族人丁兴旺、科第不绝。

我粗略统计了一下，这个家族明末到清末不到300年时间至少出了21名进士，如上面提到的蒋灿、热心公益的蒋德埈、清末到民国时期的著名爱国教育家蒋炳章等（详见附）。而苏州以科第著称的葑门彭氏家族也只出了14名进士，状元宰相潘世恩所在贵潘家族则只有9名进士。

娄关蒋氏另外有27个举人，至于为官的、秀才、学者更是多得不计其数，著书者多如满天繁星。苏州沧浪亭五百名贤祠中崇祀蒋姓16人，其中娄关蒋氏即达13人之多，占整座祠宇崇祀人数（594人）的2.19%。

娄关蒋氏在阊门外山塘街762号一带建造过祠堂，至今还存有门厅等部分建筑。从小就住在山塘街的周国荣副教授介绍，历史上，山塘街53座牌坊中最雄伟的一座就是蒋氏牌坊，由五座牌坊合成一大座，可惜后来遭破坏，现在已无缘得见。

娄门内东园所在地，原来也是娄关蒋氏家族的房子，归蒋炳章及其长子蒋颂尧（字柏年，1889—1945），占地近三十亩，以满垄桃树而闻名于当时，民国时期曾开设有“振吴汽车学校”。

【附】

娄关蒋氏进士录

第五世

蒋　灿（1593—1658），字韬仲，一作弢仲，明崇祯元年（1628）进士，天津兵备道台。

第六世

蒋德埈（1630—1677），字公逊，清顺治十八年（1661）进士，兵部主事。

蒋　埴（1637—1718），字旷生，清康熙二十四年（1685）进士，温州府乐清知县。

第八世

蒋文淳（1667—1715），字虞友，清康熙四十八年（1709）进士，吏部主事。

第九世

蒋　杲（1683—1731），字子遵，清康熙五十二年（1713）进士，廉州知府。

蒋恭棐（1690—1754），字惟御，一字迪甫，清康熙六十年（1721）进士，翰林。

第十世

蒋应焻（1699—1754），字元揆，清乾隆四年（1739）进士，内阁中书。

蒋元益（1708—1788），字希元，一字汉卿，清乾隆十年（1745）进士，兵部右侍郎。

蒋麟书（1738—1786），字震远，清乾隆三十一年（1766）进士，山西安邑知县。

蒋曾煌（1751—1827），字星环，清乾隆四十三年（1778）进士，衡州知府。

第十一世

蒋国华（1725—1779），字孙儒，清乾隆二十二年（1757）进士，翼州知州。

蒋　基（1743—1798），字亦堂，清乾隆四十年（1775）进士，乾州知州。

蒋万宁（1757—1809），字际虞，清嘉庆六年（1801）进士，怀庆府黄沁同知。

蒋元封（1774—1830），字肇康，一字建堂，清嘉庆二十四年（1819）进士，庐州教授。

蒋泰阶（1771—1839），字玉调，清嘉庆十四年（1809）进士，御史、顺天乡试同考官。

蒋庆钧（1778—1844），字春祺，清嘉庆十九年（1814）进士，河南杞县知县。

第十二世

蒋锡宝（1809—1859），字伯申，清道光二十四年（1844）进士，淮安府学教授。

第十三世

蒋超增（1774—1831），字轶骧，清嘉庆十六年（1811）进士，天津宝坻县知县。

蒋彬蔚（1817—1873），字颂芬，清咸丰六年（1856）进士，武英殿总纂、刑科给事中。

第十四世

蒋德馨（1810—1893），字心芗，清道光十五年（1835）进士，工部主事。

第十五世

蒋炳章（1864—1930），字季和，清光绪二十四年（1898）进士，编修，民国《吴县志》总纂之一。

市区最后一座关帝庙重建

在我的亲身经历中，还有一件与娄门有关的事，是娄门外关帝庙重建。

这座关帝庙位于娄门桥东南堍一个叫苏家场的自然村里，原属娄葑乡新苏村。关帝庙祭祀三国名将关羽，历史上苏州城区的关帝庙据说有十座（周国荣认为还不止，因为山塘街就有两座），但陆续被拆除，唯一保留下来的就是苏家场的这座。我曾几次去采访，并拍下了照片。

相传这座庙始建于唐代，毁于太平天国时期，清光绪八年（1882）重建，苏州“末代状元”陆润庠题写“关帝庙”三字。这三个字相当蹩脚，横不平，竖不直，简直像是刚读书的小学生写的。

陆润庠题写的“关帝庙”

娄门关帝庙旧貌

有人认为，这就是陆润庠书法不佳的证据。民间盛传，陆润庠文章写得好，可书法“不灵光”，参加科举考试的时候，他一直担心自己因此而落榜。不料正好慈禧太后嫌苏州出的状元太多，并认为这是因为苏州人书法水平高占了便宜，就下令从这一科开始不再以书法“论英雄”。于是，陆润庠侥幸中了状元。当慈禧太后得知新科状元又是苏州人后，只好一笑了之。

不过我怀疑，关帝庙题字蹩脚，是把字做上门头的工匠水平不行造成的。根据陆润庠留下来的其他作品，如华东师范大学图书馆的状元卷（参加殿试考中状元的卷子）跋文看，他的书法还是可以的。

清末的时候，娄门关帝庙占地面积达4亩。到2003年，保存下来的房屋只有山门、大殿三间、次间、隔厢等。在环古城风貌保护工程中，这座关帝庙被移建到新娄门桥转弯匝道内的临水半岛上，后门就是永宁桥。因为关帝被封为伽蓝菩萨，所以移建后的关帝庙改名为伽蓝寺，除有大殿外，还有藏经楼等建筑，占地面积比移建前扩大了一倍多，与西面隔护城河相望的“江海扬华”牌楼构成“娄门二景”。

中国“马其诺防线”遗物跨塘碉堡

折毁前的跨塘碉堡

在娄门外唯亭街道跨塘集镇一带，原先曾有不少碉堡，这也是值得一提的。它们的枪眼洞大多朝东、朝南、朝北，门则朝西。别看它们规模不大，竟是抗战时期中国构筑的东方“马其诺防线”的组成部分呢！

史料记载，1932年1月28日，日军突袭上海，淞沪抗战爆发，最终我军失利，国民政府被迫与日寇签订《淞沪停战协定》，其中规定中国军队不得在上海及苏州、昆山以东驻军，任何军事活动不能经过上海。为抵制日寇的进一步侵略，国民政府开始筹划江浙一带的国防工程。

1935年5月起，苏浙国防工程正式启动。整个工程规模浩大，其中包括“乍嘉线”（自乍浦至嘉兴王江泾）、“海嘉线”（自海盐到嘉兴、吴江）、“吴福线”（苏州至常熟福山）、“锡澄线”（无锡至江阴）等。国民党军队在防线上构筑轻、重机枪和小炮掩体（碉堡）等各种半永久性和永久性工事，这个工程当年被称为东方“马其诺防线”。这些碉堡比日寇构筑的碉堡小一些，但时间上要早两三年，总量多达几千个，据说是在德国工兵顾问的协助下构筑的，因此十分坚固。

1937年8月13日，中日双方又一次在淞沪地区展开激战。这一次因为是主力之间的战斗，所以被称为会战。11月5日，日军第10军8万人在金山卫登陆。可惜的是，蒋介石因幻想九国公约签字国的干涉，拖延了撤退时机。几天后，眼看日军包围网即将形成，前线中国军队大乱，部分部队自行撤退，最后蒋介石不得不同意全部撤退，结果东方“马其诺防线”上的这些碉堡实际并没派上用场。

尽管如此，它们还是见证了日寇侵华史，具有重要的历史价值。我看见后，曾拍过几张照片，并向当地政府工作人员建议，将这些碉堡保护起来，工作人员说要保护的。

可因为没有有效的保护手段，几年后我再次经过，发现它们已经不见了踪影，询问知情人后方知，它们已在大规模的征地拆迁中被拆毁了。

毛主席打听过的娄门鸭已成传说

娄门鸭是苏州的著名家禽品种，是蛋肉兼用型良种鸭，自繁自养，主要产饲在娄门一带，成鸭重2.25—2.75公斤，母鸭年产蛋140—150只，仔鸭在孵化后60天，活重就能达到1.75—2公斤，即可上市，肉质细嫩而美……

这是书上和互联网上广为流传的一段文字。然而，如今娄门鸭已然成了一个美丽的传说。

保留娄门鸭87.5%血统的昆山麻鸭

我在跑农口条线的时候了解到，娄门鸭是老百姓通过多年的选育形成的优良品种，属麻鸭系列，但毛色比高邮麻鸭稍微淡一些，体型比擅长产蛋的浙江绍鸭大，所以又被叫作“娄门大鸭”。特征是脸颊有点黑毛，看起来像是“阿胡子”，头颈里也有点黑毛。这种产品主要通过船舶进行流通，所以一般在娄门外的船上或码头上出现。

历史上，娄门鸭的名气响当当。它们的肉肥瘦适中，软硬适度，毛孔也不粗，吃起来不放味精也鲜得很，肉又比绍鸭多得多，因此很受老百姓欢迎，连电影制片厂也多次来苏州拍摄纪录片，其中一次是拍养殖情况，一次来拍孵化过程。当年陆稿荐、杜三珍等老牌子熟食店都用娄门鸭做酱鸭。老百姓买只娄门鸭，再买点青菜烧烧，就算是一顿大餐了，是招待客人的待遇。

葑门哺坊原技术场长蒋洁告诉我，忙于国家大事的毛主席也关注过这种鸭子，曾派人到苏州了解娄门鸭的历史和情况。

如今，苏州近郊已经很少养鸭，娄门鸭也因此彻底完蛋。只有昆山市张浦镇姜杭村昆山麻鸭原种场饲养的昆山麻鸭，还保留有87.5%的娄门鸭血统，这已算是不幸中的万幸了。

我曾去这个原种场看过，发现昆山麻鸭毛色像麻雀。工作人员说，臀部看起来沉甸甸的是雌的，毛色黑乎乎、身体粗壮漂亮的是雄的。它们是1964—1979年之间，用娄门鸭跟北京鸭杂交选育形成的，既保持了娄门鸭肉质鲜美肥嫩的优点，又大大提高了生长速度，是我国著名的肉蛋兼用型麻鸭品种，不但被用作奥灶面的上好浇头，还曾出口港澳地区。

但愿昆山麻鸭不要再消失。

苏州动物园里的拯救物种尝试

提到娄门，就不能忘记苏州动物园。

这个动物园规模不算大，里面的珍贵动物倒不少，其中最稀奇的要数拥有2.7亿年历史的斑鳖了。

斑鳖俗名“癞头鼋”。《红楼梦》里写到，贾宝玉说“明儿我掉在池子里，教个癞头鼋吞了去”，就提到了它。历史上，斑鳖曾广泛分布在我国长江下游流域、云南南部红河流域以及越南北部，仅苏州动物园、西园寺就有不少。但目前全球已知的斑鳖活体已只有四五只了，其中国内两只，一只是雄的，产权归苏州动物园；另一只是雌的，产权归长沙动物园，而且年龄都要上百岁了。

物以稀为贵，仅存的那些斑鳖，可以说是珍宝中的珍宝了，是比中华鲟更濒危的“水中大熊猫”。再不采取措施，这一古老物种就有可能灭绝。

经过多次协商，苏州动物园、长沙动物园、WCS组织（国际野生生物保护学会）和TSA组织（国际龟鳖联盟，英文全称为Turtle Survival Alliance）在2007年底达成了斑鳖人工繁殖合作研究意向，决定于2008年5月底前，将长沙动物园的雌性斑鳖运到苏州动物园，进行自然交配繁殖尝试。如果自然交配繁殖不成功，将进行人工授精。

我作为苏州媒体记者，十分关注苏州迎娶长沙斑鳖新娘这一事件，还根据“迎亲”时间表和摄影记者戚振林老师一起，于2008年5月3日驱

斑鳖新郎（水中）首次守望斑鳖新娘

车1100多公里前往长沙。早晨6点半出发，18点30分抵达目的地。第二天采访斑鳖新娘“出嫁”前的体检，专家说卵巢里还有许多卵，证明其生育功能良好，这一喜讯让我们的疲惫一扫而光。5日下午，斑鳖新娘被抬进“花轿”—— 一只专门制作、边框钉有海绵的箱子，乘上“喜车”，开始了新婚之旅。一路上开开停停，专家还时不时打开箱子检查斑鳖新娘的情况，为它喷水，保持其身体的湿度。直到十六七个小时之后的6日清晨7点半，我们才抵达苏州动物园，见证了斑鳖新娘放进水池的过程。

“成亲”后的情况也是轰动的。那一阶段，本地、上海、无锡等地的游客纷纷赶来看热闹，苏州动物园的客流量猛增了好几倍，斑鳖池更是被围得水泄不通。5月12日下午，斑鳖新娘和新郎“圆房”了，那时恰好发生了四川汶川特大地震。从此，一提到这个沉痛的时刻，我就会想起斑鳖“联姻”的这一重大节点。

只可惜，“联姻”几年来，斑鳖卵只受精而未能孵化出小斑鳖，衷心祝愿这一拯救物种尝试能早成正果！

【附】

《苏州市志》中的娄门

娄门 位于城东北。原称瞜门。《吴地记》载：“娄门本号瞜门，东南秦时有古瞜县，至汉王莽改为娄县。”门随改称娄门。清初重建门楼后题以“江海扬华”额。

城门分外、中、内三重，内城筑有城楼，三重城门之间有空地和闸门装置，十分坚固。水门三道也有闸门装置。外城、中城及内城门上的城楼约在民国37年间被拆除。1958年，内城门和水门也先后被拆除。

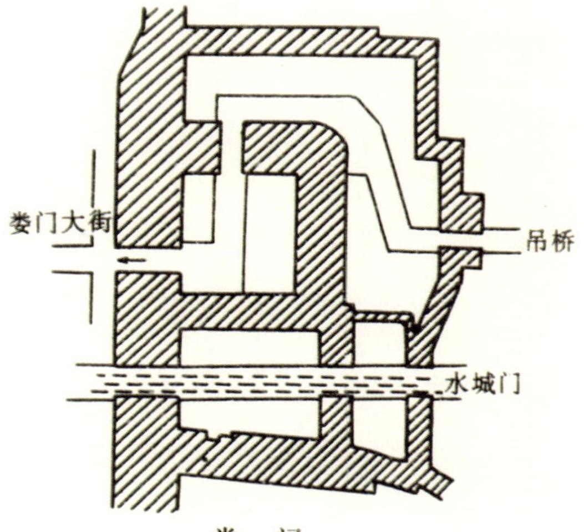

《苏州市志》娄门平面图

第九篇　齐门北望

有一座城门，曾是一位远嫁吴国的公主的思乡之地，城头上渗满苦涩的泪水。

有一座城门，曾是范蠡带着绝色佳人西施出走之地，城门外传出幸福的笑声。

这座城门，就是苏州古城北大门之一的齐门。虽然，这座城门的城楼已于20世纪50年代初被拆掉，水城门也在1978年建水闸时“香消玉殒”，但一个个历史传说，依然让我们浮想联翩、久久回味。

重修后的齐门段城墙

上：齐门城门城墙

一般认为，齐门是阖闾大城始建时就开辟的八城门之一。不过，古籍中有关齐国公主远嫁吴国的记载，却推翻了这一说法。

齐国公主在这里守望故乡

齐门的开辟和得名，要从春秋时期吴国和齐国的交战说起。

那时候，雄心勃勃的吴王阖闾依靠伍子胥和孙武的辅佐，让吴国迅速强盛起来，“西破强楚，北威齐晋”。而讨伐齐国的战争，拉开了齐国公主远嫁吴国大戏的序幕。

东汉成书的《吴越春秋·阖闾内传》《越绝外传记·吴地传第三》和唐朝成书的《吴地记》，言简意赅地描绘了那段凄美的往事。

阖闾十年（前505），吴国军队伐楚归来，谋划讨伐齐国。面对来势汹汹的吴国大军（一作齐国大败），齐景公不得不提出，把心爱的小女儿嫁给阖闾的大儿子太子波（夫差的哥哥，一说叫太子终累），以此求和。阖闾满口答应，随即退兵。他心里很清楚，齐国公主与其说是嫁过来，不如说是当人质，一旦齐国对吴国做出不利的举动，嘿，吴国就可以对齐国公主采取强硬手段。

从此，年少的齐国公主只好远离家乡，来到人生地不熟的吴国。一开始还好，再陌生再寂寞，总还有太子波陪伴。不料太子波早早去世，又没有孩子，年纪轻轻的齐国公主没了精神寄托，天天以泪洗面，时时思念自己的故乡（一作太子波去世时间与齐国公主相仿，齐国公主抑郁主要是因为思乡）。

为减轻公主的痛苦，阖闾让工匠在阖闾大城最靠近齐国的地方开辟了一座城门，上面建造了城楼，好让她登高远望故土。

因为这里是齐国公主远望家乡的地方，所以被称为望齐门或齐女门，简称齐门。算下来，开辟齐门的时间最早也得在公元前505年，比阖闾大城建造时间晚了9年以上，怎可能是这座大城始建时的八城门之一？

目光回到齐国公主这里。吴、齐两国相距千里，齐国公主怎么可能在齐门上看见故土呢？登上城门，也许反而增加了她的思亲之情，因此她依然闷闷不乐，结果积郁成疾，很快也去世了。临死的时候她立下遗嘱："一定要把我葬在虞山之巅，让我的灵魂可以远望那块生我养我的地方。"

后来阖闾就把她的遗体埋在常熟虞山东南岭，靠近仲雍、周章等吴国早期君主墓的地方。《吴地记》还记载了一个神话传说：齐国公主下葬以后，墓里有白龙冲天而去，所以这个坟又被称为母冢坟（意思是龙的母亲的坟）。

经考查，从齐国公主嫁到吴国直到阖闾去世，吴国都没有征伐过齐国，看样子这一联姻还是起了很重要的作用，也说明阖闾这个人还是很讲义气的，没有人走茶凉、说板面孔就板面孔。

城头上曾造起九层飞阁？

看完上面的故事，也许有人会说，这齐国公主也真够傻的，丈夫死了，她为什么不回齐国娘家去呢？

这是现代人的思维。根据当时的规矩，诸侯国王嫁出去的女儿，如果不是碰到失宠被废、亡国失位等情况，是不能回娘家的。《战国策·触龙说赵太后》一文就提到，赵太后在女儿嫁到燕国时说，一定别回来啊。这就是一个很好的旁证。齐国公主又怎么能回去呢？

也有人觉得，在齐国公主去世这桩事情上，阖闾是有责任的，因为他没有尽到安抚的责任。其实，阖闾为了让齐国公主开心，也是动了一番脑筋的。按照《吴地记》的说法，阖闾在齐门上建造的飞阁高达九层，可是下了血本的，显然是想让儿媳妇登得高、望得远。

问题又来了，当时吴国能造出这样高的建筑吗？算下来，九层飞阁起码要三四十米高。更何况，这飞阁还是在城楼上兴建的，这又比在平地上建造难了许多。

针对这个问题，我求教过非遗项目苏州“香山帮传统建筑营造技艺”国家级代表性传承人、被誉为“当代蒯祥”的薛福鑫。他认为，这样的担心是多余的。古代的能工巧匠，可以通过榫头接榫头等办法，把房屋往高里造、往大里造。一个最好的例证是，差不多同一时期建造的姑苏台，高达三百丈，宽八十四丈，有九曲路拾级而上，登上巍巍高台可饱览方圆二百里范围内的湖光山色和田园风光。这些数据虽有夸大之嫌，但姑苏台高于九层飞阁是肯定的。

此外，宋朝时期建造的山西应县木塔，五层六檐，高度达67.31米，是中国现存最高最古的一座木构塔式建筑。这一木塔的建成，证明我国古人确实能造出数十米高的建筑。那时虽然离春秋时期已经过去1000多年了，但就建造水平而言，这1000多年里并没有太大发展，因为生产工具还是那些手工工具。

其他地方的工匠尚且有这样的水平，苏州的工匠就更不用说了。薛福鑫说，飞阁的建造原理和木塔其实是差不多的，再说，香山帮匠人的祖先，早在春秋战国时期就掌握了高超的建筑技术，在齐门上造九层飞阁，就技术层面而言是没有任何问题的。

可惜，齐门的九层飞阁后来消失在了历史的烟云中。1933年，《齐溪小志》作者李楚石（又名受之）曾发起建造“望齐台”，来纪念齐门的这段历史。这个“望齐台”旧址在齐门桥北堍西侧沿河，是一间只有三堵墙壁的房屋，屋内竖有一块碑，上刻“望齐台”三个正楷字，但没过多久，这一建筑就在日军侵占苏州前被日机炸毁了。

范蠡从齐门带西施出走?

齐国公主去世一二十年后，齐门再次上演了一场爱情故事。跟齐国公主的哀婉情节不同，这次的故事充满喜庆，故事的男女主角分别是范蠡和被列为我国四大美女之首的西施。

作为正史的《史记》记载，越国灭掉吴国后，范蠡就离开了勾践，来到齐国，还给文种写来了书信。信中说："飞鸟尽，良弓藏；狡兔死，走狗烹。"并说勾践长着长颈鸟喙，可以跟他共患难，但不可以和他同享乐，为什么不离开他?

文种接到书信后，称病不上朝。结果有人发布谗言，说文种要作乱。勾践就赐给文种一把宝剑，说，你教我七个办法对付吴国，我只用了其中的三个就把吴国灭掉了，现在还有四个办法在你手里，希望你用它们来对付九泉之下的吴国先人。

这番话的意思很明显，就是让文种去死。文种自知斗不过勾践，只好自杀了。这一年是公元前472年，也就是吴国灭亡后的第二年。

由此证明，范蠡的判断是完全准确的。早有先见之明的他出走齐国后，改名叫鸱夷子皮，做了齐国的上卿；不久又弃官隐居在陶山，养殖牲畜、经商，自号陶朱公，成为远近闻名的大富翁。

荧屏上的范蠡和西施

跟范蠡一起出走的还有西施。据说，这位绝色佳人本来就是范蠡的情侣，只因为一开始越国战败，具有远见卓识的范蠡使出美人计，把西施献给吴王夫差，以此迷乱夫差的神志，让越国得到保留，为东山再起奠定基础。现在越国灭掉吴国，西施已经完成了她的历史使命，范蠡自然可以带着她远走高飞，去过只羡鸳鸯不羡仙的生活了。《越绝书》对此记载："西施亡吴后复归范蠡，同泛五湖而去。"

对于这样的故事，专家们意见不一。有人认为，西施在吴国灭亡后，应该是被勾践的老婆淹死了。《墨子》里说"西子之沉，其美也"，就证明有人嫉妒西施的美，对西施下了毒手。这个嫉妒者是谁？最有可能是勾践的老婆。既然西施死了，范蠡哪可能带她出走？

我觉得，即使西施被淹死，也不能排除她生前和范蠡一起出走的可能。或许是他们在出走的过程中被追上，西施被抓回淹死，或者暗算弄死，范蠡则侥幸脱身，逃到了齐国。

有人问，越国的都城不是在绍兴么？范蠡是越国大夫，有可能从苏州齐门出走吗？

当然可能，而且完全符合逻辑。根据史料记载，越国灭掉吴国后，勾践就把都城迁到了苏州，大约5年后又迁到山东琅琊。范蠡是吴国一灭亡后就出走的，只能从苏州动身。

另一个问题是，《史记》并没有说范蠡、西施是从哪里逃到齐国去的呀，怎么能说他们是从苏州齐门出走的呢？

别急，明末小说家冯梦龙编撰的历史演义小说《东周列国志》和民间传说，都是这个调子。

它们都认为，齐门外有个地方叫蠡口（今属相城区元和街道），就是范蠡去齐国时经过的河道口子。虽说不一定就是事实，但好歹有此一说。另外，从吴国去齐国，最方便的走法也是取道齐门。

齐门可曾留下陆城门照片？

齐门就在今天的齐门桥那里，城门设在内外城河之间（内城河位于今平齐路南侧，外城河即环古城河），有三道城墙，各设一座城门。外城河上原有吊桥，吊桥以南是半圆形的外城墙，与内城墙相连成“凸”字形，中间空间地带相距二三十米，称城郭，俗称城肚子，内有商业店铺，东西向还有“L”形的第二道城墙。内城门顶上建有两层城楼，又称鼓楼。根据《苏州市志》记载，20世纪50年代初，为方便交通，首先拆除齐门城门城楼，1978年建水闸时拆除水城门。

遗憾的是，苏州出版发行的多部老照片及老明信片资料书籍，虽然收录了多段古城墙、多座水陆城门的照片，但就是没有齐门陆城门、城楼的影像。市地方志办搜集的3万多张苏州老照片中，也没有关于齐门陆城门、城楼的。

事有凑巧，2012年有北京藏友向苏州市明信片收藏家时永良展示

齐门水城门旧影

时永良买下的疑似齐门陆城门明信片

了一枚古城楼明信片。时永良一看觉得“很苏州”，初步分析，上面印的可能是古齐门的水陆城门，印刷时间大约在20世纪20年代前后，于是出高价买下。

这是一枚用照相纸直接印制而成的明信片，黑白画面，背面有标准的明信片格式。画面上有两张照片。一张印着一条木船，船头船尾各坐一人，看上去都是男的，衣着像是民国式样的。另一张印着横向展开的城池建筑：左边是高耸的城楼，城台左边插有旗杆，放大镜下，城楼下方的巨大匾额、方形城门、城门外类似岗楼的小屋、行人等均清晰可见；右边是一道高大而坚固的城墙，城楼右侧筑成圆弧形，圆弧底部似有河道贯通入城，接着城墙再转直延伸远去。苏州文史专家徐刚毅对此认为，这一构造，与市地方志办出版的《老苏州——百年旧影》中的齐门水城门照片极为相似。与此同时，照片中第一道城墙向外凸出的构造，也跟《苏州市志》中的齐门结构图相同。

不过，我将明信片带给时年（2012年）85岁的苏州文史专家钱正、95岁的画家尢玉淇、105岁的老苏州曹素珍看过后，这些人都不能确认照片中的城楼就是齐门。钱正说，他1947年经常出入齐门，当时这里已经只剩城门城墙，不见城楼。民间也许还藏有齐门陆城门的照片，如果能找出来，到时候和这张明信片比对一下，结论也许就不难得出了。

期待着奇迹的出现！

齐门段城墙拆后重建

同样拆毁于1958年“大跃进”时期的齐门段城墙，2013年进行了修复，修复位置从齐门桥东南堍开始，一直向东延伸到北园水厂那里，总长约900米，总用地面积2.9万平方米，其中城墙占地面积1.02万平方米，绿地面积1.01万平方米，铺装面积0.72万平方米，配套建筑面积0.15万平方米。

该段城墙分成两大部分，靠近齐门桥一侧的500米为新修建的实体城墙，实体城墙往东400米为遗址城墙。与其他城墙不同的是，这里建有一个可供游船停靠的码头，这就可以将环古城河和码头南面不远处的拙政园、狮子林串联起来，发展水陆一体旅游了。码头南面有座新建的牌坊，上面写有“臣心拱北”字样。

但齐门城门暂没有恢复的考虑。看样子要等时机成熟后再说了。

北园也曾稻花香

齐门内外的人文和风物，除拙政园等园林、苏州博物馆等文化设施外，名气非常响的不多，不过也有一些值得一说，如北园、南北马路桥、庆忌庙、御窑金砖和河泾庙、文徵明墓等。

北园就在齐门和娄门之间，相传和南园一样，原先也大多是建筑，南宋初年金兵南侵时化为废墟。元朝末年张士诚割据苏州，朱元璋派兵围攻，苏州城内缺少粮食蔬菜，张士诚就下令军民把南园开垦为菜地，

民国时期的北园风光

满足吃菜需求；北园主要用来种植水稻、小麦，满足吃饭需求。

有人难免要问，种粮食蔬菜需要有种子。蔬菜种子一般不能吃，留着没问题；粮食种子加工成米、面粉就能食用，在缺少粮食的情况下，肯定会被吃掉，怎么还会留下来呢？

谜底在一种叫积谷甏的容器上。苏州农家的灶头旁几乎都放一个积谷甏，烧饭的时候，发现稻草上还有未脱尽的稻谷，人们就会捋下来，放在甏里，用于喂鸡养鸭。张士诚就是看到有人在用积谷甏里的稻谷喂鸡，突发灵感，下令大家把甏里的谷都拿出来做种子的。

中华人民共和国成立后，这里曾成立娄葑公社北塔农场，专门种植蔬菜、粮食。1980年11月，北塔农场建置撤销，地盘划归平江区（今属姑苏区）。

60多年来，北园地区陆续建造了一批道路、新村和厂房，其中著名的单位有孔雀电器集团有限责任公司、锦绣丝织厂、糖果冷饮厂、北园水厂等。如今，这里已看不到半点农田的影子。

幸运的南北马路桥

作为苏州的一张城市名片，古桥曾经是苏州一道美丽的风景。然而，随着时间的推移，曾经“红栏三百九十桥”的苏州古城区，已只剩90来座石板桥、40多座石拱桥。古城外的古桥，同样消失了许多。这一道道“人间彩虹”，等着社会各界去悉心呵护。

齐门外有两座古桥，分别叫南马路桥和北马路桥。南马路桥位于苏州齐门大桥西北角，桥梁石板侧面刻的是“齐福桥”。根据《苏州市志》记载，该桥原为木桥，五百多年前的明朝宣德年间改建为石桥，清朝同治六年（1867）重修，是一座具有典型江南风格的单孔花岗石拱桥，长34.25米，宽3.9米，跨径11.5米。

历经数百年的风雨侵蚀及遭遇近现代航运船舶的撞击，该石拱桥出现拱券石风化、破损，主拱券及侧墙变形等病状，存在较大安全隐

南马路桥

患。因此，市市政部门2011年3月起对这座古桥进行了大修。

尽管当时南马路桥并未被列为文物保护单位、控保建筑，但市政部门还是请来了市文物局的专家，最终双方定下了“落架大修”的方案。所谓“落架大修”，就是把建筑物的构件依次编号拆下，然后按原样重新恢复，其中，原先完好的构件继续使用，损坏的构件则换上时代、材料、造型跟原先相同的构件。

整个维修工程为期3个月，其中断河2个月，6月中旬完工。

北马路桥，旧名义成桥，位于齐门外大街北端，始建时间无考，明代正德元年（1506）成书的《姑苏志》已有记载，里面还说：“一名马路桥。”清朝康熙年间重建，同治六年（1867）又重修。1981年整修加固，为花岗石单孔拱桥，宽3.13米，长30.1米，跨度10.2米。

跟娄门永宁桥、永安桥相比，南北马路桥实在是幸运的。2014年6月，这两座桥都被列入苏州市第四批控保建筑名录。

庆忌庙、歇墩庙老爷祭日只差两天

庆忌庙外景

在齐门外相城区元和街道范围内，有两座富有传奇色彩的庙宇，一座叫庆忌庙，用来纪念春秋时期吴王僚的儿子庆忌；另一座叫歇墩庙，可能用来纪念刺杀庆忌的要离。

庆忌和要离的故事很血腥，但要离为维护国家的安宁，不惜施出如此苦肉计，精神实在感人。因为在第二篇阊门部分已经述及，在此不再展开，

庆忌庙在京沪高铁苏州站附近的李庄村。明朝杨循吉所纂的

歇墩庙外景

《长洲县志》证实：

庆忌墓 邑治（指长洲县衙，当时在今苏州古城区长洲路）东北二十五里，今云庆坟。《吴地记》云：在齐门外十四都，有庆忌庙。

这座庙庙基很宽敞，上面建有四开间两进房子，黑瓦黄墙，很醒目。第一进的门头上写了“李庄庙”三个大字；走到第二进，却可以看见门头上写的是“庆忌明王”。房子里供奉的老爷雕像被封在玻璃里，戏装打扮，脸色白净，胡须浓密，看上去并不威武。

看庙人说，当地老百姓口碑相传：“李庄土地（老爷），庆忌明王。”中华人民共和国成立前这座庙占地5亩，房子有五开间三进，前面还有照墙、铁香炉等。中华人民共和国成立后，这座庙被当地粮管所用作仓库，1960年左右被拆除，变成菜地，后重新恢复，时间在1990年左右。

但我查了当地的新编地方志，没看见这个重建记载。再看第二进房子门框上的“庆忌明王庙”落款时间为“壬午年”，这应该是2002年。

看庙人说，庆忌忌日（死亡之日）是农历三月十四日。每逢忌日和初一、月半，来这里的香客人满为患。

以前照墙和第一进房子之间有两棵一抱多粗的榉树。榉树长得比较慢，长到合抱粗一般要上百年时间，可见这座庙很有点年头了。这座庙第一进房子（头山门）里原先有一块碑刻，遗憾的是如今已不知去向，庙宇的历史因此无法考证。

巧的是，在相城区太阳路北侧有个歇墩村，也属元和街道，村里有座歇墩庙。当地的老书记尤春根回忆，歇墩庙里的老爷是个武将打扮，身坯虽不大，但身上穿着铠甲，左腰别着把匕首，很威武。尤春根说，他们那里世代相传，这个老爷就是刺杀庆忌的要离。要离右手被砍断，只能用左手刺杀庆忌，所以匕首是别在左腰的。

值得一提的是，这座庙里的老爷忌日是农历三月十六，比庆忌忌日晚两天。两个老爷的忌日如此相近，而且庆忌早死、要离晚死，与《吴越春秋》所说的要离刺庆忌情况完全吻合。看来，这两座庙很可能确实是纪念庆忌和要离的呢。

御窑金砖变身书写板

齐门外原先多窑，主要生产砖瓦，其中最著名的是相城区元和街道的御窑金砖。

金砖书写板

金砖不是金子做成的砖形物，而是大型方砖的雅称，专为宫殿烧制，颗粒细腻，质地密实，敲击后会发出金石之声。又因金砖制成后大多运到京城，所以又被称为“京砖”。

御窑一带的黄泥适宜制坯做砖，而且做工考究、烧制有方、技艺独特，所产金砖细腻坚硬，“敲之有声，断之无孔”，所以永乐皇帝赐封这里的一座砖窑为“御窑”。北京故宫的太和殿、中和殿和天安门城楼等建筑，铺设的就是御窑金砖。

御窑金砖制作技艺繁复，工序多达二十余道，其中主要有选泥、练泥、制坯、装窑、烧制、窨水、出窑、打磨等。道道工序，环环紧扣，一道出问题，前功尽弃。如今，御窑金砖制作技艺已被列为国家级非物质文化遗产。御窑社区还保留着两座古窑，2006年被列为江苏省文物保护单位。

古老的产品也要不断翻新，才会富有生命力。深知这个道理的当地工艺家袁中平，生产出了改良的“金砖书写板”。这种书写板厚度薄，质地细腻，颜色几乎呈白色，毛笔蘸清水就能练字，水迹干后还能继续写，不会弄脏衣物。但因成品率比较低，所以价格较高，不过还是很受欢迎，连苏州籍影星韩雪也让父亲代购一块寄北京呢！

悟真道院纪念尴尬的顾恺之

顾恺之像

在御窑古窑西北面500多米处，有一座悟真道院。

很少有人知道，它纪念的是东晋著名画家“虎头将军”顾恺之（348—409），始建于宋淳熙三年（1176），又称老河泾庙。现有大殿为清康熙年间重修，面宽3间17.8米，进深14.3米。2002年至2009年，相城区政府筹资对该院进行修复，2005年9月被列为苏州市文保单位。

顾恺之其实是苏州人，五世

如今的河泾庙（悟真道院）

祖顾雍在三国时期担任过19年的吴国宰相；父亲顾悦之曾任无锡县令，结果顾恺之生在了无锡，后来又定居那里，于是被无锡作为当地名人“抢”了去。他工诗赋、书法，尤善绘画，时人称之为“三绝”——画绝、文绝和痴绝，并把他跟曹不兴、陆探微、张僧繇合称为“六朝四大家”。

顾恺之曾任“参军”一职，是东晋军事家桓温等人的幕僚。因他小字虎头，所以人称“虎头将军”。据说顾恺之作战经过齐门外一带，看到老百姓受灾挨饿，就冒死拨粮救济，因此老百姓修建了河泾庙纪念他。

另一种说法是，当时造反派孙恩的军队攻占苏州，异已分子十分之七八都被杀掉了。后来顾恺之在河泾河边阻挡孙恩的进犯，帮助苏州百姓躲过了灾难。为了感谢顾恺之，人们就在河泾河边专门建造了祭祀他的河泾庙。

由顾氏后人顾震涛编撰的《吴门表隐》记载：“晋虎头将军顾恺之墓在葑门杏山上。杏疑作尹。”可见顾恺之叶落归根，对家乡一片赤诚。

可惜，因为苏州名人太多，顾恺之这样一位大人物，苏州人根本没当一回事，倒是无锡一直在打他的牌。顾恺之若地下有知，会是何等的尴尬？

宰相陆贽和画家文徵明的墓

齐门外多古墓，唐朝宰相陆贽据说就葬在那里，并因此留下了“陆墓”（后一度改名陆慕）这个地名。陆贽（754—805），唐代政治家、文学家，《新唐书》157卷称他为“苏州嘉兴人”。按现在的行政区划，嘉兴属浙江，他跟苏州地区似乎没什么关系，会葬在陆墓吗？别急，考证下来，他祖籍就是苏州，他的祖父陆齐望于唐玄宗开元年间由苏州迁居嘉兴县，子孙从此成为嘉兴人。陆贽死后葬于忠州（今重庆市忠县），陆墓的墓应该是衣冠冢。

明朝时候，齐门外又出现了一座陵墓，里面葬的是大名鼎鼎的书画家、文学家文徵明。这座墓位于陆墓镇文陵村（今属相城区元和街道姚祥社区，该社区系姚祥、朱庄、蠡西、玉成、张花、文陵等村于2003年3月合并组建），为省级文物保护单位。墓基占地约1亩，高1米，坟冢直径8米，封土高3米，墓道两边有前些年从其他地方弄来的石马、石兽（看样子应该就是“年”这种怪兽）各两尊。

按理，文徵明只是个从九品的翰林院待诏，大概相当于现在的副股级干部，很不起眼。而在等级森严的古代，坟前石雕是用来显示身份的。明清时期墓前要放石马，起码要五品官，大致相当于现在的副厅级以上，文徵明压根不够格。不过，那里地面过于平坦，现在放点石雕，整个墓区看起来就不呆板了。

墓前竖着一块墓碑，上面写有“明公 文徵明之墓”字样。其中的“明”字写成了目字旁，这跟唐伯虎墓上的“明”字写法如出一辙。文、唐这两个好朋友，去世了还如此的步调一致。

文徵明墓1984年曾进行过维修。但那里太过荒凉，结果2003年5月被盗。据说当时遗体尚未腐烂，被盗贼拖了出来。盗贼估计是听说文徵明的名气，以为墓中有许多财宝吧。其实，文徵明家境并不宽裕，又崇尚简朴，因此可以断言，墓里面是不可能有什么财宝的。

事情发生后，省、相城区和元和街道共同出资，对文徵明墓进行了第二次维修，还加装了防盗设施，外部风貌按旧制恢复，恢复青石牌坊和露台，修缮了罗城、神道等，总投资49万元，划定保护范围为坟周围30米以内。

日寇制造洋泾角大屠杀

在齐门一带的历史上，还有一件重要事件不能忘记，那就是洋泾角大屠杀。

洋泾角是个自然村，位于312国道城北东路段和齐门外大街交叉口的东北侧，向南1.2公里即是沪宁铁路，西面200米又有元和塘，属水陆交通要冲，因此成为军事上的战略要地。

1937年11月19日，日本侵略军第十军海劳原部攻占苏州城，并派出一支100余人的部队驻扎在洋泾角村。21日9点多开始，日军把抓到的村民和过路人拉到村子东北一户陶姓村民家里集体屠杀，时间持续到次日上午。据参加尸体掩埋的人清点，这次屠杀一共杀害了100多名无辜者。

遇难者的尸体开始被埋在陶姓村民家门前的场地上，后来被移到村后一个水潭里，这个潭被人们称为“百人坑”。20世纪70年代开展水利建设，村人又把遇难者的尸骨迁移到陶家东北面的水泥坑内深埋，这个坑被称为“新百人坑”。

我曾多次采访过洋泾角村东侧梅巷村一位叫金火宝的老人（生于1935年）。她父亲叫金金男，生于1907年，也在这一屠杀中遇难，当时她才3岁（虚岁）。她母亲马根宝为此受了刺激，身体一直不好，才几个月大的弟弟也随之夭折，孤儿寡母生活十分艰辛。金火宝多亏同族亲友救济，才长大成人。金火宝说，她每次想到父亲惨死心里就要流血。

2014年7月，我又到现场采访，发现那里正在动迁，说是将用于建造动迁小区。如果再不立碑，今后洋泾角大屠杀遗迹将彻底湮灭，这就等于主动毁灭了日军的罪证，岂不是滑天下之大稽？估计日本右翼分子知道的话，连做梦都要笑呢！

于是我向有关部门建议，尽快将遇难者遗骨迁移到洋泾角村适当位置（不影响动迁小区建设、不影响今后居民入住的地方），并设立纪念碑，作为大屠杀的见证。

由于梅巷社区区划比较特殊，部分职能归姑苏区管，部分职能归工业园区娄葑街道管辖，因此我同时建议，一定要明确立碑的责任单位。但愿这些建议被采纳，这是关系牢记历史、不忘国耻的大事啊！

两弹一星元勋王大珩跟齐门啥关系

每到一个地方，我往往要打探一下那里的名人，包括历史上的和当代的。齐门地区的当代名人中，著名光学家，我国近代光学工程的重要学术奠基人、开拓者和组织领导者王大珩必须算一个。2011年7月21日13时02分，这位“两弹一星功勋奖章”获得者，中国科学院院士、中国工程院院士、国际宇航科学院院士因病在北京逝世，享年96岁。

王大珩

王大珩祖父在临顿路、齐门路交叉口跨塘桥旁开设“王大元米行”，家也安在那里。因此，王大珩原籍应该算齐门。他父亲叫王应伟，曾留学日本，是中国天文学会创始人之一，娶周秀清为妻，是著名历史学家顾颉刚的姨夫。

王大珩1915年2月26日生于日本东京，半年后随父回国。1936年毕业于清华大学物理系。1938年通过考试取得“庚款”留学生资格，在英国伦敦大学帝国理工学院应用光学专业学习，后获博士学位。1948年回国，从事教学、科研工作，为中国光学发展做出了不可磨灭的贡献，是著名光学科学家蒋筑英的恩师。

1986年3月，王大珩与王淦昌等3位科学家给邓小平写信，提出要跟踪世界先进水平，发展我国高科技，最终促成了影响中国科技界的“863计划”的出台。这一计划点燃了我国科技进步的熊熊火焰，从此，科学家们通过持续的自主创新，取得了一大批达到或接近世界先进水平的创新性成果。特别是在高性能计算机、深海机器人与工业机器人、天地观测系统、超级杂交水稻等方面，已经在世界上占有一席之地。在生物工程药物、通信设备、光电子材料与器件等国际高技术竞争的热点领域，也成功开发了一批具有自主知识产权的产品。

这一事实再次证明，中国人确实聪明，就看指挥棒指挥大家把智慧用在什么上。

1999年9月，国家为在“两弹一星”的研制中做出突出贡献的23位科学家颁发“两弹一星功勋奖章”，王大珩是其中之一。

王大珩生前曾几次来苏，如1983年来苏州参加某厂高速摄影机产品的鉴定活动；1998年又来苏参加“高品质模压全息制品的制版系统与生产技术”鉴定活动，等等。齐门如果有灵，一定会为这位子民而豪情万丈。

【附】

《苏州市志》中的齐门

齐门　位于城北。因门朝向当时的齐国，故名。相传阖闾十年（前505），吴破齐，齐以女质，配与吴世子波。齐女思乡，日夜号泣成病，阖闾乃造此门，名“望齐门”，令齐女往游其上，后称齐门。又传，当时吴强齐弱，年老的齐景公慑于吴王声威，将女配与吴太子波。太子波早亡，齐女思乡，吴王在齐门上造九层飞阁，让齐女登阁望乡，故又名望齐门。据考，齐门有城郭，旧称城垛子，城郭之间还有方角城墙。齐门有三道城门。内城门西侧有水城门，门上建有两层城楼，俗称鼓楼。内有内城河，外有外城河，城郭之间相距二三十米。因有三道门，故道路曲折，交通不便。50年代初，首先拆除城门城楼，1978年建水闸时拆除了水城门。

（根据平面图，齐门陆门似为两道，水门也为两道）

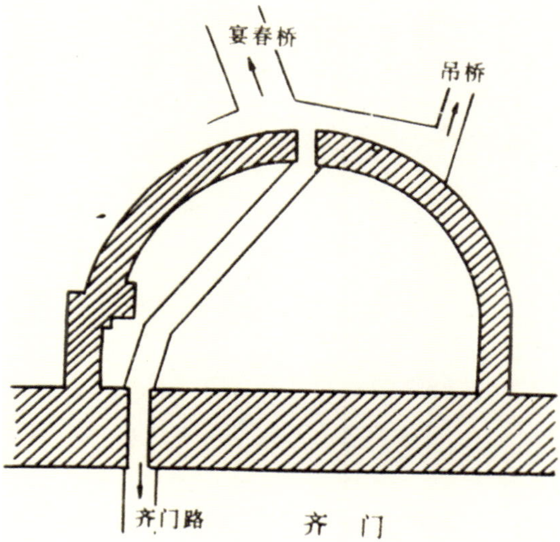

《苏州市志》齐门平面图

第十篇　平门变迁

平门城门和平门段城墙已于2012年9月修复，位置从民国时期的平门桥南堍搬到了西面450米处。这座城门因何得名？历史上发生过怎样的变迁？老平门西南面、新平门南侧的桃花坞地区，曾居住过哪些名人？曾出现在这里的苏州洋炮局是个什么“局”？研究平门，就要揭开这一系列谜团。

重建后的平门城门城墙

上：平门城门城墙

平门地区是从苏州火车站进入古城的主要通道。外地游客了解苏州古城，大多从步入平门开始。

然而，2000多年来，平门的历史也是迷雾重重。

平门因商朝贤臣巫咸而得名？

唐朝《吴地记》记载，当年伍子胥平齐大军从这座城门出发，打败齐国，班师回朝，又从这座城门凯旋而归，所以把这门叫作“平门”——平定对手的门。

其实，夫差时吴国跟齐国作战，伍子胥是反对的，他力主心腹大敌是南面的越国，并毛遂自荐当友好使者出使齐国。就伐齐一事，太子友也提出了称誉后世的“螳螂捕蝉，黄雀在后”的著名谏言。

既然伍子胥反对伐齐，怎么会愿意带着部队从平门进出呢？那段记录看样子靠不住！

那平门到底因什么得名？

元朝的《平江纪事》有这样一段记载：

> 吴城平门，旧名巫门……古濠中得石匾，上有篆书“巫门”二字。故老云，巫咸，商大戊时贤臣也，其墓在门东北三里许，故以名门。“巫”字与“平”字相似，后乃讹为平门。

根据这一说法，平门最早叫“巫门”，只是因为“巫”跟“平”字形相近，所以后来叫作“平门”了。

但唐代张守节《史记正义》在《燕昭公世家》部分说，巫贤墓在常熟县西海隅山（即今虞山）上。后来的常熟地方志也多持这一说法，因此，平门是否因巫贤得名还很难说。

中华人民共和国成立后，平门进行过多次考古，发现过六朝墓等遗迹，也发现过陶片，有考古人员认为是战国时期的，这样，再下面就可能是春秋时期的地层了，但也有考古人员存在不同看法。看来，尽快组织权威专家进行论证，拿出定论来，才是上策。

刚重辟时只有一个城门洞

历史上平门长期废塞，原因不见记载，可能与南宋初期金兵入侵有关。反正，南宋《平江图》上已经没有平门的踪影了。

清朝中期成书的《吴门表隐》载：

平门亦名巫门。自桃花坞直北，宋时塞。门外达平门塘，出毗陵。

按：毗陵是常州的别称，平门塘则是平门以北的河道，离常州直线距离80公里以上，源头并不在常州。《吴门表隐》为何说平门塘源出常州，让人颇为费解。一个最大的可能是，常州为长洲之误。长洲是古代苏州的属县之一，《吴门表隐》成书时，她的辖境相当于今天的苏州城区北部，正跟“平门外”契合。

1906年苏州通火车后，从火车站出来，进城必须绕道齐门或阊门，反之亦然，很不方便。一份资料称，在这样的情况下，民国15年（1926）苏州（重新）开辟平门，后来发生了齐（齐燮元，江苏督军）卢（卢永祥，浙江督军）之战，于是有风水先生放出风来，说苏州城像只蟹，不能有八脚（即开八个门），否则要不稳定的，于是刚开没多久的平门又被废塞了。

这份资料其实并不靠谱，因为齐卢之战发生在1924年，比第一次重开平门要早两年；倒是金门首次开辟时间在齐卢之战前。

不过，平门确实在1926年重开后又废塞了一回。民国17年（1928），为便利城内外交通，苏州第二次重开平门，设两个并列的高大城门洞，有外城河而无内城河，城门上无城楼，也没有水城门。

2007年2月，做旧书生意的黄舰先生给我看了一张老照片，反映的虽是造平门桥前身梅村桥的情形，却充实了平门重辟的资料。这张照片长12.7厘米、宽7.2厘米，黑白色，画面近处是宽阔的河面，一艘渔船正向左面摇去，船上站了两名戴凉帽的渔夫和10多只鸬鹚；稍远一点的地方是工人在水中打桩、筑坝的场面；再远一点是巍峨的城墙，她们的“身体”大多黑乎乎的，给人饱经沧桑的感觉，但中间靠右一小段城墙却近乎白色，上面还有个城门洞，说明是新开的；城门洞右边露出宝塔塔尖。时任苏州市地方志办公室主任的徐刚毅看过照片后认为，这张照片反映了20世纪20年代第一次建造平门后的情形，这在苏州历史上还是首次发现呢！

而《苏州旧街巷图录》上一张注明“摄于1930年”的照片上，平门有两个城门洞，我看到的照片上平门怎么只有一个城门洞呢？徐刚毅认为，根据“造桥老照片”露出的宝塔塔顶与《苏州旧街巷图录》《老苏州·百年旧影》画册老照片完全相同这一情况，再结合城墙与宝塔的位置关系、河道的宽度，可以认定，那张“造桥老照片”上的城门肯定是平门，后面的宝塔是北寺塔。可能一开始当局考虑不足，平门只辟了一个城门洞，后来发现洞内交通拥挤，就又辟了一个；或者是辟一个后废塞，

20世纪20年代建造平门桥前身梅村桥老照片

第二次重开时直接辟了两个洞。平门一个城门洞存在的时间并不长，因此许多人误认为平门重辟时一直就是两个洞，造桥老照片的发现，填补了一段历史空白。

抗战期间城门前曾筑单人掩体

也是2007年，我又看到了另一张图片：《苏州集锦》。照片上，两名日本兵神气活现持枪站在平门城门洞口；城门前还砌起了两个圆弧形的单人掩体，见证了中华民族那段屈辱的历史。

这一年是苏州古典园林列入《世界遗产名录》10周年，市园林和绿化管理局世界遗产保护办公室为此开展了“苏州园林历史图画、照片征集”活动，这张《苏州集锦》就是在这一征集活动中被发现的。8月22日我

《苏州集锦》全貌

《苏州集锦》中的平门城门

去采访，结果看到了这张照片。之所以称“集锦”，是因为图片上汇集了寒山寺、虎丘、北寺塔、双塔、宝带桥、平门等10多处苏州著名景点，而且浑然一体。市世界遗产保护办公室专家考证后认为，这张集锦照片，反映的是20世纪三四十年代的苏州面貌。

值得注意的是“苏州集锦”右下角城门洞前的两名日本兵，他们戴着小钢盔，束着脚，持着枪，耀武扬威地站在城门两侧；单人掩体里也站着一个人，似乎是被日本兵“罚站”的中国人。徐刚毅介绍，这样的照片在苏州还是第一次发现，从城门上写的“活胃”和“老笃”等字样，以及两个城门洞大小一致的特点看，这里铁定是抗战期间的平门，是日寇霸占苏州的又一证据。

仔细看看还能发现，在《苏州集锦》的左下角，还有几名日本兵颇有兴致地站在一座九曲桥上往水里张望的镜头。

平门和平门桥、城墙的重建历程

短命的民国版平门和平门段城墙也毁于1958年。后来市水利部门开展泵房建设，在平门桥西南重建了平门水门，取名“平门关”，建设年份不见记载。我专门请教了市水利部门，才得到这样的答复：1993—1995年。

2006年10月，苏州对平门桥进行了重建。

平门桥前身是1928年建造的梅村桥，由颜料大王贝润生捐资兴建，为纪念他的父亲贝梅村而命名为梅桥村。

1993—1995年重建的平门水门

问题又来了：既然梅村桥是1928年才建的，那1926年重辟平门有什么意义呢？两岸无法来往呀?！我的推测是，平门第一次重辟后，两岸人员先通过便桥或渡船来往。

1985年，梅村桥进行重建，改名为平门桥，这是苏州第一座钢筋混凝土连续梁桥。连续梁桥是有两跨及以上的桥梁，平门桥有三跨。

随着经济、社会和城市建设的快速发展，1985版平门桥已经不能满足方方面面的需求，因此2006年有关部门决定再度拆除重建。新建的平门桥宽度从原有的25米变为39米，双向4车道，两侧慢车道及人行道各宽4米。桥身两侧是飞檐翘角、错落有致、古色古香的长廊，使之成为苏州城区继人民桥、阊门吊桥后的第三座现代仿古廊桥。相比之下，她气势更为雄伟，外观更加美丽。

这里有个故事：原本这里是苏州继人民桥之后的第二座仿古廊桥，后来阊门吊桥因为工程量小，结果先建成，把亚军的位置给抢走了，平门桥只好屈居季军。

2011年9月20日，苏州启动古城墙保护修缮工程，2012年9月27日结

如今的平门桥（局部）

束。其间，平门城门和平门段城墙得到修复。

修复中以火车站南站房入口为界，东面保留现状266米，西面新建城墙346米。其中，正对火车站南站房入口处设城楼一座，城楼总高20余米，下部设一大两小三个城门洞，上部为两层式仿古楼阁，与运河对面的火车站构成对景。

平门城楼的正下方是轨道交通4号线，位置比较特别，如果采用传统的打桩做基的方法，极有可能影响4号线施工，也不利于城楼以后的牢固。所以这座城楼采用了高难度的整板基础工艺：先向下挖了7米多深，浇了一个浑然一体的基础，没打一根桩。

配合平门城门和平门段城墙的修复、火车站南站房的建设，苏州还在两者之间的护城河里安置了大型浮雕石碑《平江图》，在火车站南广场上竖起了范仲淹等8位历史文化名人的铸铜雕塑，给人以强烈的视觉冲击，也可以让人们一进入苏州，就了解苏州籍或在苏待过的历史名人。

8尊雕塑中，范仲淹像处于广场中央，面朝苏州火车站。广场西侧是泰伯、言偃、白居易、顾炎武4尊人物雕塑，坐西朝东；广场东侧则是伍子胥、孙武、祖冲之3尊人物雕塑，坐东朝西。8尊铸铜雕塑高低不同，范仲淹像最高，不含基座就高达7.2米，其他塑像高度在3.5米至4米不等。

显然，范仲淹被当作苏州灿若星辰的名人中的第一块牌子。想想也是，这位苏州籍名人虽然也存在时代的局限姓，但在当时看来已近乎完人，不但文能治国，武能定邦，还心存天下，造福百姓，写下并践行了“先天下之忧而忧，后天下之乐而乐”的千古名句，充满了正能量。如今，“先忧后乐”精神已熔铸成为中华民族的传统美德，像一座不朽的丰碑，树立在海内外炎黄子孙的心中。苏州不把范仲淹当作第一名人，又选择谁呢?

下：平门人文

要说平门的人文，我觉得必须提到北寺塔、唐伯虎、陈圆圆以及众多非遗。

修塔找到北寺塔“出生证”

北寺塔就在民国版平门南面700米处，现存宝塔八面九层，总高76米，是中国两千多座楼阁式宝塔中“上系金盘，下为重楼”的典型，也是苏州古城的标志性建筑之一，素有“江南第一古塔”之称，2006年5月被国务院批准列入第六批全国重点文物保护单位名单。

根据史料记载，北寺塔最早建于南朝梁代中大通年间（529—534），当时为11层，后被焚毁。北宋元丰七年（1084）重建，当时苏东坡曾捐献盛放舍利的铜龟供奉塔中。南宋初，金兵南侵，北寺塔又遭毁坏，绍兴二十三年（1153），行者金大圆主持募建，建成现在我们看到的北寺塔塔身。

虽然史料有记载，但一直没有过得硬的实物佐证。2006年2月，正为北寺塔做全面修葺的建筑工人，在宝塔墙壁内发现了一块南宋塔砖，为北寺塔找到了“出生证”。我闻讯后赶去采访，没想到工作人员使出缓兵之计。新闻当然要快。我后来动了一番脑筋，终于看到了塔砖，拍了照片，发了独家报道。

这块看上去有点像城砖的塔砖，可能因此前一直被砌在墙壁内，所以颜色看上去比较新，不像饱经风霜的城砖那么有历史沧桑感。用尺一量，它的长、宽、厚分别为37厘米、18.5厘米、6厘米，拎在手里沉甸甸的。

最具价值的是砖身正面刻着的文字：

平江府长洲县乐安下乡花桥西居住，右迪功郎、前靖州军事推官张庭杰并妻胡氏十三娘，男国学学谕、进士圣任……报恩寺重建宝塔六层未毕，谨发诚心，每层舍砖柒阡片……绍兴乙亥正月初三日。

这些文字都是阳文（向上凸起），每个字比新版1角硬币略小。

塔砖上所说的“绍兴乙亥”即公元1155年。“报恩寺重建宝塔六层未毕”，“每层舍砖柒阡片”等文字，证明北寺塔现存塔身的主体始建于1155年前，至1155年尚未完工。这块塔砖说明，那次重建工程持续了好几年，募建活动也得到了当时社会人士的大力响应。

2006年5月1日，整修后的北寺塔重新开放，其中第八、九层是中华人民共和国成立后首次对外开放。“欲穷千里目，更上一层楼”，唐朝诗人王之涣的名句效应，引得市民游客蜂拥而来，当天宝塔就接待了五千名游客。我碰到的上塔游客中，年纪最大的已经90岁，名叫江吉娣，苏州人。虽然有家人搀扶，但这么大年纪还爬到北寺塔顶层实在不容易。有生之年能够如此欣赏苏城美景，她开心得合不拢嘴。

桃花庵主唐伯虎的幸与不幸

火车站广场塑雕像的8位名人，只是苏州土生土长或与苏州有关的名人中的很小一部分。苏州名人太多了，光是被市名人馆里收录的就达400多位。

众多名人中，名气最响的可能要数唐伯虎。他姓唐名寅，字伯虎，明朝中期著名书画家，“明四家”之一、“江南四大才子”之首，在全国几乎家喻户晓。要说苏州谁最具旅游开发价值，恐怕非唐伯虎莫属。

唐伯虎原先住在阊门内吴趋坊皋桥堍，后来遭受的一系列打击，让唐伯虎逐渐看破红尘，于是36—38岁时在平门内桃花坞地区修建了桃花庵别墅，迁居而去，自称“桃花庵主”，号“六如（人生如梦、如幻、如泡、如影、如露、如电）居士”，过起了卖文卖画、喝酒吟诗的逍遥生活，还留下了著名的《桃花庵歌》：

桃花坞里桃花庵，桃花庵里桃花仙。
桃花仙人种桃树，又折花枝当酒钱。
酒醒只在花前坐，酒醉还须花下眠。
花前花后日复日，酒醉酒醒年复年。
不愿鞠躬车马前，但愿老死花酒间。
车尘马足贵者趣，酒盏花枝贫者缘。
若将富贵比贫贱，一在平地一在天。
若将贫贱比车马，他得驱驰我得闲。
世人笑我忒风颠，我笑世人看不穿。
记得五陵豪杰墓，无酒无花锄作田。

唐伯虎去世后，起初被草草埋在桃花坞地区，并因此留下了一个叫“唐寅坟”的地名。20多年后，唐伯虎棺木迁葬横塘王家村祖坟，但“唐寅坟”地名保留至今，结果有人以为，唐伯虎现在还葬在那里。

唐伯虎像

此外，桃花坞地区还留下了唐寅祠、唐寅故居遗址等遗存，因此，桃花坞地区可谓唐寅文化的集大成之地。在2011年10月28日启动的桃花坞历史文化片区综合整治保护利用工程中，唐寅祠得到修复并扩容，唐寅故居也将和周边一起变为以唐伯虎为核心的文化区。

从某种意义上说，唐伯虎

2008年10月拍摄的唐伯虎故居遗址外景

是不幸的——考进士时卷入了科场舞弊案，虽然说他作弊查无实据，但仕途彻底被毁；第一个老婆早逝，势利的第二任老婆则弃他而去，结果连姓什么都没留下（有资料上说这个老婆姓徐，其实徐氏是他的原配夫人）；子嗣也不兴旺，只有第三个老婆沈九娘给他生了个女儿，本来作为精神寄托的侄子唐长民又夭折，封建时代“不孝有三，无后为大”的说法让他备感压力……

但唐伯虎又是幸运的——作为一代书画家，他给后人留下了大量精神财富，直到今天还被人们牢牢记住，比起那些虽然中进士、做大官却很快被忘掉的人，他已经不知强了多少倍。

近20项工艺美术“轧闹猛”

桃花坞木版年画

当年唐伯虎在这里挥毫泼墨、创作书画，让桃花坞地区成为后人追寻才子佳人踪迹的理想去处。其实，桃花坞地区吸引眼球的地方还有许多，比如起源于桃花坞一带的木版年画，就曾声名远扬、盛极一时，在我国乃至全世界的美术史、民俗史上占据重要地位。

这一民间工艺美术产品起源于明朝，清朝中期进入鼎盛，与天津杨柳青合称“南桃北柳”。那时候，整个桃花坞地区每年生产木版年画百万张以上，产品不仅流行于江南，而且远销全国各地，并对日本等国家产生巨大影响。

在一般人心目中，桃花坞木版年画是很草根的一种工艺品。其实，这是一种很片面的理解。这种年画也有高大上的宫廷版、文人版、西风版作品，尤其在太平天国战争之前。可后来许多精美作品都流落到海外去了，国内留下的大多是民间版的，结果让人产生了误解。原苏州市文化局局长高福民，花了10多年时间搜集桃花坞木版年画精品，开展研究，并出版相关文章、书籍，为这门工艺正了名。

此外，桃花坞地区还有独具神韵、精细秀美的苏扇、苏灯、宋锦等近20项工艺美术类非遗一起“轧闹猛”（苏州方言，凑热闹之意）。民国至20世纪60年代，相关作坊和店铺多达50多家，工艺美术行业的公所、公会、店庄、厂（社）先后有47家汇聚桃花坞。

更为可贵的是，直到今天，许多工艺美术仍以原生态的面貌，散居在桃花坞地区的大街小巷中，包括苏扇、红木雕刻、苏灯、剧装戏具、宋锦和漆雕、民族乐器等。凭着精细秀美的特色，桃花坞地区保存至今的遗产中，仅被列为世界级、国家级的就达10项，此外还有不少被列为省、市级项目，形成了以桃花坞木版年画为代表的当代苏州传统工艺美术项目群。

针对桃花坞地区的保护整治，苏州市委、市政府提出了“文化保护、环境整治、民生改善、发展旅游”的基本指导思想，并启动了桃花坞历史文化片区综合整治保护利用工程。

在这一过程中，曾有在火车站南广场、桃花坞地区之间架桥的设想，可后来被否定了。我倒觉得，对注重体验的非遗产品来说，在火车站南广场和桃花坞之间造座桥是好事，只要造成仿古式样，保证桥洞高度、宽度，就不会影响风貌和水上交通，而且能带动桃花坞地区的兴旺。否则，游客们从火车站出来，兜平门桥过去不但不方便，说不定还会迷路呢！

陈圆圆故居变迁之谜

陈圆圆像

能歌善舞、色艺盖世，和许多重要历史人物纠缠在一起的明末清初美女陈圆圆（也有人看了她的中年画像，觉得她高颧塌鼻，上唇有黑痣，长相不过如此，只是唱昆曲时扮相令人惊艳而已。这可能是各人审美观不同罢），故居就在桃花坞。经过多方搜集资料、反复考证，陈圆圆故居具体位置已经摸清，就在今天的苏州四中内。

谢家福、凌泗一起辑录的《五亩园小志题咏合刻》之《五亩园志余》记

苏州四中北侧的西四亩田

载，陈圆圆的出生（一作居住）地是桃花坞地区的四亩田（今东四亩田、西四亩田一带）。清朝初期，陈圆圆故居一带被举人蒋垓（也属第八篇提到的娄关蒋氏）买下，作为蒋氏隐居读书的地方。园丁在除草修葺时，从土里挖到一块石头，上面刻有“绣谷”二字，于是蒋垓就用这两个字命名这一私家园林，民间则称之为“蒋氏绣圃”。

这个园子面积不大，亭台轩榭也不多，但布置很得体。蒋垓死后10余年间，“绣谷”不知什么原因三易其主，后来被蒋垓的孙子蒋深重新买回来。可到了100多年后的清朝嘉庆、道光年间，这个园子又守不住了，先后归叶、谢、王三姓。

就在王姓居住的时候，太平天国运动爆发，蒋氏绣圃面貌遭到彻底毁灭。

这一荒就是40多年。到了清朝光绪二十七年（1901），蒋氏绣圃所在地被西方人买下，改作耶稣教堂——圣公会，又建造了桃坞中学堂。

这所学校，就是苏州四中的前身。

这一说法的部分内容，出典在1941年5月17日的《苏州新报》。该报记载，当时出版的《中日文化》杂志转录了阿蒙的《陈圆圆故居》一文，里面的大体意思是：陈圆圆曾住在虎丘的山塘街，而她的旧居则在阊门内桃花坞的红板桥头。有一年初夏，阿蒙和别人一起去探访陈圆圆故居遗迹，发现只有一间简陋的房屋，隔壁一个看上去有点学问的老翁告诉阿蒙，说道光年间这间房子前面还有一块石碑，上面刻有“陈圆圆故居”字样。这块碑不久被居民推倒，用作捣衣板。再后来就不知下落了。还在清朝的时候，这间房子被外国人买去，圈建礼拜堂。

苏州博物馆所藏《姑苏小志》钞本也有类似记载。

陈圆圆梳妆楼

美人关一代兴亡，所以有倾城倾国之咏。明末昆山歌妓陈圆圆天生绝色，雉（如）皋冒辟疆公子游山塘，见之叹曰：“此真美人也。娇艳姽婳，其美处不知从何说起。”惊为仙人，后归平南王吴三桂，宠专房。见机早，学道出家为尼。其流寓金阊时，筑梳妆楼于桃花坞西尽头三板厂，绕城帆影掩映帘栊。清初为蒋氏绣圃，三百年来荆榛瓦砾，诚如刘伯温所谓“昔日这雕梁画栋，今日之败井颓垣”也，一片荒芜，秋宵鬼唱。光绪二十七年壬寅，西洋人卖（买）去改作耶稣教堂，立桃坞中学堂。

综合以上两段记载和实地考察，陈圆圆的故居应该就在今天的苏州四中北侧、靠近西四亩田一带的地方。

如果桃花坞历史文化片区综合整治保护利用中，能在苏州四中靠近西四亩田的围墙边，竖一块“陈圆圆故居遗址”碑，兴许能更好地调动游客游兴，更好地推动桃花坞地区的开发利用呢！

我国最早的机械化兵工厂苏州洋炮局

在我了解到的桃花坞地区人文遗存中，还有一个苏州洋炮局。它并不是管理枪炮兵器的局级机关，而是一家制造现代枪炮的工厂，苏州古城的第一声机器轰鸣，就在这里响起。

根据清末地图，苏州洋炮局的位置就在桃花坞大街单家桥东北堍，今为桃花坞大街89号，苏州长城电扇股份有限公司厂区。

这个洋炮局怎么会建在这里？原来，1851年发动起义的太平军很快占领了全国很大一片地盘，1853年建都天京（今南京）。1860年，忠王李秀成占领苏州，并率军直逼上海。

太平军配有大量的洋枪洋炮，还在苏州设立军械所生产兵器，主要靠冷兵器作战的清朝政府军哪是太平军的对手，上海眼看也要保不住。上海道台吴煦急得像热锅上的蚂蚁，只好聘用“洋枪队”参与作战，

苏州洋炮局原址今貌

终于打了几个胜仗。

短炸炮（田鸡炮）

1862年，李鸿章率领刚刚创建的淮军出任江苏巡抚。在作战中李鸿章渐渐认识到，只有用洋人的军火才能制服太平军，于是收编了“洋枪队”。

从借力“洋枪队”到自己生产洋炮，里面还有个插曲。那是1863年秋，“洋枪队”头目戈登经过一番秘密联络和策划，引诱太平天国纳王部永宽等人投降，并保证投降者的身家性命。但没过几天，李鸿章就设计杀害了这些投降者和众多太平军，演出了极不讲信用的“苏州杀降事件”，原因据说是投降派未交出兵权，李鸿章怕他们假投降。可是，觉得失信于人的戈登不管你李鸿章什么理由，提着枪怒气冲冲找李鸿章算账，李只好躲了起来。上海的外国领事馆官员也代表列强签署了一项严厉谴责李鸿章的决议。被逼急了的李鸿章只好下决心裁撤“洋枪队”，并向清廷奏准自办军火工厂，自己生产洋枪洋炮。

苏州是清朝江苏巡抚衙门驻地，清军收复苏州后，李鸿章就在苏州办公，由他设立的洋炮局自然就选在了苏州。桃花坞大街单家桥东北堍之前属太平天国纳王府，属于“敌产”，理应没收入官，场地又宽敞，于是洋炮局就设在了这里。

1863年底发生的“阿思本舰队事件”，让苏州洋炮局用上了现代机器。阿思本舰队是清政府从英国购买的，由于英国人和清政府在舰队的指挥权、用人及花费等方面出现了严重分歧，双方最终解除了合约，舰队官兵解散，军舰带回伦敦拍卖。1863年底阿思本舰队途经上海时，李鸿章派人与舰队负责人阿思本暗中做了交易，用4944两白银买下了船上用于生产、维修枪炮弹药的机器设备，并全部运到苏州洋炮局。

这套机器设备包括蒸汽锅炉、化铁炉、铁水包和各种机床等。正是这些设备，让苏州洋炮局成为中国第一座机械化生产的兵工厂，当时的上海报纸称它为“第一个西洋式兵工厂”。这里生产的武器包括自来火枪、短炸炮（田鸡炮）等洋枪洋炮。当然，这个兵工厂分三个车间，只有一个是用蒸汽机进行机械化生产的。

也有人说，中国第一座机械化生产的兵工厂是安庆内军械所。其实，这家厂一开始只能算中国最早的新式兵工厂，虽于1862年8月制造了中国第一台蒸汽机，但兵器生产上用的还是传统设备。

苏州洋炮局的成功，使这座藏身苏州桃花坞的兵工厂名声远扬，几乎成了清朝的样板工厂。1865年4月28日，清政府还专门挑选了48名官兵来这里参观学习，这些学员后来成为清政府军工企业的骨干。

但红火的场面并没有持续多久。1865年夏，李鸿章代理两江总督，到南京办公。于是这一年年底，他把苏州洋炮局机械化生产车间的人员、设备一同迁往南京，苏州洋炮局就此结束了它的历史使命。

后来苏州洋炮局原址改为牙厘局（相当于现在的税务局），又变成了江苏高等审判厅、检察厅，苏州地方审判厅、检察厅，吴县地方法院，吴县地方检察处。中华人民共和国成立后再变成第三监狱分监和第二轻工技校校舍。1970年变为苏州电扇厂，也就是后来的长城电扇股份有限公司。

这几年，我曾多次试图寻找苏州洋炮局的些许痕迹，可惜沧海桑田，100多年来这里的变化实在太大太大，连当年的残砖片瓦都没能找到。

【附】

《苏州市志》中的平门

平门 位于城北，齐门之西。门名有二说：一说，表示欲平定齐国之意，故名；一说，伍子胥平齐大军从此门出，打败了齐国，班师回朝，大军由此门而入，故名。古平门何时废塞，无考。民国17年，为便利城内外交通，重辟平门，为两个并列的高大城门洞。有外城河而无内城河。城门上无城楼，更无水城门。1958年拆除。

第十一篇　子城岁月

一个完整的苏州城，应包括最里面的子城、中间的大城（内城）、最外面的外城。

子城位于苏州古城区核心部位，是内城的心脏。这一城池虽然现在已看不到多少痕迹，但同样有着悠久的历史，并流传着跟吴王、西施、张士诚、高启等知名人士有关的众多故事；今天的子城和历史上的地名还有着许多巧合。

皇废基旧影

子城建造年代和格局

出于政治和军事的需要，我国古代许多都城都按外城套内城、内城套子城的格局建设。作为历史上多个王国的都城和我国东南一大都会，苏州古城的格局自然也是这样。其中，子城就在今天的苏州公园（大公园）一带。

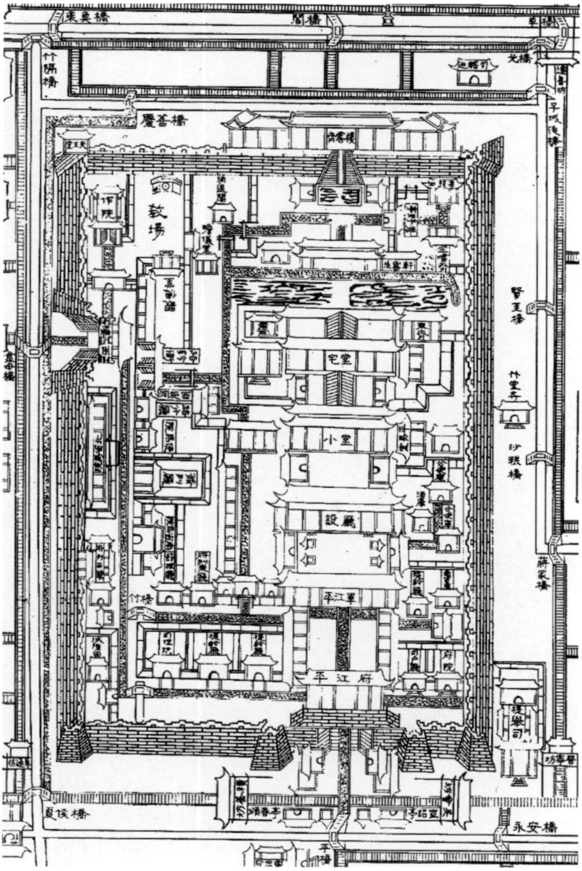

《平江图》子城范围图

对于这个城池的始建时间，史料记载说法不一。一些史料认为，她是公元前560年由吴王诸樊，也就是阖闾的老爸建造的。公元前514年，伍子胥以这一城池为中心，建造了“阖闾大城”。从此，这一城池就成了阖闾大城的“心脏”，被称为“吴子城”，其功能相当于明清时期京师（今北京）的紫禁城。因此，子城的历史比阖闾大城更悠久。

《吴越春秋》则记载，伍子胥“筑小城，周十里。陆门三，不开东面者，欲以绝越明也”。意思是说，伍子胥修筑了一座小城，周长十里，设有南、西、北三座城门，之所以不开东门，是为了“绝越明”。

“绝越明”什么意思？我没有看见任何专家提出过，个人以为，可能是指防止越国的神灵从东面（海上）过来，加害吴国王室。因为古代“明”可以通“冥”，“明器”即“冥器”。这种说法应与古人的迷信思想有关。

上面所说的小城，一般认为就是子城。从南宋《平江图》碑上可以看到，当时的“吴子城”南、西、北方向开有城门，唯独东面没有，和《吴越春秋》的记载相符；明朝中期编撰的《姑苏志》也说，子城“相传亦子胥所筑”。如果上述说法属实，那么，子城应该是跟阖闾大城同时期的。

至于子城的格局和范围，南宋的《平江图》上可以看个一清二楚：子城呈长方形，四周环以不高的城墙，再外围有水道。小城里官衙、府库、住宅一应俱全，南大门城楼上写着“平江府”三个大字。从地图看，子城的范围大致东起今天的公园路，西抵锦帆路，南临十梓街，北傍干将路。

西施子城旁乘坐锦帆船？

子城周边的道路中，最值得一提的要数锦帆路。这条路南面的口子上现在竖了一块古色古香的立牌，上面介绍，这里原先是子城的城壕（也就是子城的护城河），相传吴王与宫女乘悬挂锦帆的船在这里游乐，所以取名锦帆泾。后来锦帆泾被填平，变成道路，就改称锦帆路了。

或许有人要问：这锦帆是什么玩意？

从字面看，就是用锦缎做的帆。要知道，锦缎是贵重物品，而帆的面积很大，吴王居然用锦缎来做船帆，那种奢华可想而知。

现代立牌的人很谨慎，没有说这个奢侈的吴王是谁，宫女是谁。不过民间故事里自有答案：这个吴王就是夫差，陪在一旁的宫女，也包括

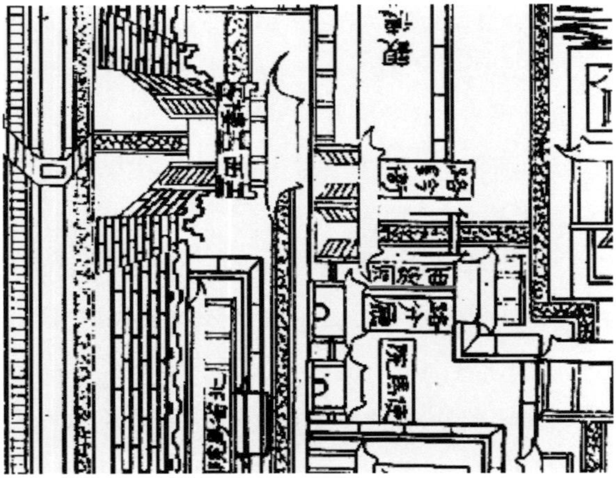

《平江图》上的“西施洞”字样

绝色佳人西施。夫差显然是为了讨西施欢心，所以舍得用锦缎做帆，励精图治的阖闾是不可能这么骄奢淫逸的。

明朝初年卢熊的《苏州府志》则认为，锦帆泾的得名原因其实是这样的：这里自古沿河没有民居，两岸种植花柳，春天鲜花、柳条倒映在水面上，五颜六色，就像锦缎在水面泛出……所以应该叫“锦泛泾”，后来才写成“锦帆泾”。

可苏州许多河岸边都种有花柳啊，一到春天情况也差不多啊，为什么只有这里叫“锦泛泾”呢？还是吴王带宫女乘锦帆船可信——子城里有吴王的宫殿，吴王平时就住在子城里，到锦帆泾乘船，真叫是近水楼台先得月呢！

在刻成于1229年的南宋《平江图》上，子城里还有一个叫“西施洞”的地方，似乎佐证了西施与子城的关系，也佐证了上面的推测。

医疗和宣传机构的历史巧合

历史上，苏州子城几度兴废。先是战国时期楚国攻下苏州后，子城遭到破坏。再是春申君黄歇（前314—前238）被封到江东，在子城大兴土木，让这里的面貌更壮观、更漂亮，取名桃夏宫。秦朝（前221—前207）的时候，守宫官吏手持火把探照燕子窠，不慎失火，结果宫殿付之一炬。但西汉时期司马迁（前145或前135—前87年？）见到这一城池后，还在《史记》里赞叹说：“吾适楚，观春申君之故城，宫室盛矣哉！”这很可能是根据遗址推算的。

汉朝在子城内建“太子舍”，也就是太子住的地方。这个太子是谁？为何住那里？目前还没有看到相关记载。最大的可能是吴王刘濞的世子刘贤。因为刘邦改当年刘贾所封的荆国为吴国，让刘濞做吴王，统辖东南三郡五十三城。苏州是荆国的陪都所在地，刘濞定都广陵（今扬州），但原先的陪都理应有人驻守，派刘贤过来的可能性非常大。秦朝开始，诸侯国王的正式继承人只能称“世子”，可刘濞早有谋反之心，把世子称为太子并非没有可能。但刘贤没有做太子的命，后来他入京朝见皇帝汉文帝，跟皇太子刘启（即后来的汉景帝）喝酒博弈时发生矛盾，被刘启用棋盘打死。

再后来，子城长时间作为苏州最高级别的地方衙门，成为整个江东地区的行政中心。白居易、韦应物、刘禹锡等大诗人担任苏州刺史时，都

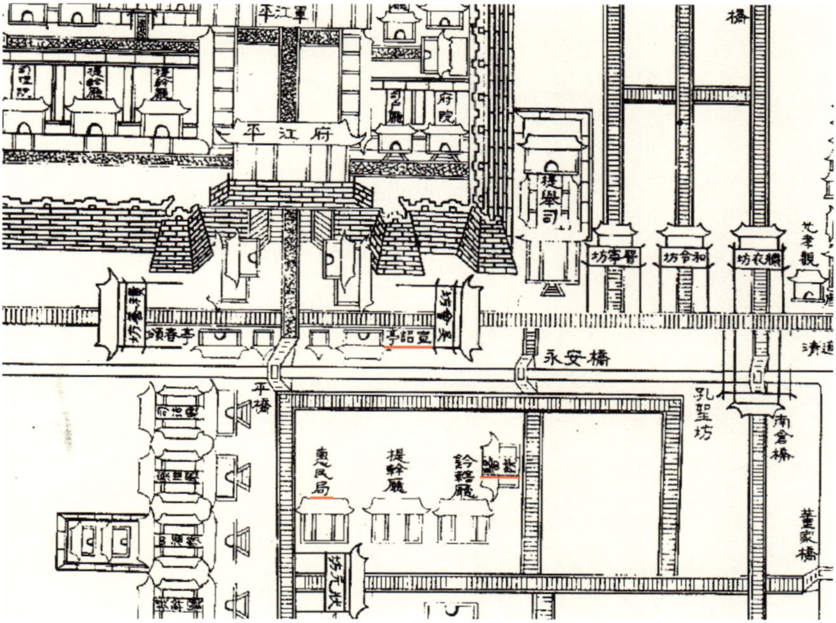

《平江图》上标有“医院”字样

在这里生活、办公。

到了宋代，子城是“平江府”的衙门所在地，东南面则出现了一个“医院”，《平江图》对此有明确记载，《平江图》也因此成为我国最早出现“医院”两字的实证资料。

《平江图》上还刻有“惠民局”。我采访时碰到了上海中医药文化史专家张文勇、俞宝英，他们说，当时的“医院”又称赡养院，主要收治患病的囚犯，后改名为安养院，但不管怎么说，这个地方还是具有看病功能的；“惠民局”是当时官办的施药机构。

对照《平江图》和今天的地图可以发现，“医院”的位置就在今天的十梓街与公园路交叉口南侧，苏州市卫生局就在这一带，堪称相隔700多年的历史巧合；“惠民局”的具体位置在今十梓街和平桥直街交叉口东南侧。

顺便说一下另一个历史巧合，那就是《平江图》上有个“宣诏亭”，位置就在今天的苏州日报社那里。苏州日报社承担着发布政府部门信息的功能，就这个意义而言，跟古代的宣诏亭功能是类似的。

张士诚一支子孙改姓“府”？

元朝末年，盐贩出身的张士诚发动起义，自称诚王，定国号为周，占领苏州后把子城改造成王宫。可好景不长，张士诚败给了朱元璋。城破之日，他把爱妾们赶到子城北门齐云楼，放火焚烧。转眼间，子城连同王宫、丽人一起灰飞烟灭。当时的人命太不值钱了，国君尚且朝不保夕，美女们又能如何？

民间传说，那把大火虽然烧掉了子城，却烧出了一个新的姓氏——府。

北宋初年编制的《百家姓》，507个姓里面压根就没有“府”（见附）。但明朝以后，这个姓就开始冒出来了。为什么会这样呢？我有个同学叫府加玲，聊起这个问题时，她说，家族世代相传，他们的祖先是张士诚。朱元璋攻破苏州城后，张士诚全家死的死、被抓的被抓，不过，有个忠心耿耿的老仆人，带着张士诚的一个儿子，捡了个破灯笼乘黑逃出了子城。灯笼上本来写着“王府”两字，因为破碎了，只剩一个“府”字。老仆人与小主人逃到胥门时，被正在搜捕张士诚家属和残余势力的守门军队拦住。守兵上前盘问他们姓什么，窥探他们跟张士诚有没有关系。老仆人看见灯笼上剩有一个“府”字，急中生智回答：“我们姓府，我们的灯笼可以证明我们的姓氏。”那些守兵都是穷苦人家出生，从小没念过书，认不了几个字，他们看了看灯笼，一时没看出什么破绽，就放他们出了城。

张士诚像

老仆人和小主人一口气逃到城西光福一个山清水秀的地方，并在那里住了下来。因为“府”救了他们的命，担心暴露身份的他们索性改姓了“府”。后来子孙多了，那地方就被称为了府巷村。老仆人没有孩子，所以现在姓府的都是张士诚的子孙。后来，府姓子孙还分迁到镇湖等周边村镇。

对于这样的传说，部分府姓子孙认为，依据不足。但因为家谱已经毁于“文革”，他们和张士诚的关系已经无从考证。

分析下来，府加玲的说法还是非常可能的。原因是，张士诚虽然曾经称王，但毕竟是个“草头王”，冒充他的子孙并不是什么光荣的事，只有确实是他子孙的人才会承认；其次，《明史》记载，张士诚有两个儿子，后来不知所踪，说不定就是隐姓埋名了呢！

本书第四篇盘门部分提到，《吴门表隐》里有这样一段记录：

娘娘坟在盘门外，张士诚母伪太妃曹氏所葬，士诚墓在斜塘。士诚少子逸于章邱李氏，洪武末有登乡榜者。

这段话披露，张士诚的小儿后来避居山东章丘李氏家里，洪武后期有后人考中了举人。按时间推算，这个人应该是张士诚（1321—1367）的孙辈了。此外，也有一种说法是，张士诚子孙后来流落到今姜堰市城北村，从此活着姓吴，死了姓张。比如活着名字叫“吴三”，死了以后牌位上就写“张三”。

【附】

北宋《百家姓》

赵 钱 孙 李 周 吴 郑 王 冯 陈 褚 卫 蒋 沈 韩 杨
朱 秦 尤 许 何 吕 施 张 孔 曹 严 华 金 魏 陶 姜
戚 谢 邹 喻 柏 水 窦 章 云 苏 潘 葛 奚 范 彭 郎
鲁 韦 昌 马 苗 凤 花 方 俞 任 袁 柳 酆 鲍 史 唐
费 廉 岑 薛 雷 贺 倪 汤 滕 殷 罗 毕 郝 邬 安 常
乐 于 时 傅 皮 卞 齐 康 伍 余 元 卜 顾 孟 平 黄
和 穆 萧 尹 姚 邵 湛 汪 祁 毛 禹 狄 米 贝 明 臧
计 伏 成 戴 谈 宋 茅 庞 熊 纪 舒 屈 项 祝 董 梁
杜 阮 蓝 闵 席 季 麻 强 贾 路 娄 危 江 童 颜 郭
梅 盛 林 刁 钟 徐 邱 骆 高 夏 蔡 田 樊 胡 凌 霍
虞 万 支 柯 昝 管 卢 莫 经 房 裘 缪 干 解 应 宗
丁 宣 贲 邓 郁 单 杭 洪 包 诸 左 石 崔 吉 钮 龚
程 嵇 邢 滑 裴 陆 荣 翁 荀 羊 於 惠 甄 曲 家 封
芮 羿 储 靳 汲 邴 糜 松 井 段 富 巫 乌 焦 巴 弓
牧 隗 山 谷 车 侯 宓 蓬 全 郗 班 仰 秋 仲 伊 宫

宁 仇 栾 暴 甘 钭 厉 戎 祖 武 符 刘 景 詹 束 龙
叶 幸 司 韶 郜 黎 蓟 薄 印 宿 白 怀 蒲 台 从 鄂
索 咸 籍 赖 卓 蔺 屠 蒙 池 乔 阴 郁 胥 能 苍 双
闻 莘 党 翟 谭 贡 劳 逄 姬 申 扶 堵 冉 宰 郦 雍
却 璩 桑 桂 濮 牛 寿 通 边 扈 燕 冀 郏 浦 尚 农
温 别 庄 晏 柴 瞿 阎 充 慕 连 茹 习 宦 艾 鱼 容
向 古 易 慎 戈 廖 庚 终 暨 居 衡 步 都 耿 满 弘
匡 国 文 寇 广 禄 阙 东 殴 殳 沃 利 蔚 越 夔 隆
师 巩 厍 聂 晁 勾 敖 融 冷 訾 辛 阚 那 简 饶 空
曾 毋 沙 乜 养 鞠 须 丰 巢 关 蒯 相 查 后 荆 红
游 竺 权 逯 盖 益 桓 公 万俟 司马 上官 欧阳
夏侯 诸葛 闻人 东方 赫连 皇甫 尉迟 公羊
澹台 公冶 宗政 濮阳 淳于 单于 太叔 申屠
公孙 仲孙 轩辕 令狐 钟离 宇文 长孙 慕容
鲜于 闾丘 司徒 司空 亓官 司寇 仉 督 子车
颛孙 端木 巫马 公西 漆雕 乐正 壤驷 公良
拓跋 夹谷 宰父 谷梁 晋 楚 闫 法 汝 鄢 涂 钦
段干 百里 东郭 南门 呼延 归海 羊舌 微生
岳 帅 缑 亢 况 郈 有 琴 梁丘 左丘 东门 西门
商 牟 佘 佴 伯 赏 南宫 墨 哈 谯 笪 年 爱 阳 佟
第五 言福 百家姓终

高启写这地方“龙蟠虎踞”丢了命?

张士诚之后，子城曾再度兴旺了短短一段时间——重新用作官府衙门。但苏州知府凳子还没坐热，就出大事了。

那是明朝洪武六年（1373），一个叫魏观的官员被任命为苏州知府。到任后，魏观发现衙门过于潮湿狭小，就选择张士诚宫殿遗址重建知府衙门。工程快完工的时候，他又请著名诗人高启写了篇《郡治上梁文》，来记录这一事件。

没想到，朱元璋得知后勃然大怒，下令把魏观和高启等抓到南京。次年，魏观被问斩，高启以腰斩处死。根据明朝中期苏州人祝枝山的《野记》，高启被“截为八段”。高启这位被纪晓岚赞为“天才高逸，实据明一代诗人之上”，被毛主席称为“明朝最伟大的诗人”的大才子，竟以这种方式悲惨死去，年仅39岁。

朱元璋为什么要这样对待高启？一般认为是《郡治上梁文》惹了祸。这篇文章里提到了“龙蟠（一作‘盘’，下同）虎踞”四字。在那个时代，“龙”是皇家的专利，知府衙门怎么也能“龙蟠虎踞”？因此有人向朱元璋告发，说高启“有异图”。用现在的话说，就是“有不可告人的目的”。

不过，这一说法并不完全准确。理由主要有三：

一、《明史·高启本传》透露：“启尝赋诗，有所讽刺，帝之未发也。”就是说，《郡治上梁文》里的敏感词语，只是高启被杀的导火线，而真正的祸根，早在高启写一些讽刺性诗歌时就已埋下，只是当时朱元璋没有发作。

二、另外，高启曾任翰林院编修，很受朱元璋赏识。后来朱元璋想赏他一个“副部级”官职——户部右侍郎。高启却不领情面，推说自己年纪轻，不堪担当重任，随后辞职回家了。这也让朱元璋大为光火，觉得高启不识抬举，不给面子。按照朱元璋的脾气，请你做官你不做，那就不客气，杀！明朝初年这样被杀的人多了去了。当时没杀高启，已经算宽大处理了，现在他还这样惹是生非，不杀他简直无法让人知道什么叫皇帝——君要臣死，臣不得不死！

三、“龙”是皇家专利的提法并不完全准确，比如古人名、字中带“龙”的就不少，除前面提到的冯梦龙外，还有三国时期蜀国名将赵云（字子龙，？—229），清代名臣于成龙（1617—1684）、经学家惠周惕（字元龙，？—1694，苏州人）、宰相（文渊阁大学士兼礼部尚书）陈元龙

（1654—1736）等。名气不响的更多，其中多数叫“元龙”，明清时期仅苏州地区就有张元龙、陆元龙、朱元龙、顾元龙、沈元龙、徐元龙、唐元龙、宋元龙、黄元龙、周元龙、方元龙、项元龙等。

而冯梦龙字犹龙，意思是“如同龙”，如果“龙”是皇家专利，叫这个名、取这个字，岂不是作死？

所以我觉得，高启、魏观被杀，主要还是因为惹恼了朱元璋。

在这两人被害的同时，苏州子城也被夷为了平地。以后的历朝历代皇帝、官员、百姓，都觉得这个地方有点“泥土气”，不愿再碰或不敢再碰。即使是清朝康乾盛世期间，人口大量增加，土地越来越紧张，但地处城中心的这一带仍是一片荒凉，苏州人因此把这里称为皇废基。

有人提出，张士诚从来没有做过皇帝，那里也从来没有做过皇宫，怎么叫“皇废基”？应改为“王废基”。这个意见有一定道理，但我觉得，叫“皇废基”问题也不大，因为南宋高宗皇帝赵构在建都临安（杭州）之前曾驻跸苏州3年，子城曾是他的临时皇宫（当时称“行在”）所在地，因此也可以姓“皇”。

古都苏州曾八次做都城

上面提到，南宋初年赵构曾待在苏州3年，当时苏州被称为“行在”，又称“行都”。除此以外，历史上苏州地区还曾多次做过都城，梳理后发现，这一数字达七次，算上赵构那次达八次，前后时间累计在300年以上。具体情况为：

一、春秋吴国国都。春秋时期，吴国国王寿梦将国都东迁至苏州境内，直到公元前473年吴国被越国消灭，苏州作为吴国国都的时间长达110年左右。

二、战国越国国都。越国消灭吴国后，曾以苏州为都，前后时间为5年。后来越国迁都琅琊（今山东胶南境内），公元前379年又再次迁回苏州，直到被楚国消灭，前后57年。

三、楚国春申君邦都。公元前247年，楚考烈王封相国、春申君黄歇于苏州，苏州成为春申君父子的邦都，前后14年。

四、西汉荆国陪都。公元前201年，刘邦封刘贾为荆王，直到6年后刘贾被杀。虽然荆王府设在广陵，但刘贾却经常住在苏州，苏州实际上成为荆国的陪都。

五、东汉末年孙氏政治中心。194年，孙策割据江东五郡，虽然没有皇帝的名分，却已形成独立的政权，苏州正是这一政权的都城。14年后，孙氏把治所搬到京口（今镇江），但苏州仍为孙氏的后方基地。

六、两晋吴国都城。326年晋成帝设吴国（后吴），到421年废除，苏州作为后吴国都95年。

七、元末张士诚都城。1356年，张士诚占领苏州，建立政权，前后12年。

总之，苏州历史上虽然没有做过中国大统一王朝或重要朝代的首都，却也曾七次成为诸侯、相国、王国政权的国都、邦都或陪都，一次成为重要朝代的行都。根据中国古都学会多数专家的意见，古都的范围包括古代的首都、诸侯大国等的政治中心。苏州市历史文化名城研究会秘书长王逢申对此认为，苏州完全算得上一个古都。

民国时期渐成文体功能区

直到民国时期，随着科学民主思想的推广，子城这片荒废的土地才被利用起来，陆续建造了体育运动场地、公园等公共设施，五卅路、公园路、民治路等颇具时代特色的道路，以及部分高档住宅区。如今，这一带已成为人们休闲、健身的文体功能区。

体育场位于五卅路91号，清末这里曾是清军校场，也兼作处决人犯的刑场。宣统元年（1909）曾用作运动场地。1918年10月，这片空地上建成了

五卅路

公共体育场。后多次变迁、改扩建，变成拥有400米跑道的标准体育场。

别小看了这块地方，1986年8月，苏州女子举重队（后成为省队）在这里创建。之后的20多年中，从这支女子举重队中走出了唐卫芳、陈艳青等一批世界级冠军。苏州就是这样一个“内外兼秀、内敛含蓄”的地方，许多貌不惊人之所，深藏着大家英才，或做着纵横四海的买卖。2011年8月1日，这个已历经93年风风雨雨的体育场又一次开始改造，2014年7月恢复对外开放。

五卅路为纪念“五卅运动”而修建、命名。1925年5月，上海发生了震惊中外的“五卅惨案”。为支援上海工人的罢工斗争，苏州各界和学生发起募捐运动，共募得近2万银元送往上海，被用作上海罢工工人的生活费。后来用剩6000多元，上海商会把这些捐款退回苏州。7月10日，苏州各界联合会决定将这些钱款用于翻修体育场东侧由言桥至十梓街的道路（原名马军弄），路名定为五卅路。路长970米，当时宽4米，为煤屑路面。

抗战胜利后，国民党吴县参议会做出决定，把五卅路改名为仲仁

刚建成时的苏州公园

路，用来纪念苏州名人张一麐（1867—1943，字仲仁）。苏州解放后，在市政改革时，五卅路恢复原名，原本的煤屑路也被翻修为弹石路面，1965年再拓建改铺沥青路面。由于绿化较好，这里是夏天苏城最阴凉的地方之一，气温有时候要比市区最热的地方低3℃以上。

苏州公园是苏州第一座现代公园，为与北局的公园区别，人们把这里俗称为大公园，北局公园称为小公园。五四运动后，各界人士倡议在这里造一座包含图书馆、文物陈列室、会堂、音乐亭等科学文化娱乐设施俱全的公园。1920年，江阴旅沪巨商奚萼铭慷慨捐赠5万银元开始筹建。先由苏州工专土木科学生测绘平面图，再交上海公董局法国园艺家若索姆规划设计。这年7月末，在园中部荷池南建成一座城堡式的两层四面钟楼的苏州图书馆（1930年更名为吴县图书馆），总面积约3700平方米，馆内藏书50万册，能同时容纳500人阅览，与江苏省立第二图书馆（今苏州图书馆前身）同为民国时期苏州两大著名公共图书馆。

图书馆东侧临池为“东斋”茶室，西南角建西亭，园子东南辟水池，取名“月亮池”，池边修建长廊，栽种紫藤，又种植其他树木4000余株。

作为全市第一座免费开放的现代园林，苏州公园开园之日起就是市民最喜爱的游览去处之一。

抗战期间，因苏州各界成立的抗敌后援会会址设在吴县图书馆，所以这里被日寇视为眼中钉，1937年11月19日苏州沦陷，当天16时左右，日寇就拖来小钢炮，把图书馆炸平了。

就这件事，我2005年采访过家住皇宫后的老人吴大俊。他生于1926年，9岁随父母从学士街吴县横街（今古吴路）迁居皇宫后，是苏州公园一带屈指可数的老居民，后来又在草桥小学（校址在今天的市一中内）读书，所以对吴县图书馆印象十分深刻。

吴大俊清楚地记得，该图书馆位于苏州公园中央，主体建筑是幢二层大楼，二楼中部的顶上是一只巨大的自鸣钟，因此大家把那幢楼称为钟楼大厦。在靠近大楼后门的地方，有纪念抗击日寇而英勇牺牲的美国义士肖特的纪念碑，大楼的前面则有喷泉。楼内楼梯很宽，房间又多又新，环境很好。当时吴大俊还小，去那里目的不是借书，而是觉得里面好玩。他说，那座图书馆里有个陈列室，玻璃窗里陈列着生物标本，还有人的骷髅，好奇心引得他和小伙伴们看了一次又一次。

图书馆也组织一定的活动，其中一次是航空展览会，展出的飞机模型可以通电，发出火光、声音，这在当时很少见。但“八一三”淞沪会战打响后，航空展览会就收场了。

此时，日寇的脚步声已在耳畔。1937年11月，日寇大举入侵苏州，吴大俊随父母逃难到西山，躲在亲戚家，成天提心吊胆过日子。过年后随

吴县图书馆旧影

父母回家，吴大俊惊讶地发现，平门梅村桥上，日寇正凶神恶煞般站岗放哨、盘查过往行人，城里与他离开时的情形完全变了样，到处狼藉，满目萧条，而吴县图书馆已变成了一堆瓦砾。后来吴大俊听说，这座设施一流的图书馆，是被日寇用500磅重的炸弹炸毁的。

抗战胜利后，苏州公园局部修复。中华人民共和国成立后教育局接管公园。1953年6月，苏州市政府拨款数千元整修。此后公园结构屡经调整，2001年又进行了全面改造，但公园始终保持南半部花坛、喷泉的人工式，与北半部山水自然式中西合璧的规划布局，成为苏州市民的重要文化休闲载体之一。

苏州公园西北面的同德里、同益里民国建筑群，是苏州古城内较为少见、保存相对完好的同类建筑群。其中同德里巷长150米，同益里巷长120米，两巷平行。20世纪30年代，上海滩大亨杜月笙曾在同德里建起家宅；同期，国民政府财政次长贾士毅在同益里建房出租。

同德里与同益里建筑风格类似上海“石库门弄堂”，既有厚重的传统文化，又有东西方文化的融合，具有很高的历史、文化以及建筑学

如今的苏州公园

同德里一角

同益里入口

价值。2007—2008年经过整治，这里重新焕发青春，成为“古代子城所在，民国高尚社区，中西合璧建筑之典范，现代人居怀旧之家园”的经典之作。这里说的“高尚社区”的高尚，不是指思想品德，而是跟今天说的高大上比较接近。

用规章为子城罩上“金钟罩”

2006年6月29日，经苏州市政府第60次常务会议讨论，通过了《苏州市地下文物保护办法》，于同年9月1日起施行。其中第四条规定，在“历史文化名城（苏州、常熟）内的古城水道、古城墙、城门遗址、苏州子城遗址”等区域进行建设或者爆破、钻探、挖掘等作业的，发展和改革、国土、规划、建设、公安、交通、水利等有关行政管理部门在办理相关批准手续前，应当征求文物行政主管部门的意见。

苏州是我国著名的历史文化名城，人们常用“随便哪里挖挖就能挖出文物”来形容这里。出台地下文物保护办法，无疑将为众多潜藏的文物罩上一个“金钟罩”。

子城范围内的挖掘工程并不少，2010年前后就有体育场、体育馆、市一中工地等，出土了不少汉代的陶罐等物品。

更值得一提的是子城附近平江实验学校出土的三四千年前的文物。因为第一篇中已经交代，在此不再展开。我总觉得，苏城地下要结合工程建设深挖，尤其是子城地下，那一定是个未知的巨大宝库。

第十二篇　外城烟雨

苏州历史上有外城，但社会各界对她的关注程度并不高，研究成果堪称凤毛麟角。鉴于外城是苏州城的重要组成部分，我觉得，有必要对其进行探讨。

外城又叫“郭”。所以，要探讨外城，就必须探讨“郭”这个字和苏州带“郭”字的地名。

位于郭巷集镇东南面的尹山湖

“郭”的几种主要意思

“郭”除作为姓氏外，主要有三种意思：

1. 外城。

郭，外城也。——东汉许慎《说文解字》

三里之城，七里之郭，环而攻之而不胜。——《孟子·公孙丑下》

2. 泛指城市。

东家有贤女，窈窕艳城郭。——《玉台新咏·古诗为焦仲卿妻作》

青山横北郭，白水绕东城。——唐李白《送友人》

又如：郭邑（城邑）；郭外（城外）。

3. 通“廓”，外部，外周。

如：轮郭（轮廓。物体的外周、边框）

爷娘闻女来，出郭相扶将。——北宋郭茂倩《乐府诗集·木兰诗》

（这里的郭，实际是指院墙、矮院篱之门）

“郭”字字形

苏州经常提到的“郭”有三个，一是北郭；二是新郭；三是郭巷。此外，一些城门的周边地区还被称为“附郭”，如葑门外、娄门外一带就曾被称为“葑娄附郭”。

北郭到底在哪里？

释道衍（姚广孝）像

元末明初的时候，苏州出现了一个叫“北郭十友”的群体，他们是家住“北郭”的十位互相往来的文人，分别是高启、杨基、张羽、徐贲、余尧臣、王行、宋克、吕敏、陈则、释道衍（姚广孝）。

这个“北郭”到底在哪里？

从字面的意思和释道衍是今天的相城区阳澄湖镇人看，应该指苏州城北地区。

但这个“城北地区”的范围有多大？是否都在城外？由于史料对“北郭十友”的具体住址大多交代得不详细，因此很难考证，只知道王行曾住齐门，还曾在那里教授学生。

清初文人朱彝尊的《六浮阁记》一文，为大家拓宽了思路。这篇文章里有这样一段话：“翁（张文萃）生居吴北郭，即元时师子林……”由此可见，苏州城内北部地区和苏城以北的城外地区都可以称“北郭”。

新郭的历史变迁

隋朝开皇十一年（591），权臣杨素把苏州城搬迁到城西横山（今七子山）东麓，这个城被称为“新郭”，也称“新廓”、“新郭里”。这个

“郭”泛指城市。

到唐武德七年(624),苏州城才重新迁回旧址,新郭33年的行政中心职能宣告结束,但地名却一直保留至今。

新郭的历史其实可追溯到六千年前的马家浜文化时期。苏州城迁回旧址后,这里降级为村镇,以山水田园风光著称。明清时期,这里崛起酿酒、眼镜制作、刺绣等产业,农、林、牧、副、渔业兴旺发达,商贾云集,有矮门里、相北街和老新郭街三条老街,还有部分廊和里弄。

如今,新郭成为沧浪新城建设的重心——沧浪新城70%以上面积都在新郭村的范围。

历史上,新郭的范围比新郭村要大得多,具体边界虽然目前还没有人考证清楚,但有一点是肯定的,那就是:应该是石湖四周一带,而不光指石湖东北面。

在这个范围里,有一口井值得一提,那是上方山治平寺内的“越公井”。史料上说,“越公井”前身是“吴王井”。500多年前的明朝中期,越公井不知什么原因而湮没了,这是有当时的《石湖志》为证的。但1926年知名人士李根源在《吴郡西山访古记》中却说:“越公井尚存,阔丈余,泉甘洌。”次年,李根源在治平寺里为他找到的“越公井”重新设置了八角形的井栏圈,并在上面刻了“越公井”、“隋开皇十年越国公杨素凿”等字。这口井,就是现在人们所看到的“越公井”。

2008年3月,“越公井”西南六七米处刨出了一口巨大无比、深不可测的古井,井栏圈对角线长度达89厘米,用青石凿成,线条简洁,平面外围呈八角形,内壁呈正圆形。内壁的边缘有30多道深浅不一的吊绳勒痕,最深的达3厘米左右。井的直径比井栏圈还要大不少,估计在1.5米以上。

尽管不知被埋没了多少年,古井的水却依然清澈无比;尽管身处半山腰,水面离井口却很近,而且还在不停翻腾……既然旁边已经有了一口“越公井”,为什么还要不畏艰辛,劈山开石开凿这么大的井?古井地势这么高,水为什么还会这么多?水质既然这么好,这口古井为什么会

2008年上方山地下发现的神秘古井

被埋在地下……一个个难解之谜，给古井披上了一层神秘的面纱。

我和编写《石湖志》的谢勤国老师于是都提出这样的疑问：越公井既然500多年前就已湮没了，为何1926年又出现在了李根源面前呢？李根源凭什么认定他在治平寺看见的井就是“越公井”？李根源的“越公井”，“身坯”比神秘古井小多了，而且水面没有翻腾现象，能每天供上万人饮用吗？我们推测，也许神秘古井才是真正的越公井。在它湮没后，僧人重新开了口井，几百年后，大家已经弄不清事情真相了，所以就把重新凿的井叫成越公井，李根源也就跟着以讹传讹了。

郭巷集镇少郭姓

葑门外6公里有一个平凡的集镇叫郭巷，紧邻尹山湖，现归吴中区管辖。

不熟悉那里的人也许会认为，“郭巷”的名字缘于这里的郭姓居民。因为我国许多带姓氏的地名都与姓氏有关，像石家庄、徐州等。苏州也不例外，黄埭与黄姓有关，源于春申君黄歇率领百姓在那里筑坝（埭）；城内的顾家花园、曹胡徐巷，也分别因顾、曹、胡、徐姓居住或曾居住于此而得名……

但郭巷集镇却没有聚族而居的“郭”姓居民，至少近现代是如此。

郭巷集镇一景

父老们也从未说起，这里曾有郭姓居民聚居，地方志上同样找不到相关记载。

当地父老相传，郭巷集镇早期的居民只有三个姓，一个是施，一个是董，还有一个是陈。

施家祖上来自崇明，据说是一只官船摇来的。根据地方志的记载，郭巷施氏曾出现过明初的福建建宁知府施宗义（字景仁），福建监察御史施礼（字尚仪），明朝中期的云南姚安知府施悌（字天禄），民国时期苏州商界领袖、吴县商会主席、国货商场（今人民商场）第一任董事长施筠清等名人，其中，施礼“结庐于尹湖之滨”（苏州博物馆藏崇明《施氏先世事略》语）的时间应该在1410年左右，至今已有600年。后来施氏子孙繁衍，最盛的时候，400米长的郭巷街，两侧百分之七八十的房子均归施姓人家所有。

董家祖上也来自崇明，据说曾在施府任吹鼓手。

陈家祖上可能来自河南，据说是师爷出身。

直到今天，郭巷集镇上还有不少施姓、董姓、陈姓人家，当然还有其他杂姓。郭姓也有几个，但只是嫁来的女性或来这里工作的人，而非世居于此。

既然如此，郭巷集镇为什么要叫这个名字呢？如果要用姓氏来命名，那么，凭着当地施家的历史影响，这里应该

地官大夫尙儀公紀畧
公諱禮字尙儀號處靜性高邁與徵士錢繼忠俞貞木相友善不妄交也永樂中聲譽益著郡邑薦公於朝徵書聘公堅辭之且公舅孟和陳君與內翰諸僚友王汝玉汝嘉輩交章薦公不得已稟受父命詣行明洪武中徵授地官大夫陝西清司員外福建監察御史在從事戶部時尙書夏忠靖公原吉素知經濟首以八閩田稅薦公經畫公銜命出使三年始得報政道經於蘇途得凶聞星夜馳歸公父已捐館五日矣撫棺大慟幾至殞絕以敕命未復銜哀北上告終使事方得丁艱以不獲含殮自罪蔬食三年未嘗見齒服闋夏公以檄召郡邑相繼請且許大用惜乎哀毀成疾難以應召遂結廬於尹湖之濱顏其齋曰靜自號處靜日與二三知己詩詞唱和而磔磔塵氛視若夢幻可謂得靜之至者矣

施氏先世事略　先德彙編　三十九

崇明《施氏先世事略》中的施礼传

郭巷集镇施宅木鼓礅（木鼓礅为明代建筑特征）

梁架留有彩绘痕迹的郭巷集镇耕心堂（原属施氏官宦人家）

叫“施巷”才是。如果施家祖上低调一点，也可以根据最早定居者的姓氏，而起名“施董陈巷”之类。由于清朝乾隆年间编修的郭巷施氏家谱（正式名称为《尹山施氏家谱》，因为当时郭巷集镇归尹山乡管辖）已于“文革”中上缴，至今没能找到，所以无法下定论。

当地一些老人对此认为：“郭巷”的“郭”不是用姓氏来命名的，而是附郭（外城）的意思。因为外城应该是围成一圈的，所以，郭巷集镇只能算苏州外城一隅，是“外城那里的一条街巷”。

外城经过郭巷有旁证

老人们的说法要是能找到一些证据来支撑，那就“硬气”了。

还别说，真有两个旁证。

一是在郭巷集镇北面约2公里处，有个叫南浜的自然村，原先那里曾建有一座“城郭明王土地庙”。村里老人介绍，这座庙宇前后两进，共6间主房、4间厢房。主房抱柱的对联“世事让三分天宽地阔，心地留一点子种孙耕”，是清朝嘉庆年间的状元吴廷琛（1773—1844）所写，可

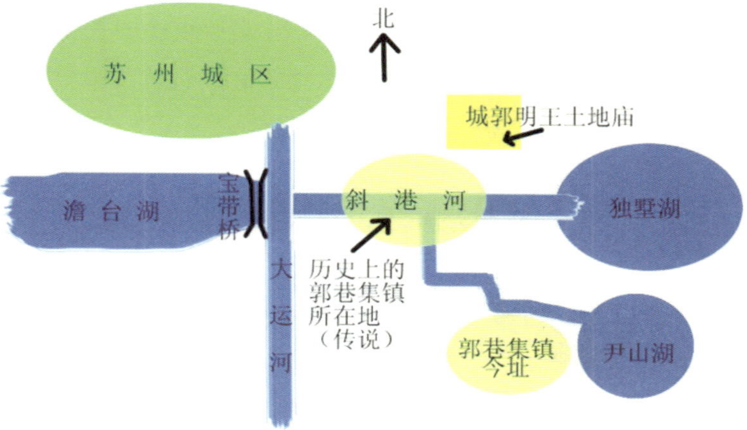

城郭明王土地庙位置图

见此庙历史已经不短。

庙宇叫“城郭明王土地庙”，证明南浜自然村一带属于苏州的“城郭”地区。郭巷集镇与南浜自然村不算远，传说古代郭巷集镇地址还要北面一些，离南浜自然村更是近在咫尺，当然也属“城郭”地区。

另一个旁证是，吴中区甪直镇也有个郭巷村。奇的是，这个村现在也没有郭姓居民聚居。我与参编《甪直镇志》的袁其德老师讨论，觉得甪直的郭巷村离澄湖不远，澄湖湖底曾发现大量的古井，证明这里曾是陆地，民间相传，那里原先有座城，后来才沉入湖底，所以叫“澄（沉）湖”。甪直的郭巷村，会不会是这个城的外城所在地呢？

郭巷南浜自然村城郭明王土地庙

当然，苏州外城的具体位置，历史上可能发生过变迁，郭巷集镇是不是苏州城的外城所在地；如果是，又是哪个时期的；如果不是，会不会是其他城的外城；这里最早是否有郭姓居民聚居……一系列问题，都还需要通过进一步查找资料和考古挖掘来验证。

苏州外城还留有痕迹吗？

关于苏州的外城，部分早期资料进行了如下记载：

《国语·吴语》：

越王句践乃率中军溯江以袭吴，入其郛，焚其姑苏，徙其大舟。

“郛”（fú）就是“郭”的意思。

《越绝书·吴地传》也有记载：

吴郭周六十八里六十步（本书第一篇已经提到，当时的一里相当于今天的415.8米，六十八里六十步约等于今天的28.3 公里）；阊门外郭中冢者，阖庐冰室也。

这本书还有一条讲得更具体：

放山者，在莋碓山南……故有乡名莋邑。吴王恶其名，内（通“纳”）郭中，名通陵乡。

莋（zuó）碓（duì）山古称鹤阜山，又名岝（zuò）崿（è）山，即今狮子山。上面的话意思是说，古代的莋邑在今狮子山南（横山一带），吴王讨厌这个名字，改作通陵乡，并将其纳入郭中。

20世纪80—90年代的考古调查发现，在枫桥观音街北，东至何山一线，还有零星古城墙遗迹，似乎跟何山东侧的谭家门至艾家桥的古城墙连成一体，并且与《越绝书》所记吴大城阊门外的郭城遥相呼应。

但是，随着城乡大开发、大建设浪潮的涌起，这些没被列入文保单位名录的外城墙遗迹如今已难以寻觅。

那目前苏州还有外城墙存在吗？苏州科技学院叶文宪教授在《吴国历史与吴文化探秘》一书中披露：

在上方山磨盘屿上的吴城遗址还保留着一段长约500米的城墙，宽10—20米，残高2—3米，经发掘证明是春秋晚期的夯土城墙，它可能也是郭墙的一部分。另据当地老乡反映，在这些山脉的顶部有“岗”，这些所谓的“岗”应该是残存的郭墙。

为摸清这段城墙的情况，我和参编《石湖志》的谢勤国老师实地走了一圈，发现这道墙从行春桥西侧的磨盘屿开始，沿山势蜿蜒起伏，长度远不止500米。因为它经过吴王祭拜天地的郊台旁，我们推测，这城墙可能是用来保护郊台的，也可能与七子山上的烽火台等一起，构成吴国防止越国偷袭的战略防卫系统。

古吴轩出版社原副总编辑张维明则认为，这道城墙并不是围绕吴大城一周的外城，而是护卫东西新旧两都之间及侧翼要隘处的外城墙。

不管结论如何，上方山上的这道墙，都是不可多得的苏州地区外城墙遗迹。

未来时间，苏州仍会开展拆迁和土地平整，这就很可能将尚存而没

上方山吴城城墙遗址

有引起关注的外城墙遗址连锅端。在关注苏州内城墙的同时，能否把外城墙遗址特别是平原地区的外城墙遗址也纳入保护范围，已成为当代苏州人亟待研究的一大课题。

后 记

《苏州城门城墙那些事》在这里搁笔，但我对苏州城门城墙的探索还将继续。

在这里，我要感谢所有帮助我的人，包括文中提到的专家、学者、亲历者，以及苏州市文广新局（文物局），苏州市地方志办，苏州市政协文史委，邀请我开讲座的苏州图书馆，为这本书的出版而投入大量人力、物力、财力的苏州海通传媒出版机构、九章文化中心、中国农工民主党苏州市委员会参政议政和理论研究工委、古吴轩出版社，还有长期关心这本作品的读者、支持我写稿的家人。是他们给了我不竭的动力，让我在忙碌的工作之余，盯着自己开夜车、战双休，改了一遍又一遍，熬白了头发依然无怨无悔，最终拿出了这本25万字的作品。

还要感谢苏州日报社领导张建雄，在百忙中为拙书作序，并对部分不足、不当之处做了补充和指正。

由于苏州城门城墙历史之谜众多，加上我出生较晚、见识不广、水平有限，文中一定还有不少差错，表达上也有不到位的地方；为忠于真相，部分篇章引述了文言文和生僻的文字，有的还将不同的说法罗列在一起，没有给出定论，读起来可能有点累，祈请各界批评指正，以利再版时改进。

[注：文中图片大多为著者自拍，也有部分由苏州市地方志办、戚振林、杭兴微、杜祯彬等提供；还有少量照片来自互联网，请版权所有人与本人联系，以便邮寄样书等。]

施晓平

2015年2月于吴门